Tagungen der Gesellschaft für Umweltrecht e.V.
Band 48

Gesellschaft für Umweltrecht

**Dokumentation zur
40. wissenschaftlichen Fachtagung
der Gesellschaft für Umweltrecht e.V.
Leipzig 2016**

ERICH SCHMIDT VERLAG

Gesellschaft für Umweltrecht e.V.

Geschäftsstelle: Richter am VG Jürgen Philipp Reclam (Geschäftsführer)
Am Kirschfeld 8
14532 Kleinmachnow
Tel.: (030) 90 14 85 63
Fax: (033203) 88 47 51
E-Mail: gesellschaft-fuer-umweltrecht@web.de

Vorstand: *Vorsitzender:* Prof. Dr. Wolfgang Ewer, Kiel

Stellvertretende Vorsitzende: Vors. Richterin am
VG Michaela Ecker, Freiburg

Schatzmeister: RA Dr. Jürgen Fluck, Limburgerhof

Schriftführerin: MinDirig'in Dr. Susanne Lottermoser, Berlin

Beisitzer:
Prof. Dr. Sabine Schlacke, Münster
Prof. Dr. Hans D. Jarass, LL. M., Münster
Dr. Hermann Hüwels, Berlin
Dr. Joachim Schwab, Köln
Vorsitzende Richterin am BVerwG Dr. Renate Philipp, Leipzig
RA Prof. Dr. Alexander Schink, Staatssekretär a. D., Bonn

Redaktion: Jürgen Philipp Reclam

Bibliografische Information der Deutschen Nationalbibliothek
Die Deutsche Nationalbibliothek verzeichnet diese Publikation
in der Deutschen Nationalbibliografie;
detaillierte bibliografische Daten sind im Internet über
http://dnb.d-nb.de abrufbar.

Weitere Informationen zu diesem Titel finden Sie im
Internet unter
ESV.info/978 3 503 17497 3

ISBN: 978 3 503 17497 3

Alle Rechte vorbehalten
© Erich Schmidt Verlag GmbH & Co. KG, Berlin 2017
www.ESV.info

Satz: multitext, Berlin
Druck und Bindung: Difo-Druck GmbH, Bamberg

Inhaltsverzeichnis

Grußworte

Prof. Dr. *Wolfgang Ewer*
Vorsitzender der Gesellschaft für Umweltrecht e.V., Kiel ...   9

Dr. *Barbara Hendricks*
Bundesministerin für Umwelt, Naturschutz,
Bau und Reaktorsicherheit   17

Vorträge

Vier Jahrzehnte Immissionsschutzrecht
Prof. Dr. *Alexander Schink*, Rechtsanwalt, Staatssekretär a.D.,
Rechtsanwälte Redeker Sellner Dahs, Bonn/Neuss   25

**Die Änderungsgenehmigung
nach § 16 BImSchG**
Prof. Dr. *Olaf Reidt*, Rechtsanwalt und
Fachanwalt für Verwaltungsrecht, Berlin/München........   117

**Der Artenschutz in der Vorhabenzulassung
aus rechtlicher und naturschutzfachlicher Sicht**
Dr. *Ulrike Bick*, Ri'inBVerwG, Leipzig, und
Dr.-Ing. *Katrin Wulfert*, Bochum   133

Arbeitskreis A

**Diskussionszusammenfassung:
Immissionsschutzrecht**
Dr. *Susan Krohn*
Bundesministerium für Umwelt, Naturschutz,
Bau und Reaktorsicherheit, Bonn...... 165

Arbeitskreis B

**Diskussionszusammenfassung:
Artenschutzrecht in der Vorhabenzulassung**
Rüdiger Nebelsieck, LL.M., Fachanwalt für Verwaltungsrecht . 175

**Übersicht über die Rechtsprechung
des Bundesverwaltungsgerichts zum Umweltrecht**
Prof. Dr. Dr. h.c. *Klaus Rennert*,
Präsident des Bundesverwaltungsgerichts, Leipzig 181

GfU-Forum

Einführung
Michaela Ecker
Vorsitzende Richterin am Verwaltungsgericht, Freiburg ... 197

Überplanung von Infrastruktur am Beispiel energiewirtschaftlicher Streckenplanungen
Dr. *Tom Pleiner*, Berlin 201

**Das Nagoya-Protokoll und seine Umsetzung
in der EU und in Deutschland**
Hintergründe und mögliche Folgen für die Rechtspraxis
Thomas Ebben, LL.M., Bundesministerium für Umwelt,
Naturschutz, Bau und Reaktorsicherheit, Bonn 217

Bisherige Veröffentlichungen
der Gesellschaft für Umweltrecht e.V. 229

Programm 247

Grußworte

Prof. Dr. *Wolfgang Ewer*
Vorsitzender der Gesellschaft für Umweltrecht e.v., Kiel

Sehr geehrter Herr Präsident des Bundesverwaltungsgerichts,
lieber Herr Rennert,
meine Damen und Herren,
liebe Kolleginnen und Kollegen,

im Namen des Vorstands der Gesellschaft für Umweltrecht begrüße ich Sie alle ganz herzlich zu unserer 40. Jahrestagung.
Als die GfU vor 40 Jahren gegründet wurde, bot das Umweltrecht ein anderes Bild als heute. Das damalige Abfallbeseitigungsgesetz – der Vor-Vor-Vorläufer des Kreislautwirtschaftsgesetzes war gerade mal 4 Jahre alt. Das Bundes-Immissionsschutzgesetz befand sich mit 2,5 Jahren im Kleinkindalter und machte erste Gehversuche; Herr Schink wird uns hierüber berichten. Das Bundesnaturschutzgesetz war gewissermaßen noch im pränatalen Stadium; es stand kurz vor der abschließenden Beschlussfassung im Deutschen Bundestag. Andere Umweltgesetze – wie etwa das Chemikaliengesetz oder das Bundes-Bodenschutzgesetz – waren noch nicht einmal in Planung. Wieder andere Gesetze, wie etwa das Wasserhaushaltsgesetz, das Bundeswaldgesetz oder das Atomgesetz, existierten zwar schon, waren aber ihrer damaligen Ausrichtung nach eindeutig fast ausschließlich dem Wirtschaftsverwaltungs- und nicht dem Umweltrecht zuzuordnen. Mit den Begriffen „Umweltverträglichkeitsprüfung", „Umweltinformationsrecht" oder „Nachhaltigkeit" hätte damals niemand etwas anfangen können. Und dies lenkt den Blick darauf, dass auch eine europäische Umweltpolitik damals noch in den Kinderschuhen steckte, so wurde etwa die Generaldirektion Umwelt erst 1981 gegründet.
Angesichts dieses Befundes war es schon ein Ausdruck fast visionärer Fähigkeiten, dass sich Ende 1976 eine Reihe von Umweltjuristen – ich gebrauche hier bewusst nur die männliche Form, denn

Umweltjuristinnen gab es damals bis auf wenige Ausnahmen kaum – zusammenfand, um die Gesellschaft für Umweltrecht zu gründen. Es waren Kolleginnen und Kollegen, die erkannt hatten, dass dem Umweltrecht zunehmende Bedeutung für die Sicherung unserer Lebensbedingungen zukommen würde. Und denen bewusst war, dass die Entwicklung dieses neuen Rechtsgebiets zahlreiche Herausforderungen für die Rechtsanwender in allen Bereichen – Verwaltung, Verwaltungsgerichtsbarkeit, Wissenschaft, Unternehmen und Anwaltschaft – mit sich bringen würde. Die es sinnvoll erscheinen ließen, ein Forum für regelmäßige Wissensvermittlung und Erfahrungsaustausch auf diesem Gebiet zu schaffen.

Liebe Kolleginnen und Kollegen, ich bin mir sicher, in Ihrer aller Namen zu sprechen, wenn ich an dieser Stelle den Gründungsmitgliedern der Gesellschaft für Umweltrecht und den Vorsitzenden und Vorstandsmitgliedern der ersten Dekaden für ihre großartige Initiative und ihren intensiven Einsatz danke. Einige der damaligen Aktivisten sind heute unter uns. Ich darf – ohne Anspruch auf Vollständigkeit – in alphabetischer Reihenfolge hier nennen Herrn Prof. Dr. *Bothe*, Herrn RA Prof. Dr. *Dolde*, Herrn Dr. *Fleckenstein*, Herrn Dr. *Gallas*, Herrn Prof. Dr. *Hansmann*, Herrn Prof. Dr. *Koch*, Frau *Kromarek* und Herrn RA Dr. *Sellner*. Andere haben uns schriftlich mitgeteilt, dass sie leider verhindert sind, nach Leipzig zu kommen, aber der heutigen Veranstaltung ihre besten Grüße senden, so etwa Herr Vorsitzender Richter am BVerwG Dr. *Gaentzsch*, Frau Prof. Dr. *Lübbe-Wolff* oder Herr Prof. Dr. *Salzwedel*. Leider fehlt einer, dem ganz besondere Verdienste bei der Entwicklung des deutschen Umweltrechts zukommen. Es ist Herr Ministerialdirektor a.D. Dr. *Gerhard Feldhaus*, der vor wenigen Tagen verstorben ist. Ich darf Sie höflich bitten, sich zu erheben, um seiner – auch stellvertretend für die anderen bereits verstorbenen Gründungs- und Vorstandsmitglieder – zu gedenken.

Herr *Feldhaus* wurde am 26.12.1928 geboren. Nach dem Jurastudium in Mainz und Köln und der Promotion war er kurze Zeit Staatsanwalt und wurde dann im Zusammenhang mit einer Abordnung ins Bundesministerium der Justiz zum Richter ernannt. 1966 ging er in das seinerzeit für den Umweltschutz zuständige Gesundheitsministerium und zwar als Referatsleiter für das

„Recht der Luftreinhaltung und der Lärmbekämpfung". 1970 erfolgte ein Wechsel in das unter Minister *Genscher* für den Umweltschutz zuständig gewordene Bundesministerium des Innern (BMI) als Leiter des Referats „Immissionsschutzrecht". Hier wirkte er federführend an der Erarbeitung des im Frühjahr 1974 in Kraft getretenen Bundes-Immissionsschutzgesetzes. 1975 wurde Herr *Feldhaus* als Ministerialdirigent Leiter der Unterabteilung „Immissionsschutz, Anlagensicherheit und Verkehr", in dieser Funktion wechselte er 1985 in das neu errichtete Bundesministerium für Umwelt, Naturschutz und Reaktorsicherheit (BMU). Bereits 1976 hatte er – damals auch als Hauptautor – mit der Herausgabe des mit seinem Namen verbundenen achtbändigen Kommentars „Bundesimmissionsschutzrecht" einschließlich einer sechsbändigen Entscheidungssammlung begonnen. 1988 wurde er zum Ministerialdirektor ernannt und mit der Aufgabe des Leiters der Abteilung „Umwelt und Gesundheit, Immissionsschutz, Anlagensicherheit und Verkehr, Chemikaliensicherheit (IG)" betraut. 1991 erfolgte seine Pensionierung. Seither war Herr *Feldhaus* als Of Counsel bei Luther tätig. Herr *Feldhaus* war langjähriger Vorsitzender des Richtlinienverabschiedungsausschuss der VDI/DIN-Kommission Reinhaltung der Luft, seit 1975 Mitglied im Vorstand der Kommission Reinhaltung der Luft im VDI und DIN und von 1981 bis 2011 Mitherausgeber der UPR. Wegen seiner Verdiente für den Umweltschutz und das Umweltrecht wurden Herrn *Feldhaus* das Bundesverdienstkreuzes am Bande und das Bundesverdienstkreuzes Erster Klasse verliehen. Seit seiner Pensionierung war Herr *Feldhaus* umfänglich auf dem Gebiet der Seminargestaltung für Umweltschutzbeauftrage, Fachanwälte und Sachverständigenbüros tätig. Er war auf diesem Feld ein allseits beliebter und kreativer Ideengeber und besuchte bis zuletzt als Ehrengast Veranstaltungen, deren Gründungsvater er war. Vor allem aber soll an dieser Stelle erwähnt werden, dass er von 1990 bis 2000 Mitglied des Vorstandes der Gesellschaft für Umweltrecht war. Neben vielen anderen Eigenschaften haben mich persönlich seine zutiefst menschliche Art und vor allem seine Bescheidenheit immer besonders beeindruckt. Die Mitglieder der Gesellschaft für Umweltrecht werden sich an Dr. *Gerhard Feldhaus* stets mit tiefer Sympathie, hohem Respekt und Dank für seinen Einsatz für Umweltschutz und Umweltrecht erinnern.

Sie haben sich zu Ehren von Dr. *Gerhard Feldhaus* von Ihren Plätzen erhoben. Ich danke Ihnen dafür.

Meine Damen und Herren, liebe Kolleginnen und Kollegen, lassen Sie mich bitte noch einige wenige Sätze zur Gesellschaft für Umweltrecht selbst sagen: Ich finde, dass eine der herausragenden Eigenschaften der GfU darin besteht, dass sie Juristinnen und Juristen aus den verschiedensten Bereichen – Verwaltung, Verwaltungsgerichtsbarkeit, Wissenschaft, Unternehmen, Umweltverbänden und Anwaltschaft – ein Forum für den fachlichen Gedankenaustausch bietet. Und dass sie durch diese Zusammensetzung – um es in ökonomischer Terminologie zu sagen – alle Marktseiten einbezieht. Letzteres betrifft natürlich in besonderer Weise die Anwaltschaft. Denn die Anwältinnen und Anwälte, die Jahr für Jahr an den wissenschaftlichen Tagungen der GfU teilnehmen, setzen sich zusammen aus solchen, die Unternehmen, Umweltverbände und Verwaltungsbehörden vertreten. Demgemäß ist auch der Vorstand durchaus bewusst aus Vertretern der genannten Bereiche pluralistisch zusammengesetzt. Ich erinnere mich noch, dass vor rund 20 Jahren, als ich in den Vorstand gewählt wurde, mitunter eine durchaus gespannte Atmosphäre zwischen den Repräsentanten der verschiedenen Gruppen bestand. Das hat sich nach meinem Eindruck seit vielen Jahren gelegt. Und ohne Geheimnisse ausplaudern zu wollen, kann ich ihnen versichern, dass ich in 20 Jahren Vorstandstätigkeit keinen einzigen Fall erlebt habe, in dem der Eindruck entstand, dass die gruppenmäßige Herkunft eines Vorstandsmitglieds irgendeinen Einfluss auf einen von diesem gemachten Vorschlag für ein Thema oder einen Referenten gehabt hat. Nach meinem Eindruck ist dies auch Ausdruck dessen, dass es inzwischen in vielen Fragen unter den Umweltjuristinnen und -juristen verschiedenster Provenienz ein breites Grundverständnis über die Notwendigkeit und Bedeutung nachhaltiger Umweltpolitik für unsere gemeinsame Zukunft gibt.

Meine Damen und Herren, liebe Kolleginnen und Kollegen, ein Jubiläum ist in gleicher Weise Anlass zur Rückschau wie zur Zukunftsorientierung. Dem trägt auch das Programm der diesjährigen wissenschaftlichen Fachtagung der GfU Rechnung. Dies gilt in besonderem Maße für den als Festvortrag konzipierten Hauptvortrag zum Thema A „Vier Jahre Immissionsschutzrecht", den

Herr Rechtsanwalt Prof. Dr. *Alexander Schink*, Bonn, halten wird. Ergänzt werden wird dieser durch ein Thema, das von hoher Bedeutung für die Rechts- und Verwaltungspraxis ist, diese indessen immer wieder vor neue Herausforderungen stellt, nämlich die immissionsschutzrechtliche Änderungsgenehmigung. Referent ist Herr Rechtsanwalt Prof. Dr. *Olaf Reidt* aus Berlin. Zum Thema B „Artenschutzrecht in der Vorhabenzulassung" – einem Thema, das es fachlich wie rechtlich in sich hat – werden Frau Richterin am BVerwG Dr. *Ulrike Bick* und die Assessorin der Landespflege Frau Dr.-Ing. *Katrin Wulfert* zu uns sprechen. Allen Referentinnen und Referenten möchte ich schon an dieser Stelle ganz herzlich danken. Mein Dank gilt in gleicher Weise Frau Regierungsdirektorin Dr. *Susan Krohn* und Herrn RA *Rüdiger Nebelsieck* für ihre Bereitschaft, die Moderation der Arbeitskreise zu übernehmen.

Zwischen den beiden Vorträgen zum Thema A und denjenigen zum Thema B wird uns die Bundesministerin für Umwelt, Naturschutz, Bau und Reaktorsicherheit, Frau Dr. *Barbara Hendricks*, die Ehre erweisen, zu uns über aktuelle Perspektiven in Umweltschutz und Umweltrecht zu sprechen. Hierauf freuen wir uns sehr. Im Hinblick auf anderweitige Termine wird Frau Ministerin Dr. *Hendricks* Ihre Ansprache um planmäßig 14:00 Uhr halten. Damit diese pünktlich beginnen kann, darf ich Sie schon jetzt bitten, sich kurz vor 14:00 erneut hier im Saal zusammenzufinden.

Dr. *Barbara Hendricks*
Bundesministerin für Umwelt, Naturschutz,
Bau und Reaktorsicherheit

ES GILT DAS GESPROCHENE WORT!!!
Sehr geehrter Herr Professor Ewer,
meine sehr geehrten Damen und Herren,

vielen Dank für die Einladung. Zunächst möchte ich Ihnen herzlich zum 40. Geburtstag Ihrer Vereinigung gratulieren! Sie haben allen Grund, stolz darauf zu sein, das umweltrechtliche Geschehen in Deutschland maßgeblich mit geprägt zu haben. Es gibt aber auch in Zukunft viel zu tun. Ich will deshalb gern die Gelegenheit nutzen, hier mit Ihnen über die aktuellen Vorhaben zu sprechen, die derzeit auf der Tagesordnung stehen.

Der heraufziehende Klimawandel ist heute die größte globale Herausforderung – nicht nur für die Umweltschutzpolitik, sondern auch für andere zentrale Ziele wie Stabilität, friedliche Entwicklung und Gerechtigkeit.

Sie haben sich als Gesellschaft für Umweltrecht seit der Gründung im Jahr 1976 um alle umweltrechtlichen Themen und Fragestellungen gekümmert. Und das sind wirklich viele Themen! An Ihrer ersten Fachtagung haben damals bereits über 170 Mitglieder und Gäste teilgenommen. Das war eine heterogene Mischung. Und das prägt die GfU bis heute – mit Juristinnen und Juristen aus Wissenschaft, Justiz, Umweltverwaltung, Wirtschaft und Anwaltschaft. Sie alle wissen, dass Umweltpolitik eine dynamische Materie ist. Bestehende Instrumente müssen hinterfragt und an neue Entwicklungen angepasst werden.

In diesem Prozess will das Bundesministerium für Umwelt, Naturschutz, Bau und Reaktorsicherheit eine proaktive Rolle spielen. Deshalb haben wir in diesem Jahr das Programm für eine Integ-

rierte Umweltpolitik bis 2030 vorgelegt. Im IUP geht es um die ganz grundsätzlichen Weichenstellungen:
- um eine Wirtschafts- und Lebensweise, die die Grenzen unserer natürlichen Lebensgrundlagen respektiert und für nachhaltigen Wohlstand für alle sorgt,
- um eine Umweltpolitik, die Motor des Wandels hin zu einer sozialen *und* ökologischen Marktwirtschaft ist,
- um ein Initiativrecht für das Bundesumweltministerium, um auch in anderen Ministerien Initiativen anstoßen zu können,
- um die Weiterentwicklung der ökologischen Steuerreform
- und nicht zuletzt um einen Kriterienkatalog für die umweltgerechte Anlage öffentlicher Gelder.

Sie sehen, wir greifen über die Ressortgrenzen meines Ministeriums hinaus. Aber gerade dies ist ja ein Kennzeichen der Umweltpolitik, dass sie viele andere Politikbereiche tangiert.

Gleichzeitig gibt es klare Grenzen. Denn wir wissen natürlich, dass unser nationales Umweltrecht sehr stark durch internationale Übereinkommen und EU-Recht vorgeprägt wird. Dazu hat die Politik in Deutschland das sogenannte „Prinzip der 1:1-Umsetzung" erfunden. Ich möchte dafür werben, dass wir uns zukünftig wieder mehr mit der Sinnhaftigkeit einer Regelung befassen und den Blick nicht nur auf eine buchstabengetreue Übereinstimmung verengen.

Ein gutes Beispiel für die internationale Zusammenarbeit ist das Nagoya-Protokoll, das Deutschland im April ratifiziert hat. Ihre Tagung hat sich – soweit ich weiß – bereits damit beschäftigt. Die Umsetzung des Nagoya-Protokolls führt dazu, dass sich zahlreiche Nutzer von genetischen Ressourcen endlich mit den Fragen des Zugangs und Vorteilsausgleichs befassen müssen. Das betrifft bei uns Nutzer aus der Grundlagenforschung, aus der pharmazeutischen und der kosmetischen Industrie, aus der Biotechnologiebranche und aus der Pflanzenzüchtung. Hier sagt das Nagoya-Protokoll ganz klar: Wer von einer intakten Natur und von der biologischen Vielfalt in anderen Weltregionen profitiert, der muss auch einen Beitrag zu ihrem langfristigen Erhalt leisten. Der Vorteilsausgleich kann dabei ganz unterschiedliche Formen annehmen. Das Nagoya-Protokoll zeigt damit, dass Naturschutz nicht ausschließlich eine staatliche Aufgabe sein kann, die mit öffentlichen Mitteln bewältigt werden muss. Vielmehr ist er auch eine gesellschaftliche Aufgabe von allgemeinem Interesse, zu der auch der Privatsektor einen Beitrag leisten muss.

Meine Damen und Herren,
Sie haben sich auf Ihren Jahrestagungen immer wieder auch mit dem Immissionsschutzrecht beschäftigt. In diesem Jahr ist es sogar ein Schwerpunkt. Völlig zu Recht. Das Bundes-Immissionsschutzgesetz und sein vielfältiges untergesetzliches Regelwerk sichern einerseits ein hohes Schutz- und Anforderungsniveau und verbürgen andererseits den Unternehmen Rechtssicherheit.

Wegen der weiterhin zu hohen Emissionsbelastung in Deutschland und in anderen Mitgliedsstaaten brauchen wir weitere Minderungen auf EU-Ebene. Ich begrüße deshalb, dass wir nach langen Verhandlungen eine neue Regelung bekommen werden. Die Richtlinie zu den Nationalen Emissionshöchstmengen ist ausverhandelt und mit ihrer Verabschiedung ist noch in diesem Jahr zu rechnen. Dann haben wir 18 Monate Zeit, unsere nationalen Regelungen zu gestalten.

Bei der Reduzierung der Ammoniak-Emissionen aus der Landwirtschaft – eine Folge der Überdüngung und auch eine wichtige Vorläufersubstanz für die Feinstaubbildung – sind uns viele Staaten in Europa deutlich voraus. Hier bleibt für uns noch einiges zu tun, um dem künftigen europäischen Standard gerecht zu werden.

Ich möchte auch auf die Novellierung der TA Luft hinweisen. Die Verwaltungsvorschrift bildet den Stand der Technik für mehr als 50.000 genehmigungsbedürftige Anlagen in Deutschland ab und stammt aus dem Jahr 2002. Seither hat sich der Stand der Technik weiterentwickelt. Verfahren, die damals noch an der Schwelle zur Umsetzung standen, haben sich etabliert. Neues Wissen, beispielsweise über gefährliche Stoffe, ist hinzugekommen. Auch im EU-Recht gibt es zahlreiche neue Entwicklungen.

Das alles sind gute Gründe für eine Überarbeitung der TA Luft. Zu den jetzt geplanten Änderungen zählen zum Beispiel:
– die Weiterentwicklung der Anforderungen an die Schadstoffemissionen der Anlagen,
– die Umsetzung von EU-Recht in großem Umfang

– und neue Akzente bei der Prüfung atmosphärischer Stickstoffeinträge in FFH-Gebiete.

Daneben sind wir auch im Wasserrecht tätig, um die hier drängenden Umweltprobleme in den Griff zu bekommen. Wir erinnern uns alle an die Hochwasserkatastrophen der letzten Jahre, insbesondere die extremen Überschwemmungen in den Jahren 2002 und 2013, aber auch an die Ereignisse im Mai und Juni dieses Jahres. Sie haben der Öffentlichkeit die Gefahren extremer Wetterereignisse drastisch vor Augen geführt. Die Hochwasserereignisse von 2013 waren bereits der Anlass dafür, die Regelungen für den Hochwasserschutz erneut zu überprüfen. Das Bundesumweltministerium hat deshalb den Gesetzentwurf für ein Hochwasserschutzgesetz II vorgelegt, der am 2. November 2016 vom Kabinett beschlossen worden ist.

Mit diesem Gesetzentwurf verfolgen wir mehrere Ziele:
– Zum einen wollen wir die Verfahren für Planung, Genehmigung und Bau von Hochwasserschutzanlagen erleichtern, ohne die Beteiligung der Öffentlichkeit zu beschneiden. Unter anderem soll für Grundstücke, die für bestimmte Maßnahmen des Hochwasserschutzes benötigt werden, ein Vorkaufsrecht eingeführt werden.
– Zum zweiten sollen Gerichtsverfahren gegen geplante und genehmigte Hochwasserschutzmaßnahmen – so weit wie möglich – beschleunigt werden, indem die Erste Instanz der Verwaltungsgerichte wegfällt.
– Wir wollen außerdem bestehende Regelungslücken schließen, um Schäden durch Hochwasser wirksamer zu vermindern. Hierzu gehören das Verbot von neuen Heizölverbraucheranlagen und die Nachrüstpflicht für bestehende Anlagen in Risikogebieten. Es gehören aber auch Regelungen im Wasserhaushaltsgesetz und im Baugesetzbuch dazu.
– Schließlich soll das Gesetz auch dabei helfen, die Entstehung von Hochwasser einzudämmen – zum Beispiel durch weitere Entsiegelungen.

Meine Damen und Herren,
lassen Sie mich noch ein Thema ansprechen, das ich ebenfalls für sehr wichtig halte: Die Intensivtierhaltung steht unter wachsender öffentlicher Kritik. Insbesondere die Umweltauswirkungen, die von solchen Anlagen ausgehen, geben Anlass zur Besorgnis. Wir wissen, dass die Intensivierung der Tierhaltung einen erheblichen Einfluss auf die Entstehung von Feinstaub und Treibhausgasen hat. Hinzu kommen wachsende Belastungen der Umwelt durch Stickstoffemissionen, insbesondere Ammoniak und Nitrat, durch Tierarzneimittel und auch durch Gerüche.

Wir haben als Bundesumwelt- und -bauministerium deshalb neue Vorschriften zur Begrenzung der Umweltauswirkungen von Intensivtierhaltungsanlagen vorbereitet. Die Frühkoordinierung im Bundeskanzleramt hat bereits stattgefunden. Mein Haus wird sich im nächsten Schritt mit dem Bundeslandwirtschaftsministerium abstimmen.

Unser Ziel als BMUB ist eine umweltverträgliche Landwirtschaft. Dafür müssen bestehende Regelungslücken und Umgehungsmöglichkeiten beseitigt werden. Im Bauplanungsrecht sind landwirtschaftliche Tierhaltungsanlagen im Außenbereich nach geltender Rechtslage privilegiert. Sie erhalten in aller Regel auch ohne Bebauungsplan eine Genehmigung, wenn der Betreiber über ausreichende Flächen verfügt, um das benötigte Futter selbst produzieren zu können. Es wird dabei nicht vorausgesetzt, dass das Futter auf diesen Flächen tatsächlich erzeugt wird.

Diese bestehende Privilegierung ist missbrauchsanfällig. So können die verfügbaren Flächen auch für andere Zwecke genutzt werden, zum Beispiel zum Anbau von „Energiepflanzen". Und genau das passiert in erheblichem Umfang.

Ich halte es deshalb für notwendig, die bestehende Privilegierungsregelung zu verändern. Große Tierhaltungsanlagen sollen künftig grundsätzlich nur noch zugelassen werden, wenn die Gemeinde einen entsprechenden Bebauungsplan erlässt. Ausnahmen gäbe es dann nur noch bei kleineren Tierhaltungsanlagen, von denen wir keine erheblichen nachteiligen Umweltauswirkungen erwarten – also bei Anlagen, die weder einer UVP noch einer UVP-Vorprüfung bedürfen.

Bei der Umweltverträglichkeitsprüfung gibt es bislang noch Schlupflöcher, die Investoren zur Anwendung einer Salami-Taktik ermuntern: So kann eine Großanlage in mehrere kleine Ställe aufgeteilt werden, für die dann jeweils nacheinander Genehmigungsanträge gestellt werden. Die kleinen Anlagen benötigen keine Umweltverträglichkeitsprüfung und damit auch keine Öffentlichkeitsbeteiligung. Mit dieser Salami-Taktik muss Schluss sein! Auch das Bundesverwaltungsgericht hat in seiner aktuellen Rechtsprechung zur nachträglichen Kumulation von Tierhaltungsanlagen festgestellt, dass eine solche Vorgehensweise nach der UVP-Richtlinie der EU unzulässig ist. Deshalb wollen wir das UVP-Gesetz ändern. Wir wollen klarstellen, dass die kleinen Anlagen in solchen Fällen wie eine Großanlage zu behandeln sind und eine Umweltverträglichkeitsprüfung mit Öffentlichkeitsbeteiligung benötigen.

Meine Damen und Herren,
schon dieser begrenzte Überblick macht deutlich, dass im Umweltrecht weiterhin Bewegung ist. Deshalb bin ich auch zuversichtlich, dass Ihrer Gesellschaft die Themen für die kommenden Tagungen nicht ausgehen werden. Und ich weiß, dass sie bei Ihnen in guten Händen sind.

Ich habe mir sagen lassen, dass es wohl keine andere Veranstaltung in Deutschland gibt, auf der man eine solche Ballung an umweltrechtlicher Kompetenz antreffen kann wie auf der Jahrestagung der GfU. Ich wünsche Ihnen, dass Ihre Jahrestagung dieses „Alleinstellungsmerkmal" behält – zum Nutzen der umweltrechtspolitischen Debatte in Deutschland.

Ich wünsche Ihnen einen weiterhin erfolgreichen Verlauf der Jubiläumstagung und bin auf Ihre Ergebnisse gespannt. Vielen Dank!

Vorträge

Vier Jahrzehnte Immissionsschutzrecht

Prof. Dr. *Alexander Schink*, Rechtsanwalt, Staatssekretär a.D., Rechtsanwälte Redeker Sellner Dahs, Bonn/Neuss

Das Immissionsschutzrecht ist vor etwas mehr als vier Jahrzehnten in Kraft getreten. Mit seinem auf Schutz und Vorsorge gerichteten intermedialen Ansatz ist es das erste umfassende Umweltschutzgesetz. Es ist heute vor allem auch EU-rechtlich geprägt. Der Beitrag zeigt Entwicklungen und wesentliche Strukturelemente des Immissionsschutzrechts auf und fragt danach, wo im Regelungsinstrumentarium und in der Anwendung Probleme bestehen.

I. Einleitung

„Der Himmel über dem Ruhrgebiet muss wieder blau werden!" Mit diesem Slogan machte der damalige Kanzlerkandidat der SPD, Willy Brandt, die zunehmende Luftverschmutzung im Ruhrgebiet zum Thema des Bundestagswahlkampfes 1961.[1] Blau geworden ist der Himmel über der Ruhr und anderswo. Dies ist – neben wirtschaftlichen Entwicklungen, wie dem weitgehenden Zusammenbruch der Montanindustrie und der Stilllegung von Anlagen in den neuen Bundesländern – auch eine wesentliche Folge des Bundesimmissionsschutzgesetzes, das am 18.01.1974 vom Bundestag mit Zustimmung des Bundesrates vom 15.02.1974 beschlossen und am 21.03.1974 im Bundesgesetzblatt verkündet wurde.[2] Das BImSchG gilt als das erste Umweltschutzgesetz, dass nicht nur einmedial den Schutz eines einzelnen Umweltmediums bezweckt,

---

1 Dazu: *Dryhaupt*, Warum tut sich der Umweltschutz so schwer?, in: Festschrift Feldhaus, S. 455, 468.
2 BGBl. I 721, ber. 1193.

sondern umfassend Menschen und die Umwelt vor schädlichen Umwelteinwirkungen schützen und diesen vorbeugen soll. Das kommt treffend in § 1 Abs. 1 BImSchG, der Zweckbestimmung des Gesetzes zum Ausdruck, wo es heißt:
„Zweck dieses Gesetzes ist es, Menschen, Tiere und Pflanzen, den Boden, das Wasser, die Atmosphäre sowie Kultur- und sonstige Sachgüter vor schädlichen Umwelteinwirkungen zu schützen und dem Entstehen schädlicher Umwelteinwirkungen vorzubeugen."
Das Immissionsschutzrecht ist damit mehr als ein Anlagenzulassungsgesetz. Das ist es auch. Es geht darüber jedoch weit hinaus, weil es nicht nur vor Gefahren und Belästigungen schützt, die von Industrieanlagen für Menschen und die Umwelt ausgehen, sondern darüber hinaus dem Entstehen solcher Gefahren von vornherein entgegenwirken soll; überdies reicht es über den Bereich der Anlagenzulassung deutlich hinaus, indem es nicht nur Einfluss auf die Standortplanung von Gewerbe- und Industrieanlagen sowie die Planung von Verkehrswegen nimmt, sondern auch auf den Produktionsprozess von umweltbelastenden Maschinen und Geräten einwirkt und Anforderungen an die Verwendung von Stoffen und die Emissionen von Produkten stellt. Im Gegensatz zu anderen rechtlichen Vorschriften des Umweltschutzes, die gelegentlich einen Etikettenschwindel und symbolische Bestimmungen ohne Regelungseffektivität enthalten,[3] ist für das BImSchG konstatiert worden, dass es eine Art „umgekehrten Etikettenschwindel" betreibt, da es mehr enthält als sein Titel verspricht.[4]

Umweltbelastungen durch Industrie und Verkehr sind seit Inkrafttreten des BImSchG erheblich gesunken. Das gilt vor allem für die Emissionen von SO_2, NOX und Staub aus Industrieanlagen. So sind die SO_2-Emissionen zwischen 1990 und 2015 um 92,2 % zurückgegangen.[5] Die CO_2- Emissionen haben ebenfalls erheblich ab-

---

3 Typisches Beispiel: Die Abfallvermeidungspflicht in § 5 Abs. 1 Nr. 3 KrWG. Dazu: *Schink*, Elemente symbolischer Umweltpolitik im Abfallrecht, in: Hansjürgens/Lübbe-Wolff, Symbolische Umweltpolitik, 2000, S. 102 ff.
4 Dazu: *Führ*, in: ders., GK-BImSchG, 2016, § 1 Rn. 7 unter Hinweis auf *Ziegler*, Umweltverträglichkeitsprüfung im Genehmigungsverfahren nach dem BImSchG, NJW 1991, 409.
5 Dazu *Koch*, Immissionsschutzrecht, in: Koch, Umweltrecht, 4. Aufl. 2014, § 4 Rn. 4.

genommen[6] – Ursache war allerdings vor allem der Zusammenbruch der Industrie in den neuen Ländern.[7]
Die Umweltprobleme, die durch das BImSchG bewältigt werden sollen, sind damit freilich keineswegs gelöst: Das Bundesumweltministerium nennt im Sommer 2016 veröffentlichten Integrierten Umweltprogramm 2030[8] als ungelöste umweltpolitische Herausforderungen neben der akuten Gefährdung der biologischen Vielfalt, einem zu hohen Verbrauch an Fläche und Rohstoffen, zu hohen und bisher nicht verringerten Abfallmengen und des ökologischen Zustandes der Gewässer vor allem eine immer noch zu hohe Luft- und Lärmbelastung in den Städten. Gefordert im Integrierten Umweltprogramm 2030 werden deshalb u.a.[9]
– eine Energiewende, die eine nahezu emissionsfreie Energieversorgung aller Sektoren und einen natur- und sozialverträglichen Kohleausstieg verfolgt,
– ein Verkehrssystem, das umweltgerechte Mobilität und städtische Lebensqualität ermöglicht, die Energiewende unterstützt sowie Lärm- und Luftbelastungen minimiert und
– eine Landwirtschaft, die die biologische Vielfalt erhält, das Klima schützt, die Intensivtierhaltung beendet und Stoffausträge auf ein verträgliches Maß begrenzt.

Das Umweltbundesamt hat in den Daten zur Umwelt 2015 festgestellt, dass bei den Luftschadstoffen zwar vor allem die SO_2- und Feinstaub-Emissionen erheblich gesunken sind. Das in der Nachhaltigkeitsstrategie 2002 erklärte Ziel der Bundesregierung, bis zum Jahr 2010 den gemittelten Ausstoß der Luftschadstoffe Schwefeldioxid, Stickstoffoxid und Ammoniak um 70 % gegenüber dem Basisjahr 1990 zu senken, wurde jedoch nicht erreicht – 2013 lagen die Emissionen mit 43 % immer noch erheblich über der Zielmarke.[10]

---

6   Dazu: Umweltbundesamt, Daten zur Umwelt 2015, S. 10.
7   *Koch*, a.a.O.
8   BMUB, Den ökologischen Wandel gestalten, Integriertes Umweltprogramm 2030, 2016.
9   Integriertes Umweltprogramm 2030, S. 31 ff., 109.
10 Umweltbundesamt, Daten zur Umwelt 2015, S. 22 f.

Festgestellt werden kann deshalb: Bei der Emissionsminderung von Luftschadstoffen, der Lärmbekämpfung und der CO_2-Reduzierung bleibt viel zu tun.
In allen genannten Bereichen wird der Anwendungsbereich des Immissionsschutzrechts zumindest berührt:
- Das BImSchG als das Recht der Industrieanlagen regelt, welche Schadstoffmengen bei industrieller und intensiver landwirtschaftlicher Produktion emittiert werden dürfen und wie Emissionen durch nachträgliche Anforderungen und Stilllegung von Anlagen reduziert oder gänzlich vermieden werden können.
- Nach den Lärmschutzregelungen des BImSchG bestimmt sich, welche Lärmimmissionen von Verkehrsanlagen und der industriellen oder gewerblichen Produktion ausgehen dürfen und ob und in welchem Umfang Lärmsanierungen vorgenommen werden müssen.
- Das BImSchG wirkt über den Trennungsgrundsatz des § 50 BImSchG und die Grenzwerte für Lärm- und Luftschadstoffe sowie das Störfallrecht in die städtebauliche und verkehrliche Planung ein und sorgt nicht nur für eine räumliche Trennung miteinander nicht verträglicher Nutzungen, sondern zielt auch darauf ab, eine weitere Zunahme von Lärm- und Schadstoffbelastungen im Umfeld von Industrie- und Verkehrsanlagen zu verhindern.
- Das BImSchG wirkt über die Fremd- und Selbstüberwachung sowie Regelungen über die Betriebsorganisation auf eine Einhaltung der Genehmigungen für Industrieanlagen hin.
- Das BImSchG wirkt über produktbezogene Abgasregelungen auf eine Reduzierung der Schadstoffbelastung an der Quelle hin, indem es z.B. den Bleigehalt in Kraftstoffen oder die zulässigen Emissionen aus Verbrennungsmotoren in Kraftfahrzeugen reguliert.

Neben der Entwicklung, der Regelungssystematik und den Instrumenten des Immissionsschutzrechts soll im Folgenden die Eignung der Instrumente des Immissionsschutzrechts zur Erreichung der wichtigsten umweltpolitischen Ziele der Lärmbekämpfung und Luftreinhaltung sowie der Verringerung von CO_2-Emissionen überprüft werden.

II. Von der preußischen Gewerbeordnung zum BImSchG

Als im Bundestagswahlkampf 1961 die Forderungen nach einem blauen Himmel über der Ruhr erhoben wurde, war die Industrielandschaft des Ruhrgebiets, damals der Motor des deutschen Wirtschaftswunders, durch rauchende Schornsteine geprägt. Staubimmissionen und Belastungen der Luft durch Schadstoffe wie Stickoxyde, Schwefeldioxide, Blei, Dioxine und andere Schadstoffe als Folge der industriellen Produktion und des zunehmenden Individualverkehrs waren allgegenwärtig. Die Folgen der Luftverschmutzung für die Gesundheit der Menschen und der Umwelt insgesamt wurden damals zunehmend erkannt.[11] Forderungen nach einem modernen Immissionsschutzrecht, das eine Grundlage für den Schutz des Menschen und der Umwelt vor Schadstoffen bildete, wurden deshalb immer lauter.[12] Die Forderung nach einem blauen Himmel über der Ruhr erzielte zwar zunächst kaum eine politische Wirkung,[13] sieht man davon ab, dass in einzelnen Bundesländern Landesimmissionsschutzgesetze erlassen wurden mit dem Ziel, die Luftbelastung besser als bisher reduzieren zu können.[14] Hindernisse für ein modernes Immissionsschutzrecht bestanden vor allem darin, dass dem Bund eine konkurrierende Gesetzgebungszuständigkeit für das Immissionsschutzrecht fehlte. Zum anderen gab es erhebliche Widerstände gegen die Herauslösung der Anlagenzulassung aus dem Gewerberecht.[15] Die konkurrierende Gesetzgebungszuständigkeit für die Luftreinhaltung und die Lärmbekämpfung wurde dem Bund durch das 30. Gesetz zur Änderung des GG vom 14.04.1972[16] übertragen. Erst damit war der Weg frei für die Schaffung eines modernen bundesrechtlichen Luftreinhalterechts. Die entscheidenden Impulse für den Erlass

---

11 Dazu anschaulich: *Andersen/Brüggemeier*, Gase, Rauch und saurer Regen, in: Brüggemeier/Rommelspacher, Besiegte Natur, 1998, S. 64 ff., 79 ff.
12 Dazu: *Feldhaus*, Von der Gewerbeordnung zum Bundes-Immissionsschutzgesetz: Die Erwartungen des Gesetzgebers-Versuch einer Bilanz, in: Koch/Lechelt, 20 Jahre Bundesimmissionsschutzgesetz, 1994, S. 9; *Kloepfer/Franzius/Reinert*, Zur Geschichte des deutschen Umweltrechts, 1994, S. 95 ff., 109 ff.
13 Dazu *Kloepfer/Franzius/Reinert*, Geschichte, S. 100.
14 So z.B. in NRW. Zu den seinerzeitigen Regelungsinstrumenten: *Kotulla*, in: ders., BImSchG, Stand: Januar 2016, Einführung Rn. 8.
15 Dazu: *Feldhaus*, in: Koch/Lechelt, 20 Jahre BImSchG, S. 9 f.
16 BGBl. I S. 593.

des Immissionsschutzrechts sind dabei nicht von der – 1974 erst erstarkenden – Umweltbewegung, sondern der Verwaltung ausgegangen: Ausgehend vom Umweltprogramm der Bundesregierung vom 21.09.1971[17] und vorangetrieben durch den Innenminister *Genscher*, der sich aus Aktivitäten im Umweltschutz einen erheblichen Kompetenzzuwachs für das Innenministerium erhoffte,[18] durch den Staatssekretär *Hartkopf* sowie den „Vater des Gesetzes" *Gerhard Feldhaus*, wurde der Entwurf eines BImSchG von der Bundesregierung am 30.11.1971 in den Bundestag eingebracht und in der – darauf folgenden – 7. Legislaturperiode verabschiedet.[19] Ziel war es dabei, Umweltprobleme im Gegensatz zur Vorgängerregelung in der Reichsgewerbeordnung nicht allein mit Mitteln der – auch vorbeugenden – Gefahrenabwehr zu lösen, sondern durch eine auf umfassenden Schutz und Vorsorge gegen schädliche Immissionen ausgerichtete Gesetzgebung zu ersetzen.[20]

Vorläufer der immissionsschutzrechtlichen Anlagengenehmigung war die gewerberechtliche Anlagenzulassung, die sich im 19. Jahrhundert entwickelt hatte. Die stürmische industrielle Entwicklung Anfang des 19. Jahrhunderts zeigte schon bald, dass die sich hieraus ergebenden Gefahren einer Regelung bedurften und nicht unter dem Schutz der Gewerbefreiheit einem freien Lauf überlassen werden konnten. Die Entwicklung kulminierte insbesondere in Preußen und führte dazu, dass in § 26 der preußischen Gewerbeordnung von 1845[21] für im Einzelnen näher aufgeführte belästigende und gefährliche gewerbliche Anlagen eine polizeiliche Genehmigungspflicht eingeführt worden war. Erfasst waren gewerbliche Anlagen, „welche durch die örtliche Lage oder die Beschaffenheit der Betriebsstätte für die Besitzer oder Bewohner der benachbarten Grundstücke oder für das Publikum überhaupt erhebliche Nachteile, Gefahren oder Belästigungen herbeiführen können". Diese Regelung blieb – im Wortlaut nahezu unverändert –

---

17 BT-Drucks. VI/2710.
18 Dazu: *Kloepfer/Franzius/Reinert*, Geschichte, S. 98 ff.
19 Zu den Entwürfen und zum Gesetzgebungsverfahren: *Staats*, Die Entstehung des Bundesimmissionsschutzgesetzes vom 15.03.1974, 2009, S. 77 ff., 147 ff., 239 ff.
20 Zu dieser Zielsetzung: *Feldhaus*, Konturen eines modernen Umweltschutzrechts, DÖV 1974, 613 f.; *ders.*, in: Koch/Lechelt, 20 Jahre BImSchG, S. 10 f.
21 Pr GS S. 41.

bis zum Inkrafttreten des BImSchG 1974 in Kraft und war Grundlage der industriellen Anlagengenehmigung. Die Regelung wurde weitgehend in §§ 16 ff. der Gewerbeordnung des norddeutschen Bundes vom 21.06.1869[22] und die Reichsgewerbeordnung übernommen und galt bis 1974. Dabei wurde der Kreis der zu genehmigenden Anlagen ständig ausgeweitet und durch Verordnung vom 04.08.1960[23] vom Gesetz in eine Rechtsverordnung überführt.[24]

Das Genehmigungsverfahren nach § 16 GewO a.F. ähnelte auf den ersten Blick sehr stark dem Anlagengenehmigungsverfahren nach § 10 BImSchG i.V.m. der 9. BImSchV: Das geplante Vorhaben war zu Beginn des Genehmigungsverfahrens öffentlich bekannt zu machen. Im Genehmigungsverfahren konnten förmlich Einwendungen erhoben werden. Die Genehmigung durfte nur erteilt werden, wenn erhebliche Gefahren, Nachteile oder Belästigungen für die Nachbarschaft oder die Allgemeinheit nicht zu besorgen waren oder durch Schutzauflagen ausgeschlossen werden konnten. Die Prüfung erstreckte sich auf die Beachtung bau-, feuer- und gesundheitspolizeilicher Vorschriften und den Arbeitsschutz. War die Genehmigung unanfechtbar erteilt, gab sie dem Vorhabenträger eine starke Rechtsposition: Zivilrechtliche Abwehransprüche gegenüber unzumutbaren Immissionen waren weitgehend ausgeschlossen. Die Genehmigung vermittelte einen weitgehenden Bestandsschutz mit der Folge, dass eine genehmigte Anlage in der ursprünglichen Anlagenkonfiguration und mit den hieraus folgenden Emissionen genehmigt war und genehmigt blieb. Änderungen waren ursprünglich nur bei Änderungsanträgen möglich. Dies änderte sich erst 1959, als der Bestandsschutz genehmigter Anlagen dadurch eingeschränkt wurde, dass nach § 25 GewO unter bestimmten Voraussetzungen auch nachträgliche Anordnungen zulässig waren. Dies galt allerdings nur dann, wenn diese wirtschaftlich vertretbar und nach dem jeweiligen Stand der Technik erfüllbar waren.[25]

---

22 BGBl. 1869 S. 249.
23 BGBl. I. S. 690.
24 Dazu: *Feldhaus*, DÖV 1974, 613, 614, *Kotulla*, in: ders., BImSchG, Einführung, Rn. 4; *Staats*, Entstehung, S. 70.
25 Zum Vorstehenden: *Feldhaus*, DÖV 1974, 613, 614; *Führ*, in: GK-BImSchG, § 1 Rn. 11; *Kloepfer/Franzius/Reinert*, Geschichte, S. 32 ff., 41 ff., 44 ff., 81 ff.

Von diesem vornehmlich auf die Abwehr von Gefahren ausgerichteten Anlagenzulassungsrecht unterscheidet sich das BImSchG zunächst dadurch, dass es sich nicht auf eine Defensivfunktion beschränkt, indem es – wie die gewerberechtliche Anlagenzulassung – nur die durch die industrielle Entwicklung verursachten Sicherheitsrisiken und Umweltgefahren aus Errichtung und Betrieb von Industrieanlagen erfasst und damit eine umweltspezifische Sozialbindung der Gewerbefreiheit statuiert. Das Immissionsschutzrecht geht vielmehr weit darüber hinaus. Das ergibt sich zunächst daraus, dass es nicht nur die Zulassung einzelner störender Anlagen regelt, sondern alle Quellen schädlicher Umwelteinwirkungen erfasst.[26] Nach wie vor stehen dabei freilich die Errichtung und der Betrieb von Anlagen im Mittelpunkt. Erfasst werden jedoch – anders als nach der Gewerbeordnung – gemäß § 3 Abs. 5 BImSchG alle ortsfesten Einrichtungen und hier insbesondere Betriebsstätten, Maschinen, Geräte und Fahrzeuge sowie Grundstücke, auf denen mit Emissionen verbundene Tätigkeiten ausgeübt werden. Damit werden Anforderungen für Anlagen aus allen Bereichen und nicht mehr ausschließlich an gewerbliche Betriebe gestellt. Auch spielt die Größe und die Emissionsträchtigkeit der Anlage für die Anwendung des Gesetzes keine Rolle. Von Bedeutung ist sie lediglich für den Verpflichtungsgrad und bei der Unterscheidung zwischen genehmigungsbedürftigen und nicht genehmigungsbedürftigen Anlagen und die Art des Genehmigungsverfahrens.[27]

Als wesentliche Fortentwicklung der bisherigen gewerberechtlichen Anlagengenehmigung enthält das BImSchG weiter eine Steigerung des Schutzniveaus, die vor allem durch die Vorsorgepflicht erreicht wird.[28] Ausgehend von der Erkenntnis, dass die entscheidende Schwäche bloßer Schadens- und Gefahrenabwehr vor allem darin liegt, dass der Reaktionszeitpunkt viel zu spät liegt und nur dort greifen kann, wo Immissionen bestimmten Verursachern zugeordnet werden können, zielt die das BImSchG über die Abwehr konkreter bzw. belegbarer schädlicher Umwelteinwirkungen hin-

---

26 *Feldhaus*, DÖV 1974, 613, 615.
27 Dazu *Feldhaus*, DÖV 1974, 613, 616.
28 Dazu: *Feldhaus*, in: Koch/Lechelt, 20 Jahre BImSchG, S. 9, 13; *Kloepfer/Franzius/ Reinert*, Geschichte, S. 111.

aus durch das Vorsorgeprinzip darauf ab, dem Entstehen von Umwelteinwirkungen generell vorzubeugen;[29] es richtet sich auch gegen potentiell schädliche Umwelteinwirkungen.[30] Sinn der Vorsorge ist es, vor der Gefahrenschwelle eine Sicherheitszone zu schaffen;[31] darüber hinaus soll sie dort eingreifen, wo eine Zuordnung von Immissionen zu bestimmten Emittenten nicht mehr möglich ist. Die Vorsorgepflicht dient insbesondere dazu, den Ferntransport von Schadstoffen zu vermeiden und damit Immissionen vorzubeugen, die nicht einer bestimmten Anlage zugeordnet werden können.[32] Weiter besteht ihr Ziel darin, Freiräume zu schaffen oder zu erhalten.[33] Dies gilt insbesondere für neue Anlagen und Betriebe.[34] Die Vorsorgepflicht ermöglicht es überdies, generelle Standards zu setzen, ohne im Einzelfall feststellen zu müssen, ob die Gefahrenschwelle überschritten ist.[35] Die Effizienz des Umweltschutzes kann auf diese Weise gesteigert werden. Weiter wird eine Wettbewerbsgleichheit hergestellt.[36] Schließlich sollen bestehende Belastungen im gewissen Umfang abgebaut werden; im Vorsorgeprinzip ist deshalb auch eine Sanierungskomponente enthalten.[37]

Das Vorsorgeprinzip wirkt im Immissionsschutzrecht über mehrere Instrumente:
- Bei der Vorhabenzulassung verpflichtet § 5 Abs. 1 Nr. 2 BImSchG, Vorsorge gegen schädliche Umwelteinwirkungen und sonstige Gefahren, erhebliche Nachteile und erhebliche Belästigungen zu treffen, insbesondere durch dem Stand der Technik entsprechende Maßnahmen. Die Vorsorgepflicht des § 5 Abs. 1 Nr. 2 BImSchG verpflichtet den Vorhabenträger unmittelbar, beim

---

29 BT-Drs. 7/1513, 2; *Eifert*, Umweltrecht, in: Schoch (Hrsg.), Besonderes Verwaltungsrecht, 15. Aufl. 2013, Rn. 260.
30 *Jarass*, BImSchG, 11. Aufl. 2016, § 5 Rn. 46.
31 BVerwG, NVwZ 1995, 995; *Dietlein*, in: Landmann/Rohmer, Umweltrecht, Stand August 2014, § 5 Rn. 136; *Jarass*, BImSchG, § 5 Rn. 47.
32 *Dietlein*, in: Landmann/Rohmer, § 5 BImSchG Rn. 141; *Hansmann*, FS Dolde, S. 91, 92; BVerwG, Urt. v. 17. 02. 1984 – 7 C 8.82 –, BVerwGE 69, 37, 43 f.
33 So: *Eifert*, in: Schoch, BesVerwR Rn. 261; *Jarass*, BImSchG, § 5 Rn. 47; *Roßnagel*, in: Führ, GK-BImSchG, § 5 Rn. 474 ff.; a.a.O. *Kloepfer/Kroeger*, NuR 1990, 9 ff.
34 BT-Drs. 7/179, S. 32.
35 BVerwG, B. v. 10. 01. 1995 – 7 B 112/14 –, NVwZ 1995, 995; *Dietlein*, in: Landmann/Rohmer, § 5 BImSchG Rn. 136; *Jarass*, BImSchG, § 5 Rn. 47.
36 *Jarass*, a.a.O.
37 *Roßnagel*, in: Führ, GK-BImSchG, § 5 Rn. 491 ff.

Betrieb seiner Anlage die nach dem Stand der Technik möglichen Emissionsminderungsmaßnahmen einzuhalten. Diese Grundpflicht ist dabei dynamisch in dem Sinne ausgestaltet, dass der Stand der Technik nicht nur im Zeitpunkt der Genehmigung, sondern vom Betreiber der Anlage dauerhaft einzuhalten ist; er ist zur Einhaltung des Standes der Technik und damit der hiernach möglichen emissionsmindernden Maßnahmen und damit zur Anpassung seiner Anlage an effizientere, dem Stand der Technik entsprechende emissionsbeschränkende Maßnahmen verpflichtet. Die Vorsorge ist technikbezogen[38] und orientiert sich am Risiko der Immissionen.[39]

- Vorsorge wird darüber hinaus weiterhin durch Setzung von Immissionsstandards getroffen. Vorsorgestandards werden insbesondere durch die TA-Luft und TA-Lärm konkretisiert. Die hierin festgeschriebenen Anforderungen an die Emissionsbegrenzung von Anlagen sind vorsorgeorientiert. Einzuhalten sind die Grundpflichten während des gesamten Betriebes der Anlage, nach § 5 Abs. 3 BImSchG auch nach Betriebseinstellung. Es handelt sich um Dauerpflichten, so dass während der Betriebszeit gewonnene neue Erkenntnisse über die Bewertung von Umwelteinwirkungen und Fortschritte in der Umwelttechnik Inhalt und Umfang der Grundpflichten modifizieren und auf diese Weise zu einer Verbesserung der Immissionssituation im Sinne einer Vorsorge beitragen.[40]

- Vorsorge wird nach dem BImSchG schließlich durch planungsrechtliche Regelungen gewährleistet. Dazu tragen vor allem die Luftreinhalte- und Lärmminderungsplanung sowie das Trennungsgebot des § 50 BImSchG bei. Das Trennungsgebot des § 50 BImSchG soll bei Planungsentscheidungen gewährleisten, dass störende und empfindliche Nutzungen einander so zugeordnet werden, dass eine Beeinträchtigung Schutzwürdiger durch emittierende Nutzungen so gering wie möglich gehalten wird. Die Luftreinhalte- und Lärmminderungsplanung zielen darauf ab, nicht nur vorhandene Belastungen durch hierfür geeignete

---

38 BVerwG, Urt. v. 21.06.2001 – 7 C 21.00 –, BVerwGE 114, 342, 343; *Jarass*, BImSchG, § 5 Rn. 52.
39 BVerwG, Urt. v. 17.02.1984 – 7 C 8.82 –, BVerwGE 69, 37, 43; *Koch*, in: ders., Umweltrecht, § 4 Rn. 120.
40 *Feldhaus*, in: Koch/Lechelt, 20 Jahre BImSchG, S. 9, 15.

Maßnahmen zu reduzieren, sondern bisher nicht durch Luftschadstoffe oder Lärm beeinträchtigte Gebiete vor solchen Beeinträchtigungen durch planerische Festsetzungen zu schonen.

III. Entwicklung des Immissionsschutzrechts

Das BImSchG ist inzwischen 69 Mal geändert worden. Ziel war es dabei zum einen, das Instrumentarium des Immissionsschutzrechts zu verbessern und zum anderen, das Recht neuen tatsächlichen Entwicklungen, rechtspolitischen Überzeugungen und insbesondere europarechtlichen Vorgaben anzupassen.[41] Die wesentlichen Änderungen[42] betrafen folgende Fragestellungen:

Veranlasst durch die großflächigen Waldschäden ermöglichte das 2. Änderungsgesetz vom 04.10.1985[43] die Altanlagensanierung.[44] Diese Neuregelung war von besonderer Bedeutung, da sie zum einen zur Folge hatte, dass nachträgliche Anordnungen nicht mehr nur zulässig sind, wenn sie wirtschaftlich vertretbar sind, sondern dass die Zulässigkeit nachträglicher Anordnungen nur durch den Grundsatz der Verhältnismäßigkeit begrenzt ist (§ 17 Abs. 2 BImSchG).[45] Hierdurch wurde – zum anderen – der Bestandsschutz immissionsschutzrechtlicher Genehmigungen erheblich eingeschränkt, nämlich bis zur Grenze des verfassungsrechtlich Zulässigen.[46] Für die Sanierung von Altanlagen wurde

---

41   Überblick über die Änderungen bei *Hansmann*, Die Novellierungen des Bundes-Immissionsschutzgesetzes, in: Koch/Lechelt, 20 Jahre BImSchG, S. 20 ff.; *Schröder*, FS Feldhaus, 1999, 299 ff.; *Jarass*, UPR 2000, 241 ff.; *Kroll/Koch/Prall*, NVwZ 2002, 666; *Koch/Kahle*, NVwZ 2006, 1006; *Koch/Braun*, NVwZ 2010, 1199.
42   Auflistung der einzelnen Änderungen bei *Führ*, in: ders., GK-BImSchG, § 1 Rn. 16; *Jarass*, BImSchG, § 1 Einl. Rn. 2; *Hansmann*, 40 Jahre Bundesimmissionsschutzgesetz, in: FS Koch, S. 371 ff.
43   BGBl. I 1950.
44   Dazu: *Feldhaus*, UPR 1985, 385; *Koch*, in: GK-BImSchG, § 17 Rn. 13 ff.; *Hansmann*, in: Landmann/Rohmer, § 17 BImSchG Rn. 12; *Koch*, in: Koch, Umweltrecht, § 4 Rn. 118 f.
45   § 17 Abs. 2 BImSchG. Daneben gibt es keinen zusätzlichen Bestandsschutz, BGH, Urt. v. 28.09.1995 – III ZR 14/94 –, BGHZ 99, 262, 268 f.; *Jarass*, BImSchG, § 17 Rn. 38.
46   BT-Drs. 10/1862, S. 6, 9, 11; *Jarass*, BImSchG, § 17 Rn. 38; *Hansmann/Ohms*, in: Landmann/Rohmer, Umweltrecht, § 17 Rn. 38; *Kloepfer*, Umweltrecht, 4. Aufl. 2016, § 5 Rn. 372.

damit und durch eine Änderung der Großfeuerungsanlagenverordnung (13. BImSchV) die entscheidende Grundlage gelegt. Für die Effizienz des Immissionsschutzrechts und die Durchsetzung der Emissionsstandards auch bei Altanlagen stellte diese Änderung, deren verfassungsrechtliche Grundlagen in der GfU-Tagung 1982 durch ein Referat des ehemaligen Präsidenten des BVerwG *Horst Sendler* vorbereitet worden waren,[47] einen ganz entscheidenden Durchbruch dar. Ihr ist die Sanierung der Altanlagen und damit die Durchsetzung von erheblich niedrigeren und kostenträchtigen Emissionsstandards bei Großfeuerungsanlagen und eine generelle Einschränkung des Bestandsschutzes für nach Immissionsschutzrecht genehmigungsbedürftige Anlagen zu verdanken.

Das 3. Änderungsgesetz vom 11. 05. 1990[48] zog die Konsequenzen aus Störfällen und hier insbesondere der Sandos-Katastrophe: Eingeführt wurden unter anderem ein technischer Ausschuss für die Anlagensicherheit (§ 31a BImSchG), die Störfallkommission (§ 51a BImSchG) sowie der Störfallbeauftragte (§§ 58a ff. BImSchG).[49] Erlassen wurde weiter die Störfallverordnung vom 26. 04. 2000.

Die Rechtseinheit mit dem Beitrittsgebiet, der ehemaligen DDR, wurde durch das Einigungsvertragsgesetz vom 23. 09. 1990[50] hergestellt. Das Immissionsschutzrecht gilt seitdem – abgesehen von zunächst geltenden gewissen verfahrensrechtlichen Erleichterungen – auch in den neuen Bundesländern.[51]

Durch das Investitionserleichterungs- und Wohnbaulandgesetz vom 22. 04. 1993[52] wurden vor allem Beschleunigungselemente in das Immissionsschutzrecht eingefügt; die Zulassung von Abfallanlagen wurde in das Immissionsschutzrecht überführt.[53] Die Novel-

---

47 Wer gefährdet wen – Eigentum und Bestandsschutz den Umweltschutz – oder umgekehrt?, Referat auf der 6. Wiss. Fachtagung der GfU am 05. 11. 1982, abgedruckt in UPR 1983, 33 ff.
48 BGBl. 1990 I S. 870.
49 Dazu *Rebentisch*, NVwZ 1991, 310; *Sellner*, NVwZ 1991, 305; *Führ*, in: Führ, GK-BImSchG, § 1 Rn. 18 f.; *Dietlein*, in: Landmann/Rohmer, § 1 BImSchG Rn. 7.
50 BGBl. II 885, 114.
51 Dazu *Kloepfer/Franzius/Reinert*, Geschichte, S. 138 ff.; 138 ff.; *Oehler*, Umweltschutz und Umweltrecht in der DDR, DVBl. 1990, 1322 ff. Zum „Umweltgesetzbuch" der DDR, dem Landeskulturgesetz: *Oehler u. a.*, (Autorenkollektiv), Landeskulturrecht, 1986, zum Immissionsschutz dort S. 186 ff.
52 BGBl. I 466.
53 Dazu *Moormann*, UPR 1993, 286; *Fluck*, DB 1993, 2011.

le setzte auch die Vorgaben der UVP-Richtlinie[54] in das Immissionsschutzrecht um. Die Zweckbestimmung des § 1 BImSchG wurde hierdurch um die Schutzgüter Boden, Wasser, Atmosphäre sowie Kultur- und sonstige Sachgüter erweitert.

Eine weitere Anpassung an EU-rechtliche Vorgaben erfolgte durch das Artikelgesetz vom 27.07.2001, mit dem das Immissionsschutzrecht an die IVU-Richtlinie und die UVP-Änderungsrichtlinie angepasst wurde.[55] Kern der Anpassung war, dass die Anlagengenehmigung zukünftig von einer integrativen, medienübergreifenden Bewertung der Umweltauswirkungen abhängig gemacht wurde.

Auch das 7. Gesetz zur Änderung des BImSchG vom 11.09.2002 betraf die Anpassung an EU-rechtliche Vorgaben, nämlich an die Luftqualitätsrahmen-RL und die hierzu ergangenen Tochterrichtlinien über Grenzwerte für Schwefeldioxid, Stickstoffdioxid und Stickstoffoxide sowie Partikel und Blei in der Luft (RL 1999/30/EG) und die Grenzwerte für Benzol und Kohlenmonoxyd in der Luft (RL 2000/69/EG). Durch diese Neuregelung wurden alle Verschmutzungsquellen und nicht nur Industrieanlagen in den Blick genommen. Darüber hinaus wurden die anspruchsvollen Luftqualitätsziele der EU durch die Novellierung der 22. BImSchV in nationales Recht umgesetzt.[56]

Weitere vor allem europarechtlich veranlasste Änderungen betrafen die Öffentlichkeitsbeteiligungsrichtlinie der EU mit Änderungen in §§ 10, 16 Abs. 1 BImSchG, die Seveso-II-Richtlinie 2003/105/EG mit der der Einführung von „Betriebsbereichen" in § 3 Abs. 5 BImSchG, die Umgebungslärmrichtlinie mit einer Neuregelung der Lärmminderungsplanung sowie Biokraftstoffe.[57]

Wichtig für das Verfahren war das Gesetz zur Reduzierung und Beschleunigung von immissionsschutzrechtlichen Genehmigungsverfahren vom 23.10.2007[58], durch das insbesondere in § 10

---

54 RL 85/337/EWG.
55 Umsetzung der UVP-Änderungsrichtlinie, der IFU-Richtlinie und weiterer EG-Richtlinien zum Umweltschutz, BGBl. I 466, 485.
56 Dazu *Hansmann*, NuR 1999, 10; *Koch/Prall*, NVwZ 2002, 668; *Jarass*, NVwZ 2003, 257; *Rehbinder*, NuR 2005, 493.
57 Dazu *Koch*, in: Koch, Umweltrecht, § 4 Rn. 39; *Führ*, in: ders., GK-BImSchG, § 1 Rn. 26.
58 BGBl. I S. 2470.

Abs. 6 BImSchG der fakultative Erörterungstermin eingeführt und im Anhang zur 4. BImSchV die genehmigungsbedürftigen Anlagen reduziert sowie die im einzelnen anzuwendende Verfahrensart geändert wurden.[59]

Das 8. Änderungsgesetz zum BImSchG vom 31.07.2010[60] setzte die Luftqualitätsrichtlinie 2008/50 EG (teilweise) um. Die wesentlichen Neuerungen betreffen die Information der Öffentlichkeit sowie die Ablösung von Aktionsplänen durch Pläne für kurzfristig zu ergreifende Maßnahmen und Luftreinhaltepläne bei der Überschreitung von Zielwerten. Weitere Änderungen betrafen die Luftqualitätsstandards und Emissionshöchstmengen, die in der 39. BImSchV vom 02.08.2010[61] unter Aufhebung der 22. und 33. BImSchV zusammengefasst wurden.[62]

Eine Privilegierung des Kinderlärms bewirkte das 10. Gesetz zur Änderung des BImSchG vom 20.07.2011;[63] hiernach stellen Geräuscheinwirkungen, die von Kinderspielplätzen oder Kindertageseinrichtungen ausgehen, keine schädlichen Umwelteinwirkungen dar (§ 22 Abs. 1a BImSchG).[64]

Die vorläufig letzte weitreichende Änderung des BImSchG wurde – wiederum EU-rechtlich veranlasst – durch das Gesetz zur Umsetzung der Richtlinie über Industrieemissionen vom 08.04.2013[65] vorgenommen. Diese Änderung brachte wesentliche Neuerungen für das Industrieanlagenzulassungs- und Überwachungsrecht. Eingeführt wurde eine dritte Vorhabenkategorie, für die ausschließlich die speziellen Anforderungen Anwendung finden, die für unter die IE-Richtlinie fallende Industrieanlagen gelten (Ergänzung des Anhang der 4. BImSchV um so genannte IE-Anlagen

---

59 Dazu *Mandten*, DVBl 2009, 213.
60 BGBl. I S. 1059.
61 BGBl. I S. 1065.
62 Vgl. *Scheidler*, NVwZ 2010, 866; *ders.*, UPR 2010, 365.
63 BGBl. I S. 1474.
64 Hansmann, DVBl 2011, 1400 ff.; Bringewat, ZfBR 2011, 477 ff.; *Scheidler*, ZfBR 2011, 742 ff.; *ders.*, LKRZ 2011, 412 ff.; *dies.*, Immissionsschutz 2014, 22 ff.; *Fricke/Schütte*, LKRZ 2012, 182 ff.; *dies.*, ZUR 2012, 89 ff. Zu Anwendungsbereich und Rechtsfolgen auch *Jarass*, BImSchG, § 22 Rn. 44 f., 45 ff. Zur Bedeutung für das Wohnungsmietrecht: BHG, Urt. v. 29.04.2015 – VIII ZR 197/15 –, BGHZ 205, 177; Urt. v. 19.12.2012 – VIII ZR 152/12 –, NJW 2013, 680 m. Anm. *Föller*, WuM 2015, 485 f. Dazu auch *Emmerich*, JuS 2015, 1040 f.
65 BGBl. I S. 1274.

in Spalte d). Für diese Anlagen sind insbesondere die BVT-Schlussfolgerungen zu beachten. Deren Einhaltung ist bei Genehmigungserteilung, aber auch danach sicherzustellen. Die Mitgliedstaaten haben für Anpassungen zu sorgen, wenn die Emissionswerte durch neue BVT-Schlussfolgerungen geändert werden. Rechtlich verbindlich sind diese Anforderungen freilich nur für so genannte IE-Anlagen; ansonsten sind die BVT-Merkblätter und BVT-Schlussfolgerungen bei der Bestimmung des Standes der Technik zu berücksichtigen (vgl. § 3 Abs. 6 S. 2 i.V. m. Nr. 13 der Anlage zu § 3 Abs. 6 BImSchG, Nr. 5.1.1 TA-Luft).[66]

IV. Die Industrieanlagengenehmigung nach dem Immissionsschutzrecht

1. Bedeutung der immissionsschutzrechtlichen Zulassung

Die immissionsschutzrechtliche Zulassung hat den Zweck, durch Einführung einer Genehmigungspflicht die Umwelt zu schützen und Gefahren abzuwehren, die mit der Errichtung und dem Betrieb bestimmter Gewerbe- und Industrieanlagen verbunden sein können.[67] Sie stellt nicht nur sicher, dass die immissionsschutzbezogenen Zulässigkeitsvoraussetzungen und hier insbesondere die nach § 7 BImSchG erlassenen Rechtsverordnungen enthaltenen Immissionsgrenzwerte eingehalten werden. Gemäß § 6 Abs. 1 Nr. 2 BImSchG ist vielmehr auch die Einhaltung der für Errichtung und Betrieb der Anlage geltenden gesetzlichen Anforderungen außerhalb des Immissionsschutzrechts Genehmigungsvoraussetzung. Die immissionsschutzrechtliche Zulassung von Industrieanlagen stellt deshalb eine umfassende Unbedenklichkeitsbescheinigung dar, die über den fachgesetzlichen Rahmen des Immissionsschutzrechts weit hinausgreift.[68] Neben die Schutzwirkung der immissi-

---

66 Vgl. *Schmidt/Kahl/Gärditz*, Umweltrecht, 9. Aufl. 2014, § 7 Rn. 11; *Koch*, in: ders., Umweltrecht, § 4 Rn. 131; *Jarass*, in: FS Peine, 2016, 129 ff.; *ders.*, I+E 2016, 148 ff.; *Wasielewski*, I+E 2013, 17 ff.; *Kment*, VerwArch 2014, 262 ff.; *Röckinghausen*, UPR 2012, 161 ff.; *Schulte*, I+E 2014, 105 ff. Zum Vollzug: *Halmschlag*, I+E 2014, 48 ff.
67 *Beckmann*, NuR 2003, 715.

onsschutzrechtlichen Genehmigung tritt ihre Gestattungswirkung. Sie hebt das mit dem Genehmigungsvorbehalt verbundene Verbot der Errichtung und des Betriebs der genehmigungsbedürftigen Anlage auf[69] und räumt dem Inhaber der Genehmigung ein subjektives Recht auf Errichtung und Betrieb der Anlage ein, soweit die Gestattung im Einzelfall reicht.[70] Für den Anlagenbetreiber ist sie deshalb von besonderem Wert, weil sie gemäß § 14 BImSchG privatrechtliche Abwehransprüche gegen Errichtung und Betrieb der Anlage ausschließt.[71]

Es besteht allgemein Einigkeit darüber, dass die immissionsschutzrechtliche Anlagengenehmigung eine Sachkonzession darstellt, die erteilt werden muss, wenn die Genehmigungsvoraussetzungen des § 6 Abs. 1 BImSchG erfüllt sind.[72] Für die Genehmigung dürfen nur die in § 6 BImSchG genannten Voraussetzungen eine Rolle spielen. Wirtschaftliche Gesichtspunkte oder Fragen der Sicherung von Arbeitsplätzen sind demgegenüber nicht Gegenstand der Prüfungen.[73] Das gilt auch für technische Schwierigkeiten. Diese sind kein Grund, von der Erfüllung der Grundpflichten insbesondere des § 5 Abs. 1 Nr. 1 BImSchG abzusehen.[74] Selbst wenn die zur Einhaltung der Umweltstandards erforderlichen Abgasreinigungsanlagen für bestimmte Anlagen noch nicht entwickelt oder verfügbar sind, darf von den Genehmigungsvoraussetzungen des § 6 Abs. 1 Nr. 1 in Verbindung mit § 5 Abs. 1 Nr. 1 BImSchG nicht abgesehen werden, und zwar selbst dann nicht, wenn es sich um eine volkswirtschaftlich und für den Investor wirtschaftlich wichtige Anlage handelt. Vielmehr muss umgekehrt so lange auf die Realisierung der Anlage verzichtet werden, bis die umweltrechtlichen

---

68 *Scheidler*, GewArch 2016, 321.
69 BVerwGE 84, 220, 224; *Jarass*, BImSchG, § 6 Rn. 49; *Pudenz*, UPR 1990, 331.
70 *Dietlein*, in: Landmann/Rohmer, § 4 BImSchG, Rn. 53; *Feldhaus*, in: ders., § 4 BImSchG Rn. 36; *Jarass*, BImSchG, § 6 Rn. 49.
71 Vgl *Jarass*, BImSchG, § 14 Rn. 8; *Kotulla/Guckelberger*, BImSchG, § 14 Rn. 13; *Roßnagel/Hentschel*, GK-BImSchG, § 14 Rn. 33 ff.
72 Zum Rechtscharakter der immissionsschutzrechtlichen Zulassung vgl. nur *Jarass*, BImSchG, § 6 Rn. 4; *Kotulla*, in: Kotulla, BImSchG, § 6 Rn. 43; *Dietlein*, in: Landmann/Rohmer, § 4 BImSchG Rn. 7; *Scheidler*, in: Feldhaus, BImSchG, § 6 Rn. 5.
73 *Scheidler*, in: Feldhaus, § 6 BImSchG, Rn. 6; *Kotulla*, in: ders., BImSchG, § 6 Rn. 42.
74 BaWü VGH, Urt. v. 04.08.1972, ES GewO, § 16–15.

Anforderungen eingehalten werden können. Voraussetzung für die Zulassung einer Industrieanlage ist nach § 6 Abs. 1 BImSchG, dass alle Zulassungsvoraussetzungen eingehalten werden. Ohne Einhaltung umweltrechtlicher Standards gibt es keine Industrieanlagengenehmigung nach dem BImSchG.

Neben die Schutzwirkung der immissionsschutzrechtlichen Genehmigung tritt ihre Gestattungswirkung. Die immissionsschutzrechtliche Zulassung hebt das mit dem Genehmigungsvorbehalt verbundene Verbot der Errichtung und des Betriebs der genehmigungsbedürftigen Anlage auf[75] und räumt dem Inhaber der Genehmigung ein subjektives Recht auf Errichtung und Betrieb der Anlage ein, soweit die Gestattung im Einzelfall reicht.[76] Die Genehmigung ist vor diesem Hintergrund eine wesentliche Grundlage für die Investitionsentscheidung des Vorhabenträgers.[77] Für den Anlagenbetreiber ist sie deshalb von besonderem Wert, weil sie gemäß § 14 BImSchG privatrechtliche Abwehransprüche ausschließt. Sie räumt deshalb dem Anlagenbetreiber einen – wenn auch rechtlich-gegenständlich beschränkten – gewissen Bestandsschutz ein und legalisiert seine Anlage.[78] Ist die immissionsschutzrechtliche Zulassung bestandskräftig, können Nachbarn grundsätzlich nicht mehr die Einstellung der des Anlagenbetriebes oder die Beseitigung der Anlage verlangen.[79]

Die Doppelnatur der immissionsschutzrechtlichen Zulassung, die einerseits ein Instrument zur Abwehr von Gefahren, Belästigungen und Nachteilen für die Umwelt, die Nachbarschaft und sonstige Rechtsgüter darstellt und andererseits einen Investitionsschutz des Vorhabenträgers gewährleisten soll, soll in ihren Voraussetzungen und Rechtswirkungen im Folgenden näher betrachtet werden.

---

75 BVerwG, Urt. v. 15.12.1989 – 7 C 35.87 –, BVerwGE 84, 220, 224; *Jarass*, BImSchG, § 6 Rn. 49; *Pudenz*, UPR 1990, 331.
76 *Dietlein*, in: Landmann/Rohmer, § 4 BImSchG, Rn. 53; *Feldhaus*, in: ders., § 4 BImSchG Rn. 36; *Jarass*, BImSchG, § 6 Rn. 49.
77 Dazu *Feldhaus*, WiVerw 1986, 1; *Beckmann*, NuR 2003, 715.
78 *Beckmann*, NuR 2003, 715.
79 Vgl *Jarass*, BImSchG, § 14 Rn. 8; *Guckelberger*, in: Kotulla, BImSchG, § 14 Rn. 13; *Roßnagel/Hentschel*, in Führ, GK-BImSchG, § 14 Rn. 33 ff.

2. Rechtscharakter der immissionsschutzrechtlichen Genehmigung

Bei unbefangener Betrachtung der Regelung des § 6 Abs. 1 BImSchG kann der Eindruck entstehen, dass es sich bei der immissionsschutzrechtlichen Zulassung insgesamt um eine gebundene Anlagengenehmigung handelt. Nach § 6 Abs. 1 BImSchG ist die Genehmigung zu erteilen, wenn

1. sichergestellt ist, dass die sich aus § 5 BImSchG und einer auf Grund des § 7 BImSchG erlassenen Rechtsverordnung ergebenden Pflichten erfüllt werden und
2. andere öffentlich-rechtliche Vorschriften und Belange des Arbeitsschutzes der Errichtung und den Betrieb der Anlage nicht entgegenstehen.

Nach § 6 Abs. 1 Nr. 1 BImSchG sind damit immissionsschutzrechtliche Anforderungen an die Erteilung der Genehmigung zu erfüllen, während nach Nr. 2 rechtliche Genehmigungsvoraussetzungen außerhalb des Immissionsschutzrechts einzuhalten sind. Nach dem Wortlaut des § 6 Abs. 1 BImSchG ist die Genehmigung zu erteilen, sofern dies der Fall ist. Nach dem Wortlaut des § 6 Abs. 1 BImSchG handelt es sich bei der immissionsschutzrechtlichen Genehmigung deshalb um eine gebundene Entscheidung. Ob dies tatsächlich der Fall ist, ist freilich bestritten.[80] Diese Frage ist nicht bloß eine theoretische. *Beckmann* hat darauf aufmerksam gemacht, dass es für den Vorhabenträger von zentraler Bedeutung ist, ob der Behörde bei der Genehmigungsentscheidung ein Versagungs- oder Bewirtschaftungsermessen zusteht.[81] Steht ihm ein Genehmigungsanspruch zu, kann er bei Erfüllung der Voraussetzungen des § 6 Abs. 1 BImSchG sicher sein, dass sein Vorhaben genehmigt wird. Ist dies nicht der Fall, ist sein Investitionsvorhaben von Unwägbarkeiten abhängig, die wegen der beschränkten gerichtlichen Kontrolle von Ermessens- und Beurteilungsspielräumen die Erteilung der Genehmigung selbst dann zweifelhaft er-

---

80 Dafür: *Dietlein*, in: Landmann/Rohmer, BImSchG, § 6 Rn. 1; *Jarass*, BImSchG, § 6 Rn. 42; *Kotulla*, in: ders., BImSchG, § 6 Rn. 40; a.A. *Wasielewski*, in: Führ, GK-BImSchG, § 6 Rn. 39 ff.
81 *Beckmann*, NuR 2003, 715, 716 f.

scheinen lässt, wenn die Genehmigungsvoraussetzungen an sich erfüllt sind.

Zu konstatieren ist zunächst sicherlich, dass der Charakter der immissionsschutzrechtlichen Zulassung als gebundene Entscheidung nicht überbewertet werden darf.[82] Das ergibt sich insbesondere daraus, dass in §§ 5 und 6 BImSchG eine Reihe von unbestimmten Rechtsbegriffen verwendet werden, die durch die Behörden in unterschiedlicher Weise interpretiert werden können, dass über die Erfüllung der Voraussetzungen des § 5 BImSchG eine Prognoseentscheidung der Behörde anzustellen ist und dass in § 6 Abs. 1 Nr. 2 BImSchG auf außer-immissionsschutzrechtliche Genehmigungsvoraussetzungen verwiesen wird, die zum Teil – wie z.B. naturschutzrechtliche Befreiungen – Ermessensentscheidungen darstellen.[83] Die Beurteilungsspielräume der Zulassungsbehörden sind allerdings angesichts der durch untergesetzliche Normen, wie die 16. und 17. BImSchV, die TA-Lärm oder die TA-Luft erfolgte Konkretisierung der Zulassungsvoraussetzungen wenig ausgeprägt. Insbesondere kann im Hinblick auf die Ausfüllung der unbestimmten Rechtsbegriffe durch untergesetzliche Normen nicht von einem „Luftbewirtschaftungsermessen" oder einer „Genehmigung mit planungsrechtlichem Einschlag"[84] gesprochen werden. Dies ist schon deshalb unrichtig, weil die gesetzliche Ausgestaltung der immissionsschutzrechtlichen Genehmigung als gebundene Erlaubnis denknotwendig den Ausschluss eines Planungsermessens beinhaltet.[85] Darüber hinaus ist in der Rechtsprechung geklärt, dass die auf Grund des § 48 BImSchG erlassenen Verwaltungsvorschriften und damit insbesondere die TA-Lärm und die TA-Luft als normkonkretisierende Verwaltungsvorschriften verbindliche Konkretisierungen der gesetzlichen Anforderungen darstellen.[86] Die Bindung an diese Regelwerke kann erst

---

82 So mit Recht *Dietlein*, in: Landmann/Rohmer, BImSchG, § 6 Rn. 2.
83 Darauf weisen mit Recht hin: *Dietlein*, a.a.O.; *Scheidler*, in: Feldhaus, BImSchG, § 6 Rn. 12.
84 So z.B. *Sendler*, UPR 1983, 33, 43.
85 So mit Recht *Breuer*, Der Staat 20 (1981), 393, 413; *ders.*, FS Feldhaus, 1999, 49, 54 f. Auch: *Waselewski*, in: Führ, GK-BImSchG, § 6 Rn. 11.
86 So: BVerwG, Urt. v. 20.12.1999 – 7 C 15.98 –, BVerwGE 110, 216/218; BVerwG, Urt. v. 17.02.1984 – 7 C 8.82 –, BVerwGE 114, 342, 344 f.; Urt. v. 29.08.2007 – 4 C 2.07 –, BVerwGE 129, 209, 211; *Jarass*, BImSchG, § 48 Rn. 42 ff.

dann überwunden werden, wenn atypische Sachverhalte gegeben sind oder Verstöße gegen höherrangiges Recht oder gesicherte naturwissenschaftliche Erkenntnisse vorliegen.[87] Die der Behörde auf der Tatbestandseite eingeräumten Beurteilungsspielräume sind deshalb, soweit es um die immissionsschutzrechtlichen Zulassungsvoraussetzungen geht, nicht sonderlich groß. Auf der Rechtsfolgenseite ist ihr insoweit ohnehin kein Ermessen eingeräumt.[88]

Allerdings ist nicht von der Hand zu weisen, dass das Integrationsgebot, das bei der immissionsschutzrechtlichen Zulassung gemäß § 5 Abs. 1 BImSchG zu beachten ist, die administrativen Beurteilungs- und Entscheidungsspielräume der Zulassungsbehörden gestärkt und damit zugleich den Anspruch des Vorhabenträgers auf Erteilung der Genehmigung reduziert haben.[89] Verankert ist der integrative Ansatz im BImSchG für die Vorhabengenehmigung ausdrücklich in § 1 Abs. 2, 1. Spiegelstrich BImSchG. Danach dient das BImSchG, soweit es sich um genehmigungsbedürftige Anlagen handelt, auch der integrierten Vermeidung und Verminderung schädlicher Umwelteinwirkungen durch Emissionen in Luft, Wasser und Boden unter Einbeziehung der Abfallwirtschaft, um ein hohes Schutzniveau für die Umwelt insgesamt zu erreichen. Geboten ist damit eine sektorübergreifende Betrachtung unter Einschluss der Berücksichtigung von Wechselwirkungen und Wirkungsketten.[90] Schädliche Umwelteinwirkungen sollen durch den integrativen Ansatz möglichst minimiert, durch die integrative, medienübergreifende Sicht soll eine Verbesserung für die Umwelt insgesamt erreicht werden.[91] Die Regelung strahlt auf die Interpretation des § 5 Abs. 1 BImSchG aus, wonach genehmigungsbedürftige Anlagen so zu errichten und zu betreiben sind, dass ein hohes Schutzniveau für die Umwelt insgesamt gewährleistet ist.[92]

---

[87] BVerwG, Beschl. v. 10.01.1995 – 1 B 153/94 –, NVwZ 1995, 1129; Beschl. v. 21.03.1996 – 7 B 164/95 –, NVwZ-RR 1996, 498; Urt. v. 20.02.1999 – 7 C 15/98 –, NVwZ 2000, 440.
[88] Dazu *Dietlein*, in: Landmann/Rohmer, BImSchG, § 6 Rn. 2.
[89] Dazu *Beckmann*, NuR 2003, 715, 718 f.
[90] *Jarass*, BImSchG, § 1 Rn. 10; *Dietlein*, in: Landmann/Rohmer, BImSchG, § 1 Rn. 30; *Scheidler*, NuR 2008, 766.
[91] *Feldhaus*, UPR 2002, 2; *Storost*, in: Ule/Laubinger, BImSchG, § 1 Anm. d 5.
[92] Dazu: *Führ*, in: GK-BImSchG, § 1 Rn. 103.

Vor dem EU-rechtlichen Hintergrund der Integrationsklausel, die der Umsetzung der dort geforderten integrativen Betrachtung der Vermeidung und Verringerung von Immissionen dient, ist es unrichtig, wenn angenommen wird, die Legaldefinition der Immissionen in § 3 Abs. 3 BImSchG bliebe hiervon unberührt und erfasse lediglich die auf den Luftpfad bezogenen Emissionen.[93] Folge der Integrationsklausel und der Verpflichtung zur Beachtung des Integrationsgebotes ist vielmehr, dass die Grundpflichten integrativ ausgelegt und konkretisiert werden müssen.[94] Hierzu kann eine bilanzierende Betrachtung erforderlich sein.[95] Insbesondere gilt dies im Bereich der Vorsorge[96] mit der Folge, dass bei Fehlen untergesetzlicher Maßstäbe durch die Zulassungsbehörde geprüft und entschieden werden muss, ob und inwieweit zur Gewährleistung eines hohen Schutzniveaus für die Umwelt insgesamt bestimmte Umweltbelastungen hinzunehmen sind, um andere zu vermeiden. Dies hat eine geringere Bindung der Zulassungsbehörde zur Folge,[97] so dass das Integrationsgebot ohne untergesetzliche Konkretisierung die gesetzliche Bindung der Zulassungsbehörde lockert und die Erteilung der Genehmigung für den Vorhabenträger weniger vorhersehbar macht.[98]

Dass sich die Genehmigungsentscheidung deshalb einer Abwägungsentscheidung annähert und nicht mehr von einer gebundenen Kontrollerlaubnis gesprochen werden kann, wie z.B. *Sellner* angenommen hat,[99] mag man freilich mit Recht deshalb bezweifeln, weil es um die Ausfüllung unbestimmter Rechtsbegriffe und Beurteilungsspielräume geht. Zudem wird der integrative Ansatz umso mehr konkretisiert, je mehr BVT-Merkblätter und -Schlussfolgerungen verabschiedet werden. Denn diese konkretisieren in medienübergreifender Hinsicht die Anforderungen an die Emis-

---

93 So: *Jarass*, § 1 Rn. 9; *Frenz*, in: Kotulla, BImSchG, § 1 Rn. 69; *Dietlein*, in Landmann/Rohmer, BImSchG, § 1 Rn. 35.
94 *Jarass*, BImSchG, § 5 Rn. 5.
95 *Jarass*, a.a.O.
96 *Jarass*, a.a.O.; *Dietlein*, in: Landmann/Rohmer, § 5 Rn. 7, 90; *Koch/Siebel/Huffmann*, NVwZ 2001, 1084.
97 Dazu *Beckmann*, NuR 2003, 715, 718 f.
98 Darauf macht aufmerksam *Beckmann*, a.a.O.
99 So etwa *Sellner*, Der integrative Ansatz des Bundes-Immissionsschutzgesetzes, in: GfU (Hrsg.), Umweltrecht im Wandel, 2001, S. 401, 413; *Beckmann*, NuR 2003, 715, 718.

sionsminderung und füllen insoweit den Beurteilungsspielraum der Zulassungsbehörden aus. Darüber hinaus ist mehr als fraglich, ob die Zulassungsbehörden in der Praxis die Spielräume, die ihnen die Beurteilung der Zulassungsvoraussetzungen nach dem integrativen Ansatz einräumen mag, tatsächlich nutzen. Von einer Annäherung der immissionsschutzrechtlichen Zulassungsvoraussetzungen nach § 6 Abs. 1 BImSchG an eine Ermessensregelung kann deshalb keine Rede sein; insbesondere kann § 6 BImSchG nicht in eine Ermessensvorschrift umgedeutet werden.[100]

Scheidler hat allerdings darauf hingewiesen, dass § 6 BImSchG insgesamt eine ambivalente Natur aufweist. Hinsichtlich der immissionsschutzrechtlichen Zulassungsvoraussetzungen handelt es sich um eine gebundene Erlaubnis, während es sich bei den von §§ 6 Abs. 1 Nr. 2 und § 13 BImSchG erfassten sonstigen öffentlichen-rechtlichen Vorschriften und Genehmigungsvoraussetzungen häufig um Ermessensentscheidungen handelt.[101] Das allerdings macht die Genehmigung nach § 6 BImSchG nicht insgesamt zu einer Ermessensentscheidung. Die unionsrechtlichen Anforderungen aus Art. 8 IVU-RL bzw. Art. 5 Abs. 1 IE-RL erfordern ebenfalls nicht, dass die Genehmigungsentscheidung eine Ermessensentscheidung ist.[102]

3. Bedeutung der Grundpflichten des § 5 BImSchG

a) Umweltorientierte Wirkungsmechanismen der immissionsschutzrechtlichen Anlagenzulassung

Zentrale Bedeutung für den Umweltschutz haben bei der immissionsschutzrechtlichen Anlagengenehmigung die Grundpflichten aus § 5 Abs. 1 BImSchG. Sie bilden, so *Breuer*, das Herzstück der Anlagengenehmigung.[103] Die Wirkungsweise der Grundpflichten lässt sich wie folgt kennzeichnen:

---

100 So mit Recht: *Dietlein*, in: Landmann/Rohmer, BImSchG, § 6 Rn. 2; *Kotulla*, in: Kotulla, BImSchG, § 6 Rn. 41; *Kahl/Diederichsen*, NVwZ 2006, 1107, 1111; *Scheidler*, in: Feldhaus, BImSchG, § 6 Rn. 12.
101 *Scheidler*, in: Feldhaus, BImSchG, § 6 Rn. 12 unter Hinweis auf BayVGH, Urt. v. 21.07.2015 – 22 ZB 14.2340 –, juris Rn. 13.
102 *Kloepfer*, Umweltrecht, § 15 Rn. 270; *Dietlein*, in: Landmann/Rohmer, § 1 BImSchG nach § 6 BImSchG Rn. 2; *Erbguth/Stollmann*, ZUR 2000, 379, 382.
103 *Breuer*, Anlagengenehmigung und Grundpflichten, in: FS Feldhaus, 1999, S. 49.

- Die immissionsschutzrechtlichen Grundpflichten aus § 5 Abs. 1 BImSchG richten sich unmittelbar an den Anlagenbetreiber. Dieser ist zu ihrer Einhaltung bei Errichtung und Betrieb seiner Anlage kraft Gesetzes verpflichtet, ohne dass es der konkret-individuellen Inpflichtnahme durch einen Verwaltungsakt bedürfte.[104]
- Die Grundpflicht umfasst sowohl Schutz als auch Vorsorge. Sie ist damit nicht nur auf die Abwehr von Gefahren, sondern zugleich auch auf Vorsorge gegen schädliche Umweltauswirkungen gerichtet.
- Die Grundpflichten haben einen dynamischen Charakter.[105]

Die Reichweite der Grundpflichten hängt von den sich wandelnden Umweltverhältnissen, dem fortgeschrittenen Erkenntnisstand über die Schädlichkeit bestimmter Umwelteinwirkungen sowie dem sich ständig wandelnden Stand der Technik ab.[106] Der Anlagenbetreiber hat beim Betrieb seiner Anlage fortlaufend den aktuellen Entwicklungen Rechnung zu tragen.[107] Damit wird berücksichtigt, dass die auf den Genehmigungszeitpunkt abstellende Anlagengenehmigung kein dauerhaft wirksames Instrument zur Abwehr und Vorsorge vor schädlichen Umwelteinwirkungen darstellt. Sowohl die Anlagentechnik als auch die Kenntnisse über die Schädlichkeit von Einwirkungen entwickeln sich weiter fort. Dem soll durch den dynamischen Charakter der Grundpflichten Rechnung getragen werden.[108]

Die Grundpflichten haben überdies medienübergreifende und integrative Wirkung. Als Folge der Umsetzung der IVU-Richtlinie

---

104 *Feldhaus*, in: ders., BImSchG, § 5 Rn. 2; *ders.*, WiVerw 1986, 67, 71; *Sellner/Reidt/Ohms*, Immissionsschutzrecht und Industrieanlagen, 3. Aufl. 2006, I Rn. 63; *Jarass*, BImSchG, § 5 Rn. 1, 129; *Storost*, in: Ule/Laubinger, BImSchG, § 5 Anm. B 1; *Kotulla*, in: ders., BImSchG, § 5 Rn. 1; *Führ*, in: GK-BImSchG, § 1 Rn. 25 ff.
105 BVerfG-K, B. v. 14.01.2010 – 1 BvR 1627/09 –, NVwZ 2010, 770, 73; BVerwG, Urt. v. 21.12.2011 – 4 C 12.10 –, BVerwGE 141, 293, Rn. 18; BVerwG, Beschl. v. 17.09.2007 – 8 B 30/07 –, NVwZ 2007, 1442.
106 *Feldhaus*, WiVerw 1986, 67, 71; *ders.*, in: Koch/Lechelt, 20. Jahre Bundes-Immissionsschutzgesetz, S. 9, 13 f.; *Breuer*, FS Feldhaus, 1999, S. 57 f.; *Dietlein*, in: Landmann/Rohmer, § 5 BImSchG, Rn. 6; *Jarass*, BImSchG, § 5 Rn. 1; *Kotulla*, in: ders., BImSchG, § 5 Rn. 6.
107 *Breuer*, a.a.O.; *Jarass*, BImSchG, § 5 Rn. 1; *Kotulla*, in: ders., BImSchG, § 5 Rn. 6.
108 Dazu nur *Dietlein*, in: Landmann/Rohmer, BImSchG, § 5 Rn. 6.

sind insbesondere intermediale Belastungsverschiebungen zu vermeiden; nach der IVU- und IE Richtlinie sollen nicht jeweils isoliert Immissionen in Luft, Wasser oder Boden verhindert werden. Idealtypisch sollte ein größtmögliches Schutzniveau dadurch erreicht werden, dass ein „intermedialer Nutzenvergleich" mit dem Ziel durchgeführt wird, verschiedene Emissionsarten im Sinne einer „Verschmutzungskombination" zu verbinden und weitest möglich zu verhindern.[109] Ziel ist es, nicht länger getrennte Konzepte für die isolierte Verminderung der Immissionen in Luft, Wasser und Boden zu verfolgen.[110]

Allerdings ist die medienübergreifende integrative Sicht in den Grundpflichten nur unvollkommen dadurch verankert, dass ein hohes Schutzniveau für die Umwelt insgesamt erreicht werden soll.[111] Der integrative Ansatz wird dabei vor allem durch Konkretisierung der Vorsorgepflicht und Definition des Standes der Technik umgesetzt.[112]

Breuer hat 25 Jahre nach Inkrafttreten des Bundesimmissionsschutzgesetzes festgestellt, dass die Grundpflichten in § 5 Abs. 1 BImSchG ein hohes Maß an Kontinuität aufweisen und hieraus geschlossen, dass sich das Konzept der Grundpflichten im Rahmen der Anlagenzulassung offenbar bewährt habe.[113] Dieser Befund ist nach wie vor zutreffend: Der Kern der Grundpflichten, nämlich die auf Schutz und Vorsorge gerichteten Anforderungen aus § 5 Abs. 1 Nr. 1 und 2 BImSchG haben sich seit Inkrafttreten des BImSchG nicht verändert. Der Gesetzgeber setzt nach wie vor darauf, dass Schutz- und Vorsorge gegen Gefahren und erhebliche Umweltbeeinträchtigungen, Nachteile und Belästigungen das geeignete Mittel sind, um ein hohes Schutzniveau für die Umwelt zu erreichen. Die unmittelbar und dynamisch wirkenden Grundpflichten, die insbesondere durch Rechtsverordnungen und technische Regelwerke konkretisiert sind, stellen sicher, dass die Emissionsminderung von Industrieanlagen nach dem Stand der

---

109 Dazu *Koch/Prall*, NVwZ 2002, 666, 668.
110 Vgl. *Dietlein*, in: Landmann/Rohmer, BImSchG, § 5 Rn. 7.
111 Dazu schon oben.
112 *Koch/Siebel-Huffmann*, NVwZ 2001, 1081, 1084; *Koch/Prall*, NVwZ 2002, 666, 667; *Dietlein*, in: Landmann/Rohmer, BImSchG, § 5 Rn. 7; *Jarass*, BImSchG, § 5 Rn. 5, 59a.
113 *Breuer*, in: FS Feldhaus, 1999, S. 49, 50.

Technik und damit auf einem Niveau erfolgt, das die technisch höchstmögliche Emissionsrückhaltung gewährleistet. Die medienübergreifende Sichtweise ergänzt diesen Schutzanspruch und entwickelt ihn weiter fort, stellt ihn aber nicht grundsätzlich in Frage.

Zu beachten ist weiter, dass in § 5 Abs. 1 Nr. BImSchG eine Pflicht zur Vermeidung und Verwertung von Abfällen enthalten ist. Diese Verpflichtung, die ursprünglich weit über die Ziele des Abfallrechts hinausreichte,[114] ist im Grundsätzlichen ebenfalls nicht verändert worden; sie ist allerdings an die fortschreitende Entwicklung des abfallrechtlichen Instrumentariums und – in der Folge der Umsetzung der Abfallrahmenrichtlinie – an die 5-stufige Abfallhierarchie des Art. 6 Abfallrahmenrichtlinie angepasst worden.[115]

Ergänzt worden sind die Grundpflichten 2001 durch die Energieverwendungspflicht nach § 5 Abs. 1 Nr. 4 BImSchG. Diese verpflichtet zur sparsamen und effizienten Energieverwendung.[116] Sie gilt unmittelbar und soll den Primärenergieverbrauch senken, was auch klimarelevant ist.[117] Wirksam ist die Energieverwendungspflicht aus § 5 Abs. 1 Nr. 4 BImSchG indessen bislang nicht geworden. Sie setzt – ähnlich wie die Vorsorgepflicht aus § 5 Abs. 1 Nr. 2 BImSchG – eine Konkretisierung in Rechts- und Verwaltungsvorschriften voraus,[118] die bislang nur unzureichend, z.B. in § 13 der 17. BImSchV erfolgt ist. Eine unmittelbare Anwendung ist nur möglich, soweit bereits ein entsprechender Stand der Technik besteht.[119]

Ausgeweitet wurden die Grundpflichten durch die 1990 eingefügten und mehrfach geänderten Nachsorgepflichten des § 5 Abs. 3 BImSchG und die Rückführungspflicht für IE-Anlagen nach § 5 Abs. 4 BImSchG – letztere eine Folge der Umsetzung der

---

114 Darauf macht aufmerksam: *Breuer*, in: FS Feldhaus, S. 50.
115 Zur Bedeutung der Regelung vgl. etwa *Beckmann*, I+E 2014, 194. *Petersen*, Die Vorgaben der Industrieimmissions-Richtlinie für die Abfallgrundpflicht des § 5 Abs. 1 Nr. 3 BImSchG, in: FS Dolde, 2014, 333 ff.; *Krahnefeld/Konzelmann*, I+E 2014, 7 ff.; *Giesberts*, DVBl 2012, 793; *Frenz*, I+E 2012, 202.
116 Dazu *Britz*, UPR 2004, 57 ff.
117 Dazu *Koch*, in: Koch, Umweltrecht, § 4 Rn. 61; *Jarass*, BImSchG, § 5 Rn. 96.
118 Dazu *Storost*, in: Ule/Laubinger, BImSchG, § 5 MC 59; *Kotulla*, in: ders., BImSchG, § 5 Rn. 106; *Jarass*, BImSchG, § 5 Rn. 104.
119 *Schmidt-Kötters*, in: Giesberts/Reinhardt, Umweltrecht, § 5 BImSchG Rn. 155.

IE-RL.[120] Beide Pflichten sind nebeneinander anwendbar. Während § 5 Abs. 3 BImSchG auf einen ordnungsgemäßen Zustand des Betriebsgrundstücks nach Betriebseinstellung abzielt, geht § 5 Abs. 4 BImSchG darüber hinaus, indem die Wiederherstellung des Ausgangszustandes nach Betriebseinstellung verlangt wird.[121] Beide Bestimmungen komplettieren den auf Schutz und Vorsorge ausgerichteten Regelungsauftrag der Grundpflichten. Die Nachsorgepflicht kann dabei bereits über Nebenbestimmungen in der Genehmigung festgelegt werden.[122] Die Pflichten aus § 5 Abs. 3 BImSchG, die Anlage so zu errichten, zu betreiben und stillzulegen, dass auch nach Betriebseinstellung von der Anlage oder dem Anlagengrundstück keine schädlichen Umwelteinwirkungen, und sonstige Gefahren, erhebliche Nachteile und erhebliche Belästigungen für die Allgemeinheit und die Nachbarschaft hervorgerufen werden können, sind bei der Errichtung und dem Betrieb der Anlage zu beachten.[123] Regelmäßig werden jedoch die Nachsorgepflichten erst nach Betriebseinstellung auf der Grundlage von nachträglichen Anordnungen umgesetzt werden können, da vorher nicht bekannt ist, welche Anordnungen zur Realisierung der zur Umsetzung der Nachsorgepflicht im Einzelnen getroffen werden müssen.[124] Die Rückführungspflicht aus § 5 Abs. 4 BImSchG kommt erst zur Anwendung nach einer endgültigen Einstellung des Anlagenbetriebes. Beseitigt werden müssen hiernach Verschmutzungen durch relevante gefährliche Stoffe, die über die im Ausgangszustandsbericht festgehaltenen Verschmutzungen hinausgehen. Die Verpflichtung kommt weitergehend nur dann und nur insoweit zur Anwendung als die notwendigen Maßnahmen verhältnismäßig sind.[125]

---

120 Umsetzung des Art 22 Abs. 3 RL 2010/75. Vgl. nur *Jarass*, BImSchG, § 5 Rn. 5b.
121 Zur Abgrenzung: *Dietlein*, in: Landmann/Rohmer, BImSchG, § 5 Rn. 235, *Jarass*, BImSchG, § 5 Rn. 119.
122 *Jarass*, BImSchG, § 5 Rn. 110; *Dietlein*, in: Landmann/Rohmer, § 4 Rn. 213; *Roßnagel*, in: GK-BImSchG, § 5 Rn. 808.
123 *Roßnagel*, in: GK-BImSchG, § 5 Rn. 807.
124 So mit Recht *Jarass*, BImSchG, § 5 Rn. 110.
125 Vgl. *Krappel*, ZUR 2014, 210; *Jarass*, BImSchG, § 5 Rn. 123, 126; *Schink*, UPR 2013, 241, 246f.

b) Schutz- und Gefahrenabwehrpflicht nach § 5 Abs. 1 Nr. 1 BImSchG

aa) Grundsätze

Nach § 5 Abs. 1 Nr. 1 Alt. 1 BImSchG darf eine Anlage keine schädlichen Umwelteinwirkungen hervorrufen. § 3 Abs. 1 BImSchG definiert diesen Zentralbegriff des BImSchG. Schädliche Umwelteinwirkungen sind hiernach Immissionen, die geeignet sind, Gefahren, erhebliche Nachteile oder erhebliche Belästigungen für die Allgemeinheit oder die Nachbarschaft herbeizuführen. Die Absätze 2 und 4 des § 3 BImSchG definieren den Begriff der Immissionen. Das sind hiernach Luftverunreinigungen, Geräusche, Erschütterungen, Licht, Wärme, Strahlen und ähnliche Umwelteinwirkungen, die auf Menschen, Tiere oder Pflanzen oder andere Schutzgüter des BImSchG einwirken. Luftverunreinigungen stellen dabei Veränderungen der natürlichen Zusammensetzung der Luft, insbesondere durch Rauch, Ruß, Staub, Gase, Aerosole, Dämpfe und Geruchsstoffe dar.[126] Die Schädlichkeitsschwelle selbst wird im BImSchG nicht definiert und konkretisiert. Dies erfolgt vielmehr im untergesetzlichen Regelwerk, das durch Grenz-, Richt- bzw. Zielwerte Umweltqualitätsziele normiert.[127]

Der Begriff der schädlichen Umwelteinwirkungen bezieht sich nicht auf den Immissionsbeitrag der einzelnen, zur Genehmigung stehenden Anlage. Maßgebend sind vielmehr die Immissionsverhältnisse an einem Einwirkungsort. Der Begriff der schädlichen Umwelteinwirkungen verlangt deshalb eine summative bzw. aktzeptor-bezogene Betrachtungsweise. Berücksichtigt werden muss die Summe der auf ein Schutzgut des BImSchG einwirkenden Immissionen.[128] Zulassungsvoraussetzung für Industrieanlagen ist gemäß § 5 Abs. 1 S. 1 Nr. 1, 1. Alt BImSchG deshalb, dass die Anlage keinen Immissionsbeitrag leistet, der zusammen mit anderen gleichartigen Immissionsbeiträgen am Einwirkungsort zu einer Überschreitung der Immissionsgrenzwerte führt.

---

126 Zum Vorstehenden: *Koch*, in: ders., Umweltrecht, § 4 Rn. 75.
127 *Koch*, a.a.O., Rn. 77.
128 Allgemeine Auffassung: *Jarass*, BImSchG, § 5 Rn. 20; *Dietlein*, in. Landmann/Rohmer, § 5 BImSchG, Rn. 57; *Koch*, in: ders., Umweltrecht, § 4 Rn. 78; *Dolde*, in: FS GfU, S. 451; *Feldhaus*, UPR 1999, 1, 5; *Storost*, in: Ule/Laubinger, BImSchG, § 5 Anm. C 13; *Kahl/Gärditz*, Umweltrecht, § 7 Rn. 60.

bb) Abweichungen vom Verbot der Grenzwertüberschreitung

Dies führt zu der Frage, ob jeder noch so kleine Immissionsbeitrag als im Rechtssinne kausal für die schädliche Umwelteinwirkungen anzusehen und deshalb bei der Anlagenzulassung zu beachten ist. Nach ganz überwiegender Auffassung ist dies bei sehr geringen Zusatzbelastungsbeiträgen nicht der Fall.[129] Die TA-Luft erklärt in Nr. 4.2.2 lit. a eine Zusatzbelastung von 3% des Immissions-Jahreswertes für unerheblich.[130] Die Rechtsprechung hat dies – nicht zuletzt aus Gründen der Verhältnismäßigkeit – für zulässig gehalten.[131]

Im Übrigen ist im Einzelfall auch eine „Immissionskompensation" zulässig. Voraussetzung hierfür ist, dass die Gesamtbelastung am jeweiligen Einwirkungsort bei der Zulassung von Anlagen die Gefahrenschwelle nicht überschreitet. Die Immissionsgrenzwerte können deshalb auch dadurch eingehalten werden, dass die Emissionen vorhandener Anlagen gesenkt werden.[132] Voraussetzung ist, dass die Immissionsverbesserung, also die Kompensationsmaßnahme bei der gleichen Immissionsart und bei den gleichen Einwirkungsobjekten eintritt, um die es auch bei der zuzulassenden Anlage geht.[133] Die Überschreitung der Grenzwerte in einem Gebiet kann deshalb ebenso wenig durch Unterschreitung in einem anderen Gebiet ausgeglichen werden wie die Unterschreitung von Grenzwerten bei bestimmten Schadstoffen für andere Schadstoffe.[134]

---

129 *Koch*, in: ders., Umweltrecht, § 4 Rn. 79; *Feldhaus/Schmidt*, WiVerw 1984, 1; *Jarass*, BImSchG, § 5 Rn. 17; *Seibert*, DVBl 2011, 395 f. A.A.: *Dietlein*, in: Landmann/Rohmer, BImSchG, § 5 Rn. 94ff.; *Roßnagel*, in: GK-BImSchG, § 5 Rn. 300 ff.
130 Dazu: *Sellner/Reidt/Ohms*, Immissionsschutz und Industrieanlagen, 1/Rn. 127.
131 *Schmidt/Kötters*, in: Giesberts/Reinhardt, Umweltrecht, § 5 Rn. 50.1. A.A.: OVG NRW, Urt. v. 09.12.2009 – 8 D 12/08.AK –, NuR 2010, 584, 589; *Dietlein*, in: Landmann/Rohmer, BImSchG, § 5 Rn. 58; *Storost*, in: Ule/Laubinger, BImSchG, Anm. C 20. Zu den weiteren Irrelevanzwerten in der TA-Luft und der TA-Lärm: *Jarass*, BImSchG, § 5 Rn. 17.
132 BVerwG, Urt. v. 17.02.1978 – 1 C 102.76 –, BVerwGE 55, 250, 266 f.; *Dietlein*, in: Landmann/Rohmer, BImSchG, § 5 Rn. 102; *Jarass*, BImSchG, § 5 Rn. 38.
133 *Dietlein*, in: Landmann/Rohmer, BImSchG, § 5 Rn. 102; *Roßnagel*, in: GK-BImSchG, § 5 Rn. 328; *Jarass*, BImSchG, § 5 Rn. 38.
134 Nds OVG, Beschl. v. 20.07.2007 – 12 ME 210/07 –, NVwZ 2007, 1210, 1211; *Kotulla*, in: ders., BImSchG, § 5 Rn. 45; *Dietlein*, in: Landmann/Rohmer, BImSchG, § 5 Rn. 102; *Jarass*, BImSchG, § 5 Rn. 38.

Hinzuweisen ist schließlich auf die sogenannte Verbesserungsgenehmigung nach § 6 Abs. 3 BImSchG.[135] Diese kommt nur bei Änderungsgenehmigungen zur Anwendung. Den Zielen des Immissionsschutzrechts, ein hohes Schutzniveau für die Umwelt zu gewährleisten, widerspricht sie,[136] da unter den in § 6 Abs. 3 BImSchG genannten Voraussetzung die verbindlichen Grenzwerte für die Luftreinhaltung und hier insbesondere die der 39. BImSchV[137] bzw. der TA-Luft[138] nicht unterschritten, sondern lediglich reduziert werden müssen.[139] Akzeptabel ist dies nur, weil eine deutliche Minderung des Immissionsbeitrages[140] sowie zusätzliche Maßnahmen zur Luftreinhaltung, die über den Stand der Technik hinausgehen, und ein Immissionsmanagementplan erforderlich sind, der darauf abzielt, den Verursacheranteil der Anlage an den die Immissionswerte überschreitenden Emissionen zu reduzieren, um auf Dauer die Einhaltung der Vorgaben des § 5 Abs. 1 Nr. BImSchG zu gewährleisten.[141]

Konkretisiert werden die Anforderungen der Schutz- und Gefahrenabwehrpflicht – traditionell – durch die TA-Luft und die TA-Lärm,[142] die nach überwiegender Auffassung als normkonkretisierende Verwaltungsvorschriften auch Außenverbindlichkeit haben.[143] Weiter sind Rechtsverordnungen zu beachten, die Immissionsgrenzwerte enthalten. Das gilt insbesondere für die 39. BImSchV, deren Immissionsgrenzwerte für genehmigungsbedürf-

---

135 Zu dieser: *Scheidler*, NuR 2010, 785; *Rebentisch*, UPR 2010, 121 ff.; *Schink*, NuR 2011, 251.
136 So mit Recht *Jarass*, BImSchG, § 6 Rn. 15.
137 Dazu *Schink*, NuR 2011, 252 f.
138 Vgl. *Wasielewski*, in: GK-BImSchG, § 6 Rn. 62.
139 Zur analogen Anwendung auf Lärmbelastungen vgl. befürwortend: *Wasielewski*, in: GK-BImSchG, § 6 BImSchG Rn. 63; ablehnend: *Scheidler*, in: Feldhaus, BImSchG, § 6 Rn. 52 b.
140 Vgl. Nds OVG, Beschl. v. 12. 12. 2013 – 12 ME 194/13 –, NVwZ-RR 2014, 300; *Rebentisch*, UPR 2010, 124; *Schink*, DVBl 2012, 197, 205.
141 Dazu *Schink*, NuR 2011, 253; *Dietlein*, in: Landmann/Rohmer, BImSchG, § 6 Rn. 62e; *Storost*, in: Ule/Laubinger, BImSchG, § 6 Anm. E 10.
142 Zum Regelungsprogramm dieser Vorschriften vgl. zusammenfassend: *Koch*, in: ders., Umweltrecht, § 4 Rn. 81 ff.; 101 ff.
143 Dazu schon oben sowie *Koch*, in: ders., Umweltrecht, § 4 Rn. 93 ff.

tige Anlagen eine Konkretisierung der Schutz- und Gefahrenabwehrpflicht des § 5 Abs. 1 Nr. 1 BImSchG darstellen.[144]

cc) Defizite bei der Grenzwertfestsetzung?

Die Methodik des BImSchG, Grenzwerte für schädliche Emissionen aus Anlagen und Immissionsgrenzwerte im untergesetzlichen Regelwerk festzulegen und in der immissionsschutzrechtlichen Zulassung über Nebenbestimmungen zu konkretisieren, hat sich bewährt.[145]

Die Schutzpflicht aus § 5 Abs. 1 Nr. 1 BImSchG wird freilich nicht für alle Immissionen in Verwaltungsvorschriften oder Rechtsverordnungen rechtsverbindlich durch Grenzwerte konkretisiert. Insbesondere gilt dies nicht für Gerüche, Bioaerosole oder den Freizeitlärm. Die hierfür einschlägigen Regelwerke, nämlich die Geruchsimmissionsrichtlinien der Länder (GIRL), die Freizeitlärmrichtlinie und die VDI-Richtlinien zur Tierhaltung sind schon nach der Art ihres Zustandekommens und ihrem Regelungsziel nicht unmittelbar außenverbindlich, sondern lediglich bei der Bewertung der Erheblichkeit von Gefahren und Belästigungen zu berücksichtigen.[146] Für weitere Immissionen, so etwa den Infraschall, liegen überhaupt keine Bewertungsmaßstäbe vor.[147] Für eine Effektuierung der Schutz-, aber auch des Vorsorgeauftrages wäre es sicher sinnvoll, die TA-Lärm um Regelungen über den Infraschall zu ergänzen und zumindest die Geruchsimmissionsrichtlinie in den Status einer normkonkretisierenden Verwaltungsvor-

---

144 BVerwG, Urt. v. 29. 03. 2007 – 7 C 9.06 –, BVerwGE 128, 278 Rn. 23; *Heitsch,* in: Kotulla, BImSchG, § 48 a Rn. 27 ff.; *Jarass,* BImSchG, § 6 Rn. 39, § 48a Rn. 21; *Zeissler,* Quellenunabhängiges EU-Luftqualitätsrecht und die Genehmigung und Überwachung des Betriebs von Anlagen im Sinne des BImSchG, 2014, S. 176 ff.; *Scheuing,* in: GK-BImSchG, § 48 a Rn. 62. A.A. *Schmidt/Kötters,* in: Giesberts/Reinhardt, Umweltrecht, § 5 BImSchG Rn. 70. Noch anders: *Sellner/Reidt/Ohms,* Immissionsschutz und Industrieanlagen 1/Rn. 144; *Scheidler,* in: Feldhaus, BImSchG, § 48 a Rn. 83: Sonstige Vorschrift im Sinne des § 6 Abs. 1 Nr. 2 BImSchG.
145 Ebenso: *Hansmann,* FS Koch, S. 371, 382 f.
146 Zur GIRL vgl. BVerwG, Beschl. v. 28. 07. 2010 – 4 B 29.10 –, ZfBR 2010, 792; Nds OVG, Urt. v. 22. 06. 2010 – 12 LB 213/07 –, NVwZ-RR 2010, 916, 918 f.; OVG NRW, Urt. v. 01. 06. 2015 – 8 A 1760/13 –, NWVBl 2015, 415; Beschl. v. 16. 09. 2015 – 8 A 2384/13 –, NWVBl 2016, 160; Beschl. v. 18. 05. 2016 – 2 B 1443/15 –, NWVBl 2016, 455; *Sellner/Reidt/Ohms,* Immissionsschutz und Industrieanlagen, 1/Rn. 160 ff.; *Jarass,* BImSchG, § 5 Rn. 41.

schrift zu überführen. Die Rechtssicherheit könnte hierdurch erheblich gesteigert werden.
Der Referentenentwurf zur Änderung der TA-Luft[148] sieht eben dies vor: In Nr. 4.3.2 soll die Geruchsemissionsrichtlinie in die TA Luft eingefügt werden; Nr. 4.4.1 sieht eine Regelung zum Schutz von empfindlichen Gebieten zum Schutz vor Stickstoff- und Ammoniakbelastungen vor. Damit können Belästigung durch Gerüche und Bioaerosolbelastungen aus Tierhaltungsanlagen zukünftig bei der Vorhabenzulassung besser und rechtssicher bewältigt werden; denn die einschlägigen Regelungen werden auf diese Weise in den Rechtsstatus einer normkonkretisierenden Verwaltungsvorschrift überführt.

dd) Stilllegung von Kohlekraftwerken?

Problematisch ist weiter, dass das Immissionsschutzrecht in § 5 Abs. 2 BImSchG weitgehend darauf verzichtet, eigene Regelungen zur Treibhausgasminderung aufzustellen. Bei genehmigungsbedürftigen Anlagen, die in den Anwendungsbereich des TEHG fallen, sind Anforderungen zur Begrenzung von Emissionen von Treibhausgasen nur zulässig, um zur Erfüllung der Betreiberpflichten aus § 5 Abs. 1 Nr. 1 BImSchG sicherzustellen, dass im Einwirkungsbereich der Anlage keine schädlichen Umwelteinwirkungen entstehen. Damit muss nur der Schutz-, nicht jedoch der Vorsorgepflicht Rechnung getragen werden; Vorsorgemaßnahmen sind unzulässig.[149] Praktisch bedeutet dies, dass die ordnungsrechtlichen Steuerungsmöglichkeiten zu Gunsten des Emissionshandels nach dem TEHG und damit einer ökonomischen Steuerung der Vermeidung und Reduzierung des CO_2-Ausstoßes

---

147 Die Rechtsprechung geht davon aus, dass Infraschall jedenfalls ab einer Entfernung von 500 m keine schädlichen Umwelteinwirkungen hervorrufen kann. Dazu: OVG NRW, Beschl. v. 17.06.2016 – 8 B 1018/15 –, juris Rn. 50; Bay VGH, Beschl. v. 18.02.2016 – 22 ZB 15.2412 –, juris Rn. 32f.; Beschl. v. 08.06. 2015 – 22 CS 15.686 –, ZNER 2015, 613 = juris Rn. 30; BaWü VGH, Beschl. v. 06.07.2015 – 8 S 534/15 –, juris Rn. 49; OVG Meck Pom, Beschl. v. 21.05.2014 – 3 M 236/13 –, LKV 2014, 21 = juris Rn. 20.
148 Stand: 09.09.2016. Zu Vorentwürfen: *Theuer/Kenyeressy*, I+E 2015, 100 ff.
149 *Dietlein*, in: Landmann/Rohmer, Umweltrecht, § 5 BImSchG Rn. 154c; *Jarass*, § 5 BImSchG Rn. 5a.

verdrängt werden.[150] Ob der auch vom BMUB geforderte Ausstieg aus der Kohleverstromung vor diesem Hintergrund mit den Mitteln des geltenden BImSchG bewerkstelligt werden kann, ist mehr als zweifelhaft.[151] Über nachträgliche Anforderungen an bestehende Kohlekraftwerke werden die CO_2-Emissionen nicht reduziert und der Ausstieg aus der Kohleverstromung schon wegen des Vorrangs der Regelungen des Emissionshandels nicht erreicht werden können, ja mehr als das: Für neue Kohlekraftwerke besteht ein Genehmigungsanspruch, falls die Genehmigungsvoraussetzungen des § 6 BImSchG erfüllt sind;[152] die Laufzeit der bestehenden Kohlekraftwerke ist nicht befristet, so dass es in der Entscheidungsgewalt der Betreiber liegt, ob und wann sie diese Kraftwerke abschalten. Angesichts dessen, dass der Emissionshandel derzeit nicht „nach Plan" läuft und die Kohleverstromung nicht behindert, sondern aktuell Anreize dafür bestehen, in Braunkohlekraftwerken billig produzierten Strom zu vermarkten, ist mehr als fraglich, ob mit den vorhandenen Instrumenten ein Kohleausstieg möglich ist. Denkbar ist allerdings, die Laufzeit von Kohlekraftwerken zu beschränken und die Errichtung neuer Kohlekraftwerke zu verbieten.[153] Ob eine Verkürzung der Laufzeiten von Kohlekraftwerken verfassungsrechtlich zulässig ist, mag man deshalb bezweifeln, weil hierdurch in das Eigentum der Betreiber eingegriffen wird. Wird der Betrieb von Kohlekraftwerken befristet und damit für die Zeit nach Ablauf der Frist verboten, könnte dies eine Enteignung i.S.d. Art. 14 Abs. 3 GG darstellen, die nur gegen Entschädigung zulässig wäre. Denn das Recht auf dauerhaften, unbefristeten Betrieb der Anlage wird den Betreibern entzogen. Auch wenn man dem nicht folgt, sondern in einer Befristung eine bloße Inhalts- und Schrankenbestimmung des Eigentums i.S.d. Art. 14 Abs. 3 GG sieht,[154] ist zweifelhaft, ob eine solche Regelung zulässig ist. Sie müsste verhältnismäßig sein. Dem steht entgegen, dass die Betreiber eine unbefristete immissionsschutzrechtliche Genehmigung innehaben, auf deren Fortbestand sie jedenfalls nach der im-

---

150 So mit Recht: *Dietlein*, in: Landmann/Rohmer, Umweltrecht, § 5 BImSchG Rn. 154b.
151 Dazu *Klinski*, NVwZ 2015, 1473 ff.
152 Vgl. *Klinski*, NVwZ 2015, 1473, 1474
153 Zu möglichen Maßnahmen: *Klinski*, NVwZ 2015, 1473, 1474.
154 *Klinski*, NVwZ 2015, 1473, 1475.

missionsschutzrechtlichen Ausgangslage vertrauen können. Ob das öffentliche Interesse am Klimaschutz, das durch Art. 20a GG gestärkt wird, gegenüber diesen Vertrauensschutzgesichtspunkten Vorrang genießt, mag man mit Recht bezweifeln.[155]

c) Die Vorsorgepflicht nach § 5 Abs. 1 Nr. 2 BImSchG

aa) Grundsätze

Die zweite Säule der Betreiberpflichten stellt die Vorsorgepflicht nach § 5 Abs. 1 Nr. 2 BImSchG dar. Erfasst werden hiervon nicht nur zukünftige Umweltauswirkungen; die Vorsorgepflicht richtet sich auch gegen potentiell schädliche Umwelteinwirkungen.[156] Sie ist hauptsächlich emissionsbezogen, kann aber auch auf der Immissionsseite wirksam werden.[157] Nach § 5 Abs. 1 Nr. 2 BImSchG wird Vorsorge gegen schädliche Umwelteinwirkungen vor allem durch eine Begrenzung der Emissionen nach dem Stand der Technik vorgenommen. Hieraus folgt, dass die Emissionsbegrenzung und die Vorsorge unabhängig sind von der Immissionssituation im Einwirkungsbereich.[158] Sie sind Technik-bezogen[159] und erfassen neben den Emissionen der Anlage auch sonstige Einwirkungen insbesondere auf Wasser und Boden sowie die menschliche Gesundheit. Die Reichwerte der Vorsorge wird durch den Verhältnismäßigkeitsgrundsatz begrenzt;[160] die Vorsorgepflicht muss nach „nach Umfang und Ausmaß dem Risikopotential der Emissionen, die sie verhindern soll, proportional sein."[161] Aus dem Grundsatz der Verhältnismäßigkeit folgt, dass Maßnahmen der Vorsorge umso eher geboten sind, je geringer der Aufwand für sie ist, so dass Vorsorgeanforderungen an neue Anlagen schärfer als für bestehende sein können und technikbezogene Vorsorge umso eher vertretbar ist, je größer das Besorgnispotential der Emissio-

---

155 Für eine diffenenzierte Betrachtung: *Klinski*, NVwZ 2015, 1473, 1475 f.
156 *Jarass*, BImSchG, § 5 Rn. 46.
157 *Schmidt-Kötters*, in: Giesberts/Reinhardt, Umweltrecht, § 5 BImSchG Rn. 96. Zu ihren Zielen bereits oben.
158 *Jarass*, BImSchG, § 5 Rn. 52.
159 BVerwGE 114, 342, 343; *Schmidt/Kötters*, in: Giesberts/Reinhardt, Umweltrecht, § 5 BImSchG, Rn. 100; *Jarass*, BImSchG, § 5 Rn. 52.
160 *Storost*, in: Ule/Laubinger, BImSchG, § 5 Anm. C 27.
161 BVerwG, Urt. v. 17.02.1984 – 7 C 8.82 –, BVerwGE 69, 37, 44; Urt. v. 20.12.1999 – 7 C 15.98 –, BVerwGE 110, 216, 224.

nen im Einzelfall ist.[162] Begrenzt wird die Vorsorge im Übrigen durch den Standard der „technisch-praktischen Vernunft"[163] Hierfür ist der wissenschaftliche Erkenntnisstand maßgebend; das verbleibende Restrisiko wird nicht abgedeckt.[164] Wird die Vorsorge nach dem Stand der Technik durch konkretisierende Verwaltungsvorschriften oder Rechtsverordnungen bestimmt, müssen diese verhältnismäßig sein[165]; bei ihrer Anwendung kommt es auf die Verhältnisse des Einzelfalls grundsätzlich nicht an,[166] es sei denn, es handelt sich um einen atypischen Sachverhalt.[167] Gibt es solche konkretisierenden Regelungen nicht, ist im Einzelfall eine Verhältnismäßigkeitsprüfung vorzunehmen.[168]

Konkretisierende Regelungen für die Vorsorgepflicht finden sich insbesondere im Bereich der Großfeuerungsanlagenverordnung (13. BImSchV), der 17. BImSchV für Abfallverbrennungsanlagen sowie in der 30. BImSchV für die biologische Behandlung von Abfällen.[169] Zu beachten sind insbesondere auch die TA-Luft und die TA-Lärm sowie die BBodSchV für schädliche Bodenveränderungen.

bb) Stand der Technik

Maßgeblich für die Erfüllung der Vorsorgepflicht ist – wie erwähnt – der Stand der Technik. Die Orientierung der Vorsorgepflicht am Stand der Technik ermöglicht es, die umweltrechtlichen Anforderungen an Industrieanlagen an der technischen Entwicklung zu orientieren, ohne dass die einschlägigen Vorschriften geändert werden müssen.[170] Erreicht wird hierdurch

---

162 BVerwG, Beschl. v. 30.08.1997 – 7 VR 2/96 –, NVwZ 1997, 497.
163 BVerwG, Urt. v. 04.08.1975 – IV C 30.72 –, BVerwGE 49, 89, 143 f., *Kotulla*, in: ders., BImSchG, § 5 Rn. 77; *Dietlein*, in: Landmann/Rohmer, BImSchG, § 5 Rn. 160; *Jarass*, BImSchG, § 5 Rn. 61a.
164 *Sellner/Reidt/Ohms*, Immissionsschutz und Industrieanlagen, 1 Rn. 73.
165 *Jarass*, BImSchG, § 5 Rn. 63.
166 *Sellner/Reidt/Ohms*, a.a.O., 1/Rn. 183; *Dietlein*, in: Landmann/Rohmer, BImSchG, § 5 Rn. 161.
167 BVerwG, Beschl. v. 30.08.1997 – 7 VR 2/96 –, NVwZ 1997, 499.
168 *Kotulla*, in: ders., BImSchG, § 5 Rn. 77; *Sellner/Reidt/Ohms*, a.a.O., Rn. 1/184.
169 *Jarass*, BImSchG, § 5 Rn. 68 zu weiteren immissionsbezogenen vorsorgeorientierten Regelungen.
170 *Jarass*, Das neue Recht der Industrieanlagen, NVwZ 2013, 169, 170.

weiter eine Gleichbehandlung der Unternehmen und Anlagen.[171] Es handelt sich beim Stand der Technik um einen generellen Maßstab, bei dem die Besonderheiten des Einzelfalls keine Rolle spielen.[172] Das gilt auch für eine besondere Belastung des einzelnen Anlagenbetreibers.[173] Auch die besondere Empfindlichkeit betroffener Gebiete ist ohne Bedeutung. Der Begriff des Standes der Technik ist anlagenbezogen. Für die Beurteilung ist eine umfassende, integrierte Betrachtung anzustellen, die alle Umweltbeeinträchtigungen einschließt und Belastungsverschiebungen berücksichtigt.[174] Die Gesamtwirkungen der Immissionen und Gefahren für Mensch und Umwelt sind soweit wie möglich zu verringern; Störfälle und andere sicherheitsrelevante Betriebsstörungen sind zu vermeiden und deren Folgen zu reduzieren. Einzelheiten für die Anforderungen des Standes der Technik regelt die Anlage zum BImSchG.

Die Maßnahmen nach dem Stand der Technik müssen fortschrittliche Verfahren, Einrichtungen und Betriebsweisen berücksichtigen; einzusetzen sind die Techniken, die im Gesamtergebnis ihrer Wirkungen auf die Umweltmedien optimal sind.[175] Dabei ist der Stand der Technik für die gesamte Anlage und alle Stufen ihres Betriebs einzuhalten und nicht nur bei den „End of the Pipe"-Techniken.[176]

cc) EU-rechtliche Prägung – BVT-Schlussfolgerungen und -Merkblätter

Die Anforderungen, die an den Stand Technik gestellt werden, sind durch die IVU-RL und die IE-RL für die Mitgliedstaaten inhaltlich vorgegeben worden. Mit der IVU-RL ist ein Kriterienkatalog als Anlage zur Richtlinie eingeführt worden, der in § Abs. 6 S. 2 BImSchG als Anlage zum BImSchG in nationales Recht umgesetzt

---

171 *Jarass*, a.a.O.
172 *Thiel*, in: Landmann/Rohmer, BImSchG, § 3 Rn. 105.
173 *Kotulla*, in: ders., BImSchG, § 3 Rn. 111.
174 *Kotulla*, in: ders., BImSchG, § 3 Rn. 115; *Jarass*, BImSchG, § 3 Rn. 101; *Sellner*, in: FS GfU, S. 411 ff.; *Feldhaus*, UPR 2003, 3 f.
175 *Feldhaus*, NVwZ 2001, 1, 3; *Kotulla*, in: ders., BImSchG, § 3 Rn. 103; *Thiel*, in: Landmann/Rohmer, BImSchG, § 3 Rn. 106.
176 *Jarass*, BImSchG, § 3 Rn. 102; *Thiel*, in: Landmann/Rohmer, BImSchG, § 3 Rn. 106.

und bei der Bestimmung des Standes der Technik zu beachten ist. Zu berücksichtigen sind hiernach insbesondere die im sogenannten Sevilla-Prozess erarbeiteten BVT-Merkblätter.[177] In den BVT-Merkblättern werden u. a. die angewandten Techniken, die derzeitigen Immissions- und Verbrauchswerte, die Zukunftstechniken und die Techniken beschrieben, die für die Festlegung der besten verfügbaren Techniken sowie der BVT-Schlussfolgerungen berücksichtigt wurden.[178] BVT-Merkblätter können dabei als sektorenübergreifende Vorgaben horizontaler Natur und bei Beschränkung auf einen Industriesektor vertikaler Natur sein.[179] Inhaltlich sind der Stand der Technik und die besten verfügbaren Techniken nicht in vollem Umfang identisch. Im Ergebnis stimmen sie zwar häufig überein. Der Begriff der besten verfügbaren „Techniken" bezeichnet nach Art. 3 Nr. 10 lit. a) IE-RL sowohl die angewandte Technologie als auch die Art und Weise, wie eine Anlage geplant, gebaut, gewartet, betrieben und stillgelegt wird. Verfügbar sind solche Techniken, „die in einem Maßstab entwickelt sind, der unter Berücksichtigung des Kosten-Nutzen-Verhältnisses die Anwendung unter in dem betreffenden industriellen Sektor wirtschaftlich und technisch vertretbaren Verhältnissen ermöglicht, gleich ob diese Techniken innerhalb des betreffenden Mitgliedstaates verwendet oder hergestellt werden, sofern sie zu vertretbaren Bedingungen für den Betreiber zugänglich sind" (Art. 3 Nr. 10 lit. b) IE-RL). Beste Techniken sind dabei solche, die „am wirksamsten zur Erreichung des allgemeinen hohen Schutzniveaus für die Umwelt insgesamt" sind. Der so bestimmte Begriff der besten verfügbaren Technik berücksichtigt sowohl die Anforderungen des integrierten Umweltschutzes als auch Aspekte der Zumutbarkeit hinsichtlich der wirtschaftlichen und technischen Realisierbarkeit der so bestimmten Anforderungen.[180]

Die BVT-Merkblätter sind nicht nur generell bei der Ermittlung des Standes der Technik zu berücksichtigen,[181] die wesentlichen

---

177 Dazu *Koch*, in: ders, Umweltrecht, § 4 Rn. 129.
178 *Thiel*, in: Landmann/Rohmer, Umweltrecht, § 3 BImSchG Rn. 115; *Jarass*, BImSchG, § 3 Rn. 111.
179 *Jarass*, BImSchG, § 3 Rn. 111. Eine Übersicht der BVT-Merkblätter findet sich unter www.eippcb.jrc.ec.europa.eu/reference.
180 *Thiel*, in: Landmann/Rohmer, Umweltrecht, § 3 BImSchG Rn. 113.
181 Dazu schon oben und *Jarass*, BImSchG, § 3 Rn. 96, 110.

Ergebnisse der BVT-Merkblätter, die in den BVT-Schlussfolgerungen im Komitologieverfahren nach Art. 5 VO 182/2011 zusammengefasst werden und den Rang von Durchführungsrechtsakten im Sinne des Art. 291 AEUV haben, sind gemäß Art. 15 Abs. 3 RL 2010/75 bei der Genehmigung von IE-Anlagen maßgebend zu berücksichtigen. Die BVT-Schlussfolgerungen regeln eine Bandbreite von Betriebswerten, ausgedrückt als Mittelwert für einen vorgegebenen Zeitraum unter spezifischen Referenzbedingungen. Sie beschreiben die Techniken und stellen keine verbindlichen Emissionsgrenzwerte dar.[182] Nach Art. 15 Abs. 3 RL 2010/75 müssen allerdings bei der Genehmigung von IE-Anlagen Emissionsgrenzwerte festgelegt werden, und zwar in der Weise, dass die Emissionen unter normalen Betriebsbedingungen die Bandbreite der in den BVT-Schlussfolgerungen aufgeführten Immissionswerte nicht überschreiten. Die in den Schlussfolgerungen enthaltenen Emissions- bzw. Betriebswerte sind deshalb nach Art. 15 Abs. 3 RL 2010/75 grundsätzlich verbindlich.[183] Der Genehmigungsbehörde ist nach Art. 15 Abs. 3 IE-RL ein gewisser Spielraum eingeräumt; zudem sind nach Art. 15 Abs. 4,5 RL 2010/75 Ausnahmen möglich.

Im deutschen Recht verbleibt es auch nach Umsetzung der IE-RL bei der strikten Anforderung der Einhaltung des Standes der Technik.[184] Die Einhaltung der BVT-Schlussfolgerungen und der hierin festgelegten Bandbreiten von Immissionswerten – in § 3 Abs. 6 c BImSchG als Emissionsbandbreiten und assozierte Emissionswerte bezeichnet – wird in § 5 Abs. 1 Nr. 2 BImSchG nicht vorgeschrieben. Vielmehr sollen sie im untergesetzlichen Regelwerk umgesetzt werden.[185] §§ 7 und 48 BImSchG wurden deshalb um die Verpflichtung ergänzt, innerhalb eines Jahres nach der Veröffentlichung von BVT-Schlussfolgerungen den Anforderungen Rechnung zu tragen[186]. Ergänzend dazu bestimmt § 12 Abs. 1a, 1b BImSchG, dass BVT-Schlussfolgerungen durch Auflagen und bei

---

182 *Jarass*, NVwZ 2013, 169, 171.
183 *Jarass*, NVwZ 2013, 169, 171.
184 So die ausdrückliche Feststellung bei *Jarass*, NVwZ 2013, 169, 171.
185 Zur Umsetzung der BVT-Schlussfolgerungen für die Glasindustrie: *Aldenhoff*, I+E 2016, 61 ff.
186 Zur Umsetzung der BVT-Schlussfolgerungen im untergesetzlichen Regelwerk: *Wasielewski*, in: GK-BImSchG, § 12 Rn. 36; *Schulte*, I+E 2014, 107; *König*, DVBl 2013, 1357; *Jarass*, NVwZ 2013, 169, 172.

bestehenden Anlagen gemäß § 17 Abs. 1a BImSchG durch nachträgliche Anordnungen umgesetzt werden, soweit keine den Schlussfolgerungen entsprechenden untergesetzlichen Regelungen erlassen wurden.[187]

Die Umsetzungsgesetzgebung gewährleistet, dass nach nationalem Recht für die Bestimmung des Standes der Technik auch weiterhin grundsätzlich das untergesetzliche Regelwerk maßgebend ist. Die Struktur des Anlagenzulassungsrechts wird durch die Berücksichtigung der BVT-Merkblätter und Schlussfolgerungen im deutschen Recht nicht nachhaltig verändert. Zu fragen ist allerdings, ob die Umsetzung der BVT-Schlussfolgerungen in der TA-Lärm oder TA-Luft EU-rechtlichen Anforderungen genügt. Zweifel hieran sind deshalb angebracht, weil die Umsetzung von EU-Recht nach der Rechtsprechung des EuGH[188] nur durch materiell-rechtliche Regelungen, nicht jedoch durch Verwaltungsvorschriften zulässig ist.[189]

EU-weit wird durch die Verpflichtung zur Berücksichtigung der BVT-Schlussfolgerungen im Ergebnis vor allem eine weitgehende Wettbewerbsgleichheit hergestellt. Die Verpflichtung zur Berücksichtigung der Emissionsbandbreiten in den BVT-Schlussfolgerungen trägt hierzu jedenfalls bei, wenngleich zu konstatieren ist, dass nicht feste Grenzwerte, sondern lediglich Bandbreiten bei der Einzelgenehmigung einzuhalten sind und nach Art. 15 Abs. 4, 5 IE-RL diverse Ausnahmen möglich sind. Allerdings muss davor gewarnt werden, die Erwartungen an die Vergleichbarkeit der Anlagenzulassung in der EU zu hoch zu spannen.[190]

d) Bestandschutz

aa) Beschänkung des Bestandsschutzes auf unverhältnismäßige nachträgliche Anordnungen, § 17 Abs. 2 BImSchG

Weiteres Kennzeichen der immissionsschutzrechtlichen Anlagenzulassung ist der – gegenüber der Baugenehmigung – erheblich

---

187 Dazu *Jarass*, BImSchG, § 12 Rn. 28 ff., § 17 Rn. 87 ff.; *ders.*, FS Peine, 129, 139.
188 EuGH, Slg. 1991, I-2567 Rn. 15 f.; Slg. 1991, I-2607 Rn. 20 ff.
189 Dazu: *Jochum*, in: Giesberts/Reinhardt, Umweltrecht, § 48 BImSchG Rn. 34; *Jarass*, FS Peine, S. 129, 136; *Scheuing*, in: GK-BImSchG, § 48a Rn. 24; *Thiel*, in: Landmann/Rohmer, Umweltrecht, § 48a BImSchG Rn. 3.
190 *Röckinghausen*, UPR 2012, 162; *Jarass*, NVwZ 2013, 169, 171.

eingeschränkte Bestandschutz. Der Anlagenbetreiber, der erhebliche Investitionen in seine immissionsschutzrechtlich genehmigte Anlage getätigt hat, hat naturgemäß ein besonderes Interesse daran, von der Genehmigung in möglichst unveränderter Form dauerhaft Gebrauch machen zu können. Demgegenüber ist es aus Gründen des Umweltschutzes geboten, zur Anhebung des Umweltschutzniveaus die Zulassung modifizieren und ändern zu können. Zwischen dem Ziel der Anhebung des Umweltschutzniveaus und den wirtschaftlichen Betreiberinteressen besteht deshalb naturgemäß ein Zielkonflikt.[191] Die gewerberechtliche Anlagenerlaubnis krankte daran, dass nachträgliche Anordnungen ursprünglich nur sehr eingeschränkt, nämlich nur zum Schutz der Nachbarn und der Allgemeinheit bei erheblicher polizeilicher Gefahr (§ 51 GewO a.F.), bei bestehenden nachbarrechtlichen Unterlassungsansprüchen (§ 26 GewO) und sonst nur bei einem Auflagenvorbehalt zulässig waren.[192] Anlagensanierungen waren unter diesen Voraussetzungen schwerlich möglich. Durch die Novellierung der Gewerbeordnung von 1959 wurden diese Voraussetzungen nur wenig verbessert. Auch hiernach waren nachträgliche Anordnungen nur zulässig zum Schutz der Nachbarn und der Allgemeinheit vor Gefahren, Nachteilen und Belästigungen. Nachträglich entstandenen oder erkannten Umweltrisiken konnte damit zwar begegnet werden. Die Eingriffsermächtigung wurde jedoch erheblich dadurch beschränkt, dass nachträgliche Anordnungen nur ergehen durften, wenn sie nach dem jeweiligen Stand der Technik erfüllbar und für Anlagen dieser Art wirtschaftlich vertretbar waren.[193] Auch diese Regelung hat nicht zu einer nachhaltigen Verbesserung bei der Anlagensanierung geführt. Insbesondere waren nachträgliche Anordnungen aus Vorsorgegründen nicht möglich.

Die in § 25 Abs. 3 GewO enthaltene Regelung ist ursprünglich in § 17 Abs. 2 BImSchG in wenig verbesserter Form übernommen worden. Hiernach war eine nachträgliche Anordnung nicht statt-

---

191 Dazu: *Feldhaus*, in: 20 Jahre Bundesimmissionsschutzgesetz, S. 9, 14, *ders.*, Bestandschutz immissionsschutzrechtlich genehmigter Anlagen im Wandel, WiVerw 1986, 67.
192 Dazu: *Feldhaus*, WiVerw 1986, 68 f.
193 *Feldhaus*, WiVerw 1986, 70.

haft, wenn sie „für den Betreiber und für Anlagen der von ihm betriebenen Art wirtschaftlich nicht vertretbar" war. *Feldhaus* hat zu dieser Regelung angemerkt, dass sie – in welcher Auslegung auch immer[194] – nicht praxistauglich war. Durch die Novelle von 1985 wurde § 17 BImSchG dahin geändert, dass nachträgliche Anordnungen zur Erfüllung der Grundpflichten aus § 5 Abs. 1 BImSchG generell zulässig und nur durch den Grundsatz der Verhältnismäßigkeit beschränkt sind (§ 17 Abs. 2 BImSchG). Der Bestandschutz ist auf die Unverhältnismäßigkeit und damit das verfassungsrechtlich Gebotene reduziert.[195] Hieraus folgt insbesondere, dass nachträgliche Anordnungen erforderlich, geeignet und verhältnismäßig i.e.S. sein müssen, um Verstöße gegen die Grundpflichten des § 5 Abs. 1 BImSchG zu beseitigen. Unter dieser Voraussetzung ist der Bestandschutz erheblich eingeschränkt, der ohnehin wegen der Dynamik der Grundpflichten aus § 5 Abs. 1 BImSchG von vornherein unter den gesetzlichen Vorbehalt steht, dass die Grundpflichten eingehalten werden. Verändern sich diese und gelten auf Grund neuer Erkenntnisse der Wirkungsforschung und Weiterentwicklung der Emissionsminderungstechnik schärfere Anforderungen, sind diese vom Betreiber unmittelbar umzusetzen.[196] Meist wird dies freilich durch nachträgliche Anordnungen erfolgen.

Verhältnismäßig ist eine nachträgliche Anordnung nur, wenn sie erforderlich und geeignet ist, die Pflichtverletzung zu korrigieren;[197] dabei sind auch bloße Verbesserungsanordnungen zulässig, mit denen ein Pflichtenverstoß nicht vollständig, sondern nur teilweise beseitigt wird.[198] Weiter kommt es für die Verhältnismäßigkeit darauf an, wie hoch die Belastungen für den Anlagenbetreiber sind; Kosten der Änderungsinvestitionen, Produktionsausfälle und Folgekosten sowie technische Besonderheiten und die

---

194 Zur Problematik der wirtschaftlichen Vertretbarkeit eingehend: *Hoppe*, Die wirtschaftliche Vertretbarkeit im Rahmen des BImSchG 1977.
195 So: *Jarass*, BImSchG, § 17 Rn. 38; *Hansmann/Ohms*, in: Landmann/Rohmer, Umweltrecht, § 17 BImSchG Rn. 118. *Feldhaus*, WiVerw 1986, 67, 83, *Dolde*, NVwZ 1986, 873, 876.
196 Vgl. *Feldhaus*, WiVerw 1986, 96, 71; *Beckmann*, NuR 2003, 715, 720 f.
197 *Sellner/Reidt/Ohms*, Immissionsschutz und Industrieanlagen, 4/Rn. 15.
198 *Hansmann/Ohms*, in: Landmann/Rohmer, Umweltrecht, § 17 BImSchG Rn. 122.

Nutzungsdauer der Anlage und hier insbesondere Abschreibungszeiten sind zu berücksichtigen.[199] Auch kommt es auf Art, Menge und Gefährlichkeit der Emissionen an.[200] Nach gängiger Auffassung ist die Grenze der Verhältnismäßigkeit immer gewahrt, wenn die Anordnung für einen Durchschnittsbetreiber wirtschaftlich vertretbar ist.[201] Dabei handelt es sich allerdings um eine Untergrenze.[202] Bei Vorsorgeanordnungen wird die Grenze der Verhältnismäßigkeit in der Regel überschritten, wenn sich die Ertragslage hierdurch langfristig so verschlechtert, dass eine Stilllegung der Anlage unumgänglich ist.[203] Liegen Rechtsverordnungen oder normkonkretisierende Verwaltungsvorschriften vor, die Anforderungen an bestehende Anlagen stellen, müssen die Rechtsverordnungen, nicht aber Anordnungen im Einzelfall den Grundsätzen der Verhältnismäßigkeit genügen.[204] Dabei spielt keine Rolle, ob die Immissionen im unmittelbaren Einwirkungsbereich der Anlage auftreten.[205] Von Bedeutung ist vor allem der gesamtwirtschaftliche Nutzen der Immissionsreduzierung,[206] wobei das Besorgnispotential der Immissionen maßgebend ist.[207] Werden durch eine Rechtsverordnung Vorsorgeanforderungen im Sinne des § 5 Abs. 1 Nr. 2 BImSchG abschließend festgelegt, können nach§ 17 Abs. 3 BImSchG durch nachträgliche Anordnungen keine weitergehenden Vorsorgeanordnungen getroffen werden. Da dies bei den emissionsbegrenzenden Verordnungen in der Re-

---

199 Dazu *Jarass*, BImSchG, § 17 Rn. 45f.; *Hansmann/Ohms*, in: Landmann/Rohmer, BImSchG, § 17 Rn. 125 ff.
200 Vgl. *Dolde*, NVwZ 1986, 882 f.; *Jarass*, BImSchG, § 17 Rn. 47.
201 *Storost*, in: Ule/Laubinger, § 17 BImSchG, Anm. D 14, 17; *Hansmann/Ohms*, in: Landmann/Rohmer, BImSchG, § 17 Rn. 118; *Sellner/Reidt/Ohms*, Immissionsschutz und Industrieanlagen, 4/Rn. 15.
202 *Jarass*, BImSchG, § 17 Rn. 49.
203 *Dolde*, NVwZ 1986, 878; *Jarass*, a.a.O.
204 *Hansmann/Ohms*, in: Landmann/Rohmer, Umweltrecht, § 17 BImSchG, Rn. 137; *Sellner/Reidt/Ohms*, Immissionsschutz und Industrieanlagen, 4 Rn. 13; *Jarass*, BImSchG, § 17 Rn. 51.
205 BVerwG, NVwZ 1995, 996.
206 *Ossenbühl*, NVwZ 1986, 167 f.
207 *Jarass*, BImSchG, § 17 Rn. 51.

gel nicht der Fall ist, kommt diese Bestimmung freilich aktuell nicht zur Anwendung.[208]

bb) Verpflichtung zum Erlass nachträglicher Anordnungen

Das Ermessen zum Erlass nachträglicher Anordnungen ist vor allem im Hinblick auf EU-rechtliche Vorgaben inzwischen in vielen Bereichen eingeschränkt. Dies gilt z.b. für die Umsetzung der Festsetzungen in Luftreinhalteplänen und Lärmaktionsplänen. Zu deren Umsetzung sind die zuständigen Behörden gemäß § 47 Abs. 6 S. 1 BImSchG verpflichtet, soweit die einschlägigen Vorschriften dies gestatten. Diese Regelung führt zwar nicht zwangsläufig zu einer Reduzierung des Ermessens auf null, engt den Ermessensspielraum bei nachträglichen Anordnungen jedoch grundsätzlich ein.[209] Eingeschränkt wird der Bestandschutz für Anlagen darüber hinaus zukünftig vor allem durch die Folgewirkungen der Überwachungspflichten der zuständigen Behörden aus 52 Abs. 1 BImSchG. Diese haben gemäß § 52 Abs. 1 S. 3 BImSchG die immissionsschutzrechtlichen Genehmigungen regelmäßig zu überprüfen und soweit erforderlich durch nachträgliche Anordnungen nach § 17 BImSchG auf den neuesten Stand zu bringen. Diese Überprüfung ist in jedem Fall vorzunehmen (vgl. § 52 Abs. 1 S. 4 BImSchG), wenn Anhaltspunkte dafür bestehen, dass der Schutz der Nachbarschaft und der Allgemeinheit nicht ausreichend ist und deshalb die in der Genehmigung festgelegten Begrenzungen der Emissionen überprüft oder neu festgesetzt werden müssen, wesentliche Änderungen des Standes der Technik eine erhebliche Verminderung der Emissionen ermöglichen, eine Verbesserung der Betriebssicherheit erforderlich ist, insbesondere durch die Anwendung anderer Techniken, oder neue umweltrechtliche Vorschriften dies fordern. Folge dieser Bestimmung ist, dass sich der Bestandschutz für die nach Immissionsschutzrecht genehmigten Anlagen weiter verringern wird.[210] Nach gängiger Auffassung

---

208 Dazu *Jarass*, BImSchG, § 17 Rn. 53. Zur Unanwendbarkeit auf Verwaltungsvorschriften: *Hansmann/Ohms*, in: Landmann/Rohmer, Umweltrecht, § 17 BImSchG, Rn. 146; *Czajka*, in: Feldhaus, BImSchG, § 17 Rn. 86; *Storost*, in: Ule/Laubinger, BImSchG, § 17 Anm. D 41.
209 *Hansmann/Röckinghausen*, in: Landmann/Rohmer, BImSchG, § 47 Rn. 29a; *Jarass*, BImSchG, § 47 Rn. 55. Anders: *Heitsch*, in: Kotulla, BImSchG, § 47 Rn. 64.
210 So auch *Beckmann*, NuR 2003, 715, 721.

ist nämlich eine nachträgliche Anordnung im Fall des § 52 Abs. 1 S. 3 BImSchG zu erlassen, wenn dies erforderlich und verhältnismäßig ist, um die Anforderungen auf den neuesten Stand zu bringen; ein Ermessen der zuständigen Behörde besteht dann nicht.[211]
Noch weiter eingeschränkt ist der Bestandschutz für IE-Anlagen. Sind neue BVT-Schlussfolgerungen erlassen, ist gemäß § 52 Abs. 1 S. 5 BImSchG innerhalb von 4 Jahren nach Veröffentlichung der BVT-Schlussfolgerungen zur Haupttätigkeit eine Überprüfung und gegebenenfalls Aktualisierung der Genehmigung vorzunehmen um sicherzustellen, dass die Anlage die Genehmigungsanforderungen nach § 6 Abs. 1 Nr. 1 BImSchG und der hierfür erteilten Nebenbestimmungen einhält. Diese Regelung verpflichtet in Umsetzung von Art. 21 Abs. 3 IE-RL nicht nur dazu, die Genehmigung daraufhin zu überprüfen, ob sie den geltenden Anforderungen neuer BVT-Schlussfolgerungen entspricht, sondern auch zur Anpassung einer Genehmigung mit der Folge, dass eine entsprechende nachträgliche Anordnung gemäß § 17 BImSchG zu erlassen ist (vgl. § 17 Abs. 2a i.V. m. § 12 Abs. 1a BImSchG). Ausnahmen können nur unter den Voraussetzungen des § 17 Abs. 2b BImSchG gemacht werden. Die Überprüfung und Sicherstellung muss dabei so rechtzeitig nach der Veröffentlichung der neuen BVT-Schlussfolgerungen durchgeführt werden, dass innerhalb von vier Jahren die Einhaltung der Genehmigungsanforderungen sichergestellt ist. Diese Frist kann freilich verlängert werden, wenn ihre Einhaltung wegen technischer Merkmale der Anlage unverhältnismäßig ist (§ 52 Abs. 1 S. 7 BImSchG).[212]

cc) Folgen der Anlagenüberwachung

Komplettiert wird die weitgehende Beschränkung des Bestandschutzes durch die Verpflichtung der Behörden zur systematischen Überwachung und Aufstellung von Überwachungsprogram-

---

211 *Hansmann/Röckinghaus*, in: Landmann/Rohmer, BImSchG, § 52 Rn. 12 a; *Dederer*, in: Kotulla, BImSchG, § 51 Rn. 57; *Jarass*, BImSchG, § 52 Rn. 17, der darauf hinweist, dass auch Maßnahmen nach §§ 20, 21 BImSchG und § 48 VwVfG in Betracht kommen.
212 Vgl. *Hansmann/Röckinghausen*, in: Landmann/Rohmer, Umweltrecht, § 52 BImSchG Rn. 12c.

men für Anlagen nach der IE-RL gemäß § 52a BImSchG.[213] Hiernach ist festzulegen, in welchem zeitlichen Abstand IE-Anlagen vor Ort zu besichtigen und im Hinblick auf die Einhaltung der Genehmigungsanforderungen zu überprüfen sind. Über die Besichtigung der Anlagen vor Ort sind Berichte zu erstellen, die die relevanten Feststellungen zur Einhaltung der Genehmigungsanforderungen nach § 6 Abs. 1 Nr. 1 BImSchG und der Nebenbestimmung nach § 12 BImSchG und Schlussfolgerungen dazu enthalten müssen, ob weitere Maßnahmen notwendig sind. Diese Berichte sind der Öffentlichkeit innerhalb von 4 Monaten nach der Durchführung der Vor-Ort-Besichtigung zugänglich zu machen.[214] Von Bedeutung ist weiter, dass Betreiber genehmigungsbedürftige Anlagen gemäß § 27 BImSchG eine Emissionserklärung abzugeben haben, in der sie insbesondere Angaben über die von der Anlage ausgehenden Luftverunreinigungen machen müssen. Diese Emissionserklärung ist Dritten auf Antrag bekannt zu geben, es sei denn, dass Betriebs- und Geschäftsgeheimnisse dem entgegenstehen (§ 27 Abs. 3 BImSchG). Für Anlagen nach der IE-Richtlinie gilt überdies nach § 31 Abs. 3 BImSchG, dass der Betreiber die zuständige Behörde unverzüglich davon unterrichten muss, wenn Anforderungen gemäß § 6 Abs. 1 Nr. 1 BImSchG nicht eingehalten werden; dasselbe gilt gemäß § 31 Abs. 4 BImSchG für Betriebsstörungen.[215] Auch wenn sich diese Mitteilungspflichten nur auf wesentliche Verstöße erstrecken,[216] haben auch sie Auswirkungen auf den Bestandschutz: sie setzen die zuständigen Überwachungs- und Genehmigungsbehörden in Kenntnis von Verstößen gegen immissionsschutzrechtliche Genehmigungsanforderungen und

---

213 Dazu: *Halmschlag*, I+E 2014, 48; *ders.*, I+E 2011, 16; *Hennecken/Rosenbeck*, I+E 2014, 2.
214 Zur Zulässigkeit von einer aktiven Bekanntmachung der Umweltinspektionsberichte vgl. etwa OVG NRW, Beschl. v. 30.10.2014 – 8 B 721/14 – NVwZ 2015, 304 = DVBl 2015, 251 = UPR 2015, 115; Beschl. v. 06.11.2015 – 8 B 1101/14 –; Beschl. v. 04.08.2015 – 8 B 328/15 – UPR 2015, 531 = ZUR 2015, 68; *Beckmann*, I+E 2015, 58 ff.; *Franssen*, I+E 2015, 23 ff.; *Bünnigmann*, UPR 2015, 486; *Schoppen*, in: Feldhaus, BImSchG, § 52a Rn. 96; *Thiele*, in: GK-BImSchG, § 52 a Rn. 37.
215 Näher *Jarass*, NVwZ 2013, 172 f.; *Scheidler*, in: Feldhaus, BImSchG, § 31 Rn. 22 ff.; *Weidemann/Krappel/von Schwendi*, DVBl 2012, 1466.
216 Dazu etwa *Jarass*, BImSchG, § 31 Rn. 8, *Scheidler*, in: Feldhaus, BImSchG, § 31 Rn. 22; *Betenstedt/Grandjot/Waskow*, ZUR 2013, 402.

bieten auf diese Weise Anlass, ggf. nachträgliche Anordnungen zu erlassen.

4. Andere öffentlich-rechtliche Vorschriften und Belange des Arbeitsschutzes

aa) Prüfungsumfang

Nach § 6 Abs. 1 Nr. 2 BImSchG ist die immissionsschutzrechtliche Genehmigung zu erteilen, wenn andere öffentlich-rechtliche Vorschriften und Belange des Arbeitsschutzes der Errichtung und dem Betrieb der Anlage nicht entgegenstehen. Die immissionsschutzrechtliche Zulassung ist hiernach eine nahezu umfassende Unbedenklichkeitsbescheinigung,[217] die über den fachgesetzlichen Rahmen des Immissionsschutzrechts weit hinausgreift. Die immissionsschutzrechtliche Genehmigung darf nur erteilt werden, wenn sämtliche anlagenbezogene Vorschriften eingehalten sind. Dabei kommt es nicht darauf an, ob es sich um bundesrechtliche, landesrechtliche oder unmittelbar anwendbare EU-rechtliche Vorgaben handelt. Unerheblich ist auch, ob die Anforderungen in Form selbständiger sachlicher Pflichten oder von Genehmigungsvoraussetzungen formuliert sind.[218] Allerdings muss es sich um öffentlich-rechtliche Vorschriften handeln, so dass privatrechtliche Vorgaben an sich unbeachtlich sind. Aus § 10 Abs. 3 S. 5 BImSchG folgt jedoch, dass die Genehmigungsbehörde privatrechtliche Normen in ihre Erwägungen einbeziehen muss, wenn entsprechende Einwendungen erhoben werden. Etwas anderes gilt dann, wenn es sich um Einwendungen handelt, die auf besonderen privatrechtlichen Titeln beruhen. Diese sind ohne weitere Erörterung gemäß § 10 Abs. 6 S. 2 BImSchG auf den ordentlichen Rechtsweg zu verweisen und bleiben deshalb im immissionsschutzrechtlichen Zulassungsverfahren unberücksichtigt.[219] Nicht entgegenstehen andere

---

217 *Scheidler*, in: Feldhaus, BImSchG, § 6 Rn. 32; *ders.*, WiVerw 2008, 1, 20; *Kotulla*, in: ders., BImSchG, § 6 Rn. 19.
218 *Jarass*, BImSchG, § 6 Rn. 23; *Dietlein*, in: Landmann/Rohmer, Umweltrecht, § 6 BImSchG Rn. 27; *Kotulla*, in: ders., BImSchG, § 6 Rn. 16; *Scheidler*, in: Feldhaus, BImSchG, § 6 Rn. 32.
219 *Scheidler*, in: Feldhaus, BImSchG, § 6 Rn. 33; *Dietlein*, in: Landmann/Rohmer, Umweltrecht, § 6 BImSchG, Rn. 26; *Kotulla*, in: ders., BimSchG, § 6 Rn. 15; *Jarass*, BImSchG, § 6 Rn. 40.

öffentlich-rechtliche Vorschriften, wenn deren Einhaltung sichergestellt ist.[220]

Das Immissionsschutzrecht nimmt im Hinblick auf die Einhaltung anderer öffentlich-rechtlicher Vorschriften auch eine Harmonisierung mit anderen Genehmigungsverfahren vor, da der immissionsschutzrechtlichen Zulassung gemäß § 13 BImSchG eine weitgehende Konzentrationswirkung zukommt. Die Prüfung der für die Genehmigung geltenden anderen öffentlich-rechtlichen Vorschriften liegt deshalb grundsätzlich in der Hand der für die Zulassung zuständigen Immissionsschutzbehörde.

Soweit behördliche Zulassungen nicht an der Konzentrationswirkung des § 13 BImSchG teilnehmen, findet zwar keine Verfahrenskonzentration statt. Die nicht konzentrierten Vorschriften sind zwar nicht Regelungsgegenstand der immissionsschutzrechtlichen Genehmigung, sie sind jedoch Genehmigungsvoraussetzung für die immissionsschutzrechtliche Zulassung.[221] Im immissionsschutzrechtlichen Zulassungsverfahren ist deshalb z.B. auch zu prüfen, ob die wasserrechtlichen Voraussetzungen für die Genehmigung bzw. dem Betrieb der Anlage vorliegen. Eine Bindungswirkung des Ergebnisses der Prüfung für die parallelen Genehmigungen geht hiervon freilich nicht aus.[222] Zulässig ist es dabei, dass die Genehmigungsbehörde einen Vorbehalt zugunsten von im parallelen Verfahren festzulegenden Anordnungen trifft, ohne die entsprechenden materiellen Vorschriften selbst zu prüfen[223] oder das Verfahren bis zur Entscheidung über die nicht konzentrierten Genehmigungen aussetzt.[224]

---

220 So h.M.: *Jarass*, BImSchG, § 6 Rn. 23; *Dietlein*, in: Landmann/Rohmer, Umweltrecht, § 6 BImSchG Rn. 28; *Waselewski*, in: GK-BImSchG, § 6 Rn. 28. A.A.: *Kotulla*, in: ders., BImSchG, § 6 Rn. 20, *Scheidler*, in: Feldhaus, BImSchG, § 6 Rn. 34: Die Einhaltung der Vorschriften muss möglich sein.
221 *Jarass*, BImSchG, § 6 Rn. 24; *Wasielewski*, GK-BImSchG, Rn. 26; *Scheidler*, in: Feldhaus, BImSchG, § 6 Rn. 37.
222 *Scheidler*, in: Feldhaus, BImSchG, § 6 Rn. 38; *Jarass*, BImSchG, § 6 Rn. 24.
223 OVG NRW, Urt. v. 01.12.2011 – 8 D 58/08 – Rn. 434, 495; *Sellner/Reidt/Ohms*, Immissionsschutz und Industrieanlagen, 2/Rn. 179; *Jarass*, BImSchG, § 6 Rn. 24.
224 *Scheidler*, in: Feldhaus, BImSchG, § 6 Rn. 38; *Storost*, in: Ule/Laubinger, BImSchG, § 6 Anm. C 22; *Dietlein*, in Landmann/Rohmer, BImSchG, Umweltrecht, § 6 BImSchG, Rn. 24, 39.

Zu den Vorschriften, die nach § 6 Abs. 1 Nr. 2 BImSchG zu prüfen sind, gehören vor allem die Regelungen des Bauplanungsrechts.[225] Regelmäßig sind genehmigungsbedürftige Anlagen nur in Industriegebieten nach § 9 BauNVO oder im Außenbereich[226] oder in für sie festgesetzten Sondergebieten gemäß § 11 BauNVO zulässig.[227]

bb) Aktuelle Fragestellungen

Die Prüfung der Übereinstimmung der Errichtung und des Betriebs des Vorhabens mit anderen öffentlich-rechtlichen Vorschriften kann für den Vorhabenträger mit erheblichen Rechtsunsicherheiten verbunden sein.

(1) **Bauleitplanung** Erinnert sei in diesem Zusammenhang daran, dass Voraussetzung für die bauplanungsrechtliche Zulässigkeit des Vorhabens in der Regel ein wirksamer Bebauungsplan ist. Diese Genehmigungsvoraussetzungen kann der Vorhabenträger nicht selbst herbeiführen. Er ist vielmehr auf die Standortgemeinde angewiesen, die einen rechtmäßigen Bebauungsplan verabschieden muss. Dass dies nicht immer der Fall ist, zeigt z.B. das Genehmigungsverfahren für das Trianel-Kraftwerk Datteln in NRW, bei dem die Abstandsregelungen des Störfallrechts in der gemeindlichen Bauleitplanung nicht ordnungsgemäß abgearbeitet worden waren, so dass der Bebauungsplan unwirksam war, woran die immissionsschutzrechtliche Zulassung scheiterte.[228] Insbesondere bei komplexen Vorhaben mit erheblichen Umweltauswirkungen ist die gemeindliche Bauleitplanung vor erhebliche rechtliche Anforderungen gestellt, denen sie nicht immer genügt. Hieraus

---

225 Überblick dazu bei *Scheidler*, Die materiell-rechtlichen Voraussetzungen der immissionsschutzrechtlichen Genehmigung für Industrieanlagen, in: GewArch 2016, 321, 323 ff.; *ders.*, in: Feldhaus, BImSchG, § 6 Rn. 41 ff.; *Sellner/Reidt/Ohms*, Immissionsschutz und Industrieanlagen, 1 Rn. 225 ff.
226 *Jarass*, BImSchG, § 6 Rn. 33; *Dietlein*, in: Landmann/Rohmer, Umweltrecht, § 6 BImSchG Rn. 32; *Scheidler*, GewArch 2016, 321, 323; *ders.*, in: Feldhaus, BImSchG, § 6 Rn. 44.
227 *Sellner/Reidt/Ohms*, Immissionsschutz und Industrieanlagen, 1 Rn. 297; *Scheidler*, GewArch 2016, 321, 323.
228 OVG NRW, Urt. v. 03.09.2009 – 10 D 121/07.NE –, DVBl 2009, 1385 ff. = BauR 2010, 572 ff. = ZUR 2009, 579 ff. = NuR 2009, 801 ff. = juris Rn. 123; OVG NRW, Urt. v. 12.06.2012 – 8 D 38/08.AK –, BauR 2012, 1883 ff. = NuR 2012, 722 ff. = ZUR 2012, 678 ff. = NWVBl 2013, 25 ff. = juris Rn. 113 ff., 148 ff.

ergeben sich Rechtsunsicherheiten für die Zulassung von solchen Industrieanlagen und insbesondere von Anlagen, die – wie Kohlekraftwerke – politisch umstritten sind.

(2) **Naturschutzrechtliche Anforderungen** Weitere Rechtsunsicherheiten können sich aus der Anwendung des Naturschutz- und des Wasserrechts ergeben. Hingewiesen sei in diesem Zusammenhang auf die jüngste Entscheidung des OVG NRW zum Kraftwerk Trianel. Durch Urt. v. 16.06.2016[229] hat es die Genehmigung für den Neubau des Steinkohlekraftwerks Trianel in Lünen zwar bestätigt und damit nach einem langwierigen und Gerichte bis zum EuGH beschäftigenden Zulassungsverfahren grünes Licht für den Bau des Kraftwerks gegeben. Erhebliche Probleme im Genehmigungsverfahren haben bis zum Ende jedoch Stickstoffeinträge in nahe gelegene FFH-Gebiete bereitet. Im vorangegangenen Verfahren hatte das OVG NRW die immissionsschutzrechtliche Zulassung u.a. wegen des fehlenden Nachweises der FFH-Verträglichkeit aufgehoben.[230] Die durch das Kraftwerk ausgelösten Stickstoffbelastungen und die hierdurch bedingte Beeinträchtigung von FFH-Gebieten standen im Mittelpunkt auch der Entscheidung des OVG NRW vom 16.06.2016. Das BVerwG hat bekanntlich für die Beurteilung der Erheblichkeit von Stickstoffeinträgen in FFH-Gebiete das sogenannte Critical-Loads-Konzept als Fachkonvention akzeptiert. Die Beeinträchtigung von FFH-Gebieten i.S.d. § 34 Abs. 3 BNatSchG durch Stickstoffeinträge wird bei der Anlagen- und Straßenzulassung nach diesem Konzept bei Zusatzbelastungen unterhalb von 3 % des Critical-Loads als nicht erheblich und damit als mit FFH-Recht vereinbar angesehen.[231] Dieses Abschneidekriterium akzeptiert das OVG NRW zwar auch dem Grunde nach.[232] Insbesondere geht auch das OVG NRW davon aus, dass Abschneidekriterien, wie

---

229 8 D 99/13.AK – DVBl 2016, 1191 m. Anm. Stüer, 1199 = I+E 2016, 80, 98 ff. = juris Rn. 548; dazu *Fielenbach*, juris PR-UmwR 8/2016 Anm. 1.
230 OVG NRW, Urt. v. 01.12.2011 – 8 D 58/08.AK –, BauR 2012, 773 ff. = NuR 2012, 342 ff. = ZUR 2012, 372 ff. = NWVBl 2012, 181 ff.
231 BVerwG, Urt. v. 14.04.2010 – 9 A 5.08 –, BVerwGE 136, 298 = juris LS 2 und Rn. 94; Urt. v. 29.09.2011 – 7 C 21.09 –, NVwZ 2012, 176 = juris Rn. 42; Urt. v. 28.03.2013 – 9 A 22.11 –, BVerwGE 146, 145 = juris Rn. 65f.; Urt. v. 23.04.2014 – 9 A 25.12 –, BVerwGE 149, 289 = juris Rn. 45 ff.
232 Urt. v. 16.06.2016 – 8 D 99/13.AK –, DVBl 2016, 1191 m. Anm. *Stüer*, 1199 = I+E 2016, 80, 98 ff. = juris Rn. 548. Allgemein zu artenschutzrechtlichen Fragestellungen bei der immissionsschutzrechtlichen Zulassung *Lau*, I+E 2016, 50 ff.

die 3 %-Grenze, zur Eingrenzung des Untersuchungsraumes der FFH-Verträglichkeitsprüfung und der in der Summation zu betrachtenden Pläne und Projekte zulässig und erforderlich sind. Das OVG NRW führt allerdings ein neues Abschneidekriterium ein, indem es eine Bagatellschwelle von nicht mehr als 0,5 % des Critical-Loads des jeweils in Betracht kommenden Lebensraumtyps zu Grunde legt,[233] wobei der Abschneidewert nicht weniger als 0,05 kg N/(ha*a) betragen soll. Zu dieser Vorgehensweise ist bereits bemerkt worden, dass das OVG NRW durch dieses verschärfte „Abschneidekriterium an den Grundfesten der Systematik der Critical-Loads rührt und Vorhabenträger und Zulassungsbehörden vor in der Praxis voraussichtlich nicht zu bewältigende Probleme stellt".[234] Zum einen folgt hieraus ein erheblich größerer Untersuchungsraum mit der Folge, dass bei einer kumulierenden Betrachtung mehr emitierende Anlagen in die Prüfung einbezogen werden müssen. Zum anderen liegen keine empirischen Untersuchungen vor, die es erlauben würden, den Untersuchungsraum mittels des 0,5 % Abschneidekriteriums abzugrenzen.[235] Das Infragestellen der Fachkonvention zu den Critical-Loads bei Stickstoffeinträgen aus Industrie- und Verkehrsanlagen ist vor allem aber deshalb problematisch, weil die Praxis für eine rechtssichere Beurteilung der Zulassungsvoraussetzungen auf derartige Fachkonfessionen dringend angewiesen ist.[236] Eine erneute Infragestellung höchstrichterlich akzeptierter Fachkonventionen führt zu erheblicher Rechtsunsicherheit, die vor allem auch die Zulassungsfähigkeit von Industrieanlagen betrifft.

(3) **Verschlechterungsverbot der Wasserrahmenrichtlinie** Hingewiesen sei noch auf einen weiteren Problembereich, für den aktuell eine rechtssichere Anwendung im Genehmigungsverfahren zumindest Probleme aufwirft. Gemeint ist das Verschlechterungsverbot der Wasserrahmenrichtlinie. Das Verschlechterungsverbot spielt z.B. bei der Zulassung des Kraftwerks Moorburg in Hamburg eine Rolle. Das OVG Hamburg hat die wasserrechtliche Erlaubnis für den Betrieb des Kraftwerks aufgehoben, weil durch die Ent-

---

233 OVG NRW, Urt. v. 16.06.2016 – 8 D 99/13.AK –, DVBl 2016 1191 = juris Rn. 560.
234 *Fielenbach*, juris PR-UmwR 8/2016 Anm. 1.
235 *Fielenbach*, a.a.O.
236 Dazu *Bick*, Rechtsprechung des Bundesverwaltungsgerichts zum Artenschutzrecht, in: Jarass, Artenschutz und Planung, 2015, S. 15, 25 f.

nahme und Wiedereinleitung von Wasser aus der Süderelbe für die Durchlaufkühlung des Steinkohlekraftwerks eine Verschlechterung der Wasserqualität gestattet worden war. Nach § 27 Abs. 2 Nr. 1 WHG sind künstliche oder erheblich veränderte Gewässer so zu bewirtschaften, dass eine Verschlechterung ihres ökologischen Potentials und ihres chemischen Zustandes vermieden (Verschlechterungsverbot) und zugleich nach Nr. 2 dieser Vorschrift ein gutes ökologischen Potential und ein guter chemischer Zustand erhalten oder erreicht werden (Verbesserungsgebot). Der EuGH hat den Begriff der Verschlechterung zwar inzwischen dahin geklärt, dass diese vorliegt, sobald sich der Zustand mindestens einer Qualitätskomponente im Sinne des Anhangs V der WRRL um eine Klasse verschlechtert, auch wenn diese Verschlechterung nicht zu einer Verschlechterung der Einstufung des Oberflächenwasserkörpers insgesamt führt. Ist die betreffende Qualitätskomponente nach Anhang V in der niedrigsten Klasse eingeordnet, stellt jede Verschlechterung eine Verschlechterung des Zustandes des Oberflächenwasserkörpers dar.[237] Weiter hat er inzwischen entschieden, dass die Verschlechterung des Gewässerzustandes durch eine Ausnahme nach Art. 4 Abs. 7 WRRL gerechtfertigt werden kann, wenn wichtige Gründe, wie die Nutzung erneuerbarer Energien, zur Beeinträchtigung von Umweltzielen bestehen.[238] Damit ist die Anwendung des Verschlechterungsverbots für Industrieanlagen zwar einfacher und kalkulierbarer geworden.[239] Die Rechtsunsicherheiten sind damit indessen kaum insgesamt beseitigt, da eine obergerichtliche Rechtsprechung zur Frage der Anwendung der Ausnahmetatbestände des Art. 4 Abs. 7 WRRL nach wie vor fehlt.

(4) **Phasing-Out-Verpflichtung für Quecksilber** Nur hingewiesen sei im Übrigen darauf, dass z.B. für Kraftwerksvorhaben nach

---

[237] EuGH, Urt. v. 01.07.2015 – C 461/13 –, NVwZ 2015, 1041 ff. = DVBl 2015, 1044 ff. = NuR 2015, 554 ff. = UPR 2015, 344 ff. = ZUR 2015, 546 ff. Dazu *Durner*, DVBl 2015, 1049 ff.; *Stüer*, DVBl 2015, 1053 ff.; *Faßbender*, EurUP 2015, 178 ff.; *Schütte/Warnke/Wittrock*, ZUR 2016, 2015 ff.; *Dalhammer*, ZUR 2016, 340 ff.; *Rolfsen*, NuR 2015, 437 ff.; *Elgeti*, W+B 2015, 166 ff.; *Durner*, W+B 2015, 195 ff., *Reinhardt*, UPR 2015, 321 ff.
[238] EuGH, Urt. v. 04.05.2016 – C 346/14 –, NVwZ 2016, 1161 ff. = ZUR 2016, 407 ff. m. Anm. *Reinhardt*, NVwZ 2016, 1167 f.; *Stüer/Stüer*, DVBl 2016, 913 f.; *Schütte*, EuZW 2016, 503 f.
[239] *Reinhardt*, NVwZ 2016, 1167 f.

wie vor höchstrichterlich ungeklärt ist, welche Wirkung die Phasing-Out-Verpflichtung für Quecksilber auf die Zulassungsfähigkeit solcher Anlagen hat.[240]

Diese wenigen Beispiele zeigen, dass insbesondere europarechtliche Anforderungen des Naturschutz- und Wasserrechts aktuell zu erheblichen Rechtsunsicherheiten für die Zulassung von nach Immissionsschutzrecht genehmigungsbedürftigen Anlagen führen. Insbesondere gilt dies für politisch umstrittene Großvorhaben, wie Kraftwerksbauten.

5. Bedarfs- und Alternativenprüfung

Bekanntlich findet bei der immissionsschutzrechtlichen Zulassung weder eine Prüfung des Bedarfs noch von Standortalternativen statt. Das ergibt sich aus dem gebundenen Charakter der Genehmigung.[241] Allerdings kann die Behörde im Rahmen von Vorsorgevorgaben eine gewisse Optimierung von Anlagen verlangen und alternative (Technik-)Ausgestaltungen vorgeben. Technische, stoffliche und organisatorische Verfahrensalternativen gehören zum Prüfungsumfang der immissionsschutzrechtlichen Zulassung.[242] Eine Prüfung von Standortalternativen findet hingegen im immissionsschutzrechtlichen Zulassungsverfahren nicht statt.[243] Möglich ist nur, die Zulassung der Anlage am vom Vorhabenträger vorgesehenen Standort abzulehnen, was diesen dazu zwingt, nach einen alternativen Standort zu suchen.[244]

240 Vgl. dazu HessVGH, Urt. v. 14.07.2015 – 9 C 1018/12.T –, ZUR 2016, 44 = juris Rn. 98, mit Anm. *Kopp-Assenmacher*, W+B 2016, 33 ff., wonach sich aus Art. 4 WRRL auch unter Berücksichtigung des Phasing-Out-Gebot des Art. 16 WRRL kein absolutes Einleitungsverbot für Quecksilber herleiten lässt, sondern nur ein Gebot zur schrittweisen Verringerung der Einleitung und der Beachtung der einschlägigen, durch die Merkblätter über die BVT-Techniken beschriebenen Grenzwerte. Vgl. dazu auch *Laskowski*, ZUR 2013, 131 ff.; *Fritsch/Wiegand*, I+E 2012, 14 ff.; *Durner/Tillich*, DVBL 2011, 517 ff.; *Spieth/Ipsen*, NVwZ 2011, 536 ff.; *Köck/Möckel*, NVwZ 2010, 1390 ff.
241 *Jarass*, BImSchG, § 6 Rn. 44.
242 *Jarass*, a.a.O.; *Roßnagel*, GK-BImSchG, § 10 Rn. 218.
243 BayVGH, Beschl. v. 17.01.2002 – 22 ZB 01.1782 –, NVwZ-RR 2002, 335; OVG NRW, in: Ule/Laubinger – ES, § 5 Nr. 69; *Storost*, in: Ule/Laubinger, BImSchG, Anm. C 81; *Beckmann*, NuR 2003, 720.
244 *Jarass*, BImSchG, § 6 Rn. 44.

Die Standortauswahl für nach Immissionsschutzrecht zuzulassende Anlagen ist damit freilich nicht in das Belieben des Vorhabenträgers gestellt. Standorte werden vielmehr regelmäßig durch das Bauplanungs- und Raumordnungsrecht festgelegt. Erinnert sei in diesem Zusammenhang daran, dass für nach Immissionsschutzrecht zuzulassende Windenergieanlagen eine Standortkonzentration durch die Festlegung von Konzentrationszonen im Sinne des § 35 Abs. 3 S. 3 BauGB in Flächennutzungsplänen und Regionalplänen erfolgen kann.[245] Ähnliches ist nach der Neuregelung des Zulassungsregimes für gewerbliche Tierhaltungsanlagen zu erwarten; die Zulassung einer solchen Anlage setzt zukünftig eine Bauleitplanung voraus.[246]

245 Zu den hierbei geltenden Anforderungen: für die Windenergienutzung: BVerwG, Urt. v. 13.03.2003 – 4 C 4.02 –, NVwZ 2003, 738; Urt. v. 13.03.2003 – 4 C 3.02 –, BVerwGE 118, 33 = NVwZ 2003, 1261; Urt. v. 17.12.2002 – 4 C 15.01 –, BVerwGE 117, 287 = NVwZ 2003, 733; Urt. v. 21.10.2004 – 4 C 2.04 –, BVerwGE 122, 109; Urt. v. 27.01.2005 – 4 C 5.04 –, BVerwGE 122, 364; Beschl. v. 12.07.2006 – 4 B 49.06 –, ZfBR 2006, 679; Urt. v. 26.04.2007 – 4 CN 3.06 –, BVerwGE 128, 382; Urt. v. 24.01.2008 – 4 CN 2.07 –, ZNER 2008, 88; Urt. v. 13.12.2012 – 4 CN 1/11 –, BVerwGE 145, 231 = juris Rn. 10 ff.; Urt. v. 31.01.2013 – 4 CN 1/12 –, BVerwGE 146, 40 = juris Rn. 16; Nds. OVG, Urt. v. 13.06.2007 – 12 LB 25/07 –, ZfBR 2007, 693; Urt. v. 13.06.2007 – 12 LC 36/07 –, ZfBR 2007, 689; Urt. v. 09.10.2008 – 12 KN 35/07 –, ZfBR 2009, 150; Urt. v. 31.01.2011 – 12 KN 187/08 –, NuR 2011, 652 ff. = BauR 2011, 488 ff. = ZfBR 2011, 488 ff.; Urt. v. 08.12.2011 – 12 KN 208/09 –, NuR 2012, 406 ff. = ZfBR 2012, 265 ff. = NordÖR 2012, 191 ff.; Urt. v. 23.01.2014 – 12 KN 285/12 –, BauR 2014, 838; Urt. v. 28.08.2013 – 12 KN 146/12 –, NuR 2013, 812; Urt. v. 03.12.2015 – 12 KN 216/13 –, ZfBR 2016, 164 = BauR 2016, 470 = juris Rn. 18 ff.; Hess VGH, Urt. v. 10.05.2012 4 C 841/11.N –, UPR 2012, 360 (LS) = juris; OVG Berlin-Brbg, Urt. v. 24.02.2011 – OVG 2 A 2.09 –, NuR 2011, 794 ff. = LKV 2011, 422 ff. = UPR 2011, 400 (LS); OVG Schleswig, Beschl. v. 20.04.2011 – 1 MR 1/11 –, NordÖR 2011, 446 ff. = ZNER 2011, 548 ff.; OVG LSA, Urt. v. 26.10.2011 – 2 L 6/09 –, NuR 2012, 196 ff. = ZNER 2012, 90 ff.; Urt. v. 21.10.2015 – 2 K 109/13 –, juris Rn. 42 ff.; Sächs. OVG, Beschl. v. 29.07.2015 – 4 A 234/14 –, ZNER 2015, 493 = juris Rn. 19 ff.; OVG NRW, Urt. v. 22.09.2015 – 10 D 82/13.NE –, ZfBR 2016, 52 = juris Rn. 32 ff. Für Abgrabungen: BVerwG, Beschl. v. 18.01.2011 – 7 B 19.10 –, NVwZ 2011, 812 ff.; OVG NRW, Urt. v. 03.12.2009 – 20 A 628/05 – ZfB 2010, 3 ff.; Urt. v. 08.05.2012 – 20 A 3779/06 – www.nrwe.de; OVG Schleswig, Urt. v. 18.08.2011 – 1 KN 21/10 –, NordÖR 2012, 31 f. Die für die Flächennutzungsplanung entwickelte Systematik ist auf die Raumordnung übertragen worden. Dazu: BVerwG, Beschl. v. 29.03.2010 – 4 BN 65.09 –, BauR 2010, 2074; OVG NRW, Urt. v. 08.05.2012 – 20 A 3779/06 – www.nrwe.de; *Hendler/Kerkmann*, DVBl 2014, 1369 f.; *Tyczewski*, BauR 2014, 93 ff.; *Erbguth*, DVBl 2015, 1346 ff.; *Schink*, UPR 2012, 369 ff.; ders., UPR 2016, 266 ff.
246 Dazu *Arnold*, BauR 2015, 765 ff.; *Nies*, AUR 2014, 201; *Peine*, LKV 2014, 385; *Schink*, KommPrax Spezial 2013, 161 ff.; *Kersandt/Birko*, ThürVBl 2013, 49 ff., *dies.*, I+E 2013, 147 ff.

Festzustellen ist dabei neuerlich, dass über die Standortentscheidung für Industrieanlagen, Windenergieanlagen und Tierhaltungsanlagen nicht nur umweltverträgliche Standorte gesucht werden, sondern zugleich auch durch raumordnerische Entscheidungen der Bedarf gesteuert wird.[247] Die Steuerung des Bedarfs erfolgt dabei mit unterschiedlicher Zielrichtung: Bei der Windenergienutzung wird die Regionalplanung dazu benutzt, hierfür eine den politischen Zielen entsprechende Flächenreserve zu schaffen. Demgegenüber geht es bei konventionellen Kraftwerken und hier insbesondere Kohlekraftwerken tendenziell darum, die für solche Anlagen nutzbare Fläche zu verknappen und – weitergehend – in Raumordnungsplänen Vorgaben für die zulässige Höchstmenge der Emissionen aus solchen Anlagen zu machen. Über Ziele der Raumordnung soll die Zulassung solcher Anlagen nicht nur im Hinblick auf den Standort, sondern auch in ihrer Umweltquantität gesteuert werden.

Bei der Windenergienutzung ist eine Verhinderungsplanung wegen der Privilegierung der Windenergienutzung in § 35 Abs. 1 Nr. 2 bis 6 BauGB durch Ziele der Raumordnung unzulässig. Denn der Plangeber ist nicht befugt diese Nutzung für das gesamte Plangebiet auszuschließen. Vielmehr muss er der Windenergie durch ein schlüssiges Planungskonzept für den Gesamtraum substantiell Raum geben.[248] Ein Ausschluss der Windenergienutzung über die Raumordnung ist deshalb unzulässig. Dagegen dürfte eine extensive Ausweitung von Konzentrationszonen für Windenergieanlagen rechtlich nicht zu beanstanden sein, sofern und soweit eine solche Planung den einschlägigen hierfür vom BVerwG entwickelten Grundsätzen und Verfahrensweisen entspricht.[249]

Demgegenüber ist eine Verhinderungsplanung über die Raumordnung, die zur Folge hat, dass die bundesrechtlich nach Immissionsschutzrecht an sich zulässigen Anlagen nicht mehr genehmi-

---

247 Zu dieser Problematik: *Hendler*, NuR 2012, 531, 535 ff.; *ders.*, Räumliche Gesamtplanung und räumliche Fachplanung, FS Peine, S. 103 ff.; *Reidt*, DVBl 2011, 789 ff.; *Schink*, I+E 2011, 211 ff.; *ders.*, DÖV 2011, 905, 911; *Lieber*, NVwZ 2011, 910, 913; *Rojahn*, NVwZ 2011, 654 ff.; *Deutsch*, NVwZ 2010, 150 ff.
248 Vgl. BVerwG, Urt. v. 13.03.2003 – 4 C 4.02 –, BVerwGE 118, 33, 37; Beschl. v. 28.11.2005 – 4 B 66/05 –, NVwZ 2006, 339, 339 f.; Beschl. v. 18.01.2011 – 7 B 19/10 –, NVwZ 2011, 812, 813, 815; *Hendler*, NuR 2012, 531, 536.
249 Nachw. zu diesen Grundsätzen und Verfahrensweisen oben FN 245.

gungsfähig sind, weil Flächen für ihre Realisierung nicht vorhanden sind, schon mit der konkurrierenden Gesetzgebungskompetenz des Bundes für das Immissionsschutzrecht nicht vereinbar. Denn hierdurch würden die Länder über Ziele der Raumordnung die bundesrechtliche Regelung des Immissionsschutzrechts über die Zulassungsfähigkeit solcher Anlagen aushebeln.[250] Eine Reduzierung der Standorte kann demgegenüber durchaus raumplanerisch gerechtfertigt sein. Dies gilt vor allem dann, wenn es darum geht, Ressourcen zu schonen, zu sichern und zu erhalten und Standorte für großtechnische Anlagen an wenigen Stellen und zwar dort zu reservieren, wo das Vorhaben bei einer Koordination mit anderen Ansprüchen an den Raum zweckmäßigerweise verwirklicht werden sollte.[251] Problematisch sind demgegenüber Regelungen in Raumordnungsplänen, die auf ein bestimmtes Emissionsverhalten von Industrieanlagen abzielen. Die raumordnerischen Festsetzungen greifen dann über in fachrechtliche Regelungen, die im Hinblick auf klima- und umweltschutzrechtliche Anforderungen im TEHG bzw. BImSchG geregelt sind.[252]

Keine Einwendungen bestehen hingegen dann, wenn raumordnerisch eine „unterwertige" Nutzung ausgewiesener Standorte durch Ziele der Raumordnung unterbunden wird. Das Nds OVG hat in diesem Zusammenhang z.B. Regelungen in einem Regionalplan für zulässig gehalten, mit denen verlangt wurde, dass Windenergieanlagen dem jeweils neuesten Stand der Technik entsprechen müssen, damit – so die Begründung – Vorranggebiete nicht unter Wert für kleinere Anlagen als solche genutzt werden, die dem Stand der Technik entsprechen.[253] Ob eine solche Festlegung auch für den Wirkungsgrad von Kohlekraftwerken zulässig ist, wird zum Teil bestritten.[254]

---

250 Vgl. *Hendler*, NuR 2012, 531, 536.
251 *Schink*, I+E 2011, 211, 221; *Reidt*, DVBl 2011, 789, 795.
252 Vgl. etwa *Schink*, I+E 2011, 211, 221; *ders.*, UPR 2011, 91, 98; *ders.*, NWVBl 2011, 249, 253; *Reidt*, DVBl 2011, 794 f., *Appel*, UPR 2011, 161, 167 ff. Vgl. auch *Schlacke*, FS Koch, 417, 429 ff.
253 Nds OVG, Beschl. v. 20.06.2008 – 12 LA 126/07 –, BauR 2008, 2005, 2006 f. *Hendler*, NuR 2012, 531, 537.
254 So etwa *Rojahn*, NVwZ 2011, 654, 660.

6. Verfahren

a) Struktur der Zulassungsverfahren

Gemäß § 4 Abs. 1 S. 1 BImSchG bedürfen solche Anlagen einer Genehmigung, die in besonderem Maße geeignet sind, schädliche Umwelteinwirkungen hervorzurufen oder Allgemeinheit oder die Nachbarschaft in anderer Weise zu gefährden, erheblich zu benachteiligen oder erheblich zu belästigen. Im Anhang 1 der 4. BImSchV sind die Anlagen, die genehmigungsbedürftig sind, abschließend aufgeführt;[255] die Anlage 1 der 4. BImSchV wirkt konstitutiv.[256] Bei der Frage, welche Anlagen in den Katalog der 4. BImSchV aufgenommen werden sollen, steht dem Verordnungsgeber ein weiter Gestaltungsspielraum zu.[257] Zu unterscheiden sind dabei drei Anlagenkategorien, für die jeweils unterschiedliche Verfahrensanforderungen sowie materielle Zulassungsvoraussetzungen gelten. Für das Genehmigungsverfahren wird zwischen Anlagen unterschieden, die im förmlichen Genehmigungsverfahren gemäß § 10 BImSchG zugelassen werden müssen und solchen, für die ein vereinfachtes Verfahren genügt. Die IE-Anlagen, für die besondere materielle Zulassungsvoraussetzungen gelten, sind in der 4. BImSchV besonders gekennzeichnet.[258]

Das System der Klassifizierung von Industrieanlagen in der 4. BImSchV hat sich bewährt. Das gilt insbesondere auch für den Spezialitätengrundsatz, der besagt, dass eine Anlage, die verschiedenen Anlagenbezeichnungen im Anhang 1 der 4. BImSchV zugeordnet werden kann, der spezielleren Anlagenbezeichnung unterfällt (§ 2 Abs. 2 der 4. BImSchV).[259]

Zu kritisieren ist freilich, dass der Katalog der 4. BImSchV nicht in vollem Umfang mit Anhang 1 UVPG koordiniert ist. Die Schwelle für das Erfordernis eines förmlichen immissionsschutzrecht-

---

[255] Zum abschließenden Charakter des Anhangs 1 der 4. BImSchV: *Koch*, in: ders., Umweltrecht, § 4 Rn. 55; *Jarass*, UPR 2011, 201; ders., BImSchG, § 4 Rn. 4.
[256] *Böhm*, in: GK-BImSchG, § 4 Rn. 9; *Dietlein*, in: Landmann/Rohmer, Umweltrecht, § 4 BImSchG, Rn. 15; *Storost*, in: Ule/Laubinger, BImSchG, § 4 Anm. C 20.
[257] *Jarass*, BImSchG, § 4 Rn. 4; *Böhm*, in: GK-BImSchG, § 4 Rn. 10; *Sellner/Reidt/Ohms*, Immissionsschutz und Industrieanlagen 1/Rn. 40.
[258] Zur Systematik der 4. BImSchV vgl. etwa *Jarass*, FS Peine, S. 129.
[259] Dazu *Jarass*, Immissionsschutzrechtlicher Anlagenbegriff und Reichweite der Genehmigungsbedürftigkeit, UPR 2011, 201 ff.

lichen Zulassungsverfahrens liegt unterhalb derer, für die eine UVP-Pflicht zwingend vorgegeben ist. Dies gilt z.B. für Wärmeerzeugungsanlagen nach Nr. 1 der 4. BImSchV bzw. Nr. 1 der Anlage 1 UVPG. Angesichts dessen, dass ein Genehmigungsverfahren nach § 4 BImSchG für Errichtung und Betrieb von Anlagen erforderlich ist, die in besonderer Weise geeignet sind, schädliche Umwelteinwirkungen hervorzurufen, wäre eine Angleichung der Regelwerke in Anhang 1 der 4. BImSchV und Anlage 1 UVPG immerhin erwägenswert. Die bisherigen Novellierungen des Anhangs 1 zur 4. BImSchV haben dieses Ziel nicht erreicht.

Sie sind im Übrigen auch nicht ganz zu Unrecht kritisiert worden. Durch das „Gesetz zur Reduzierung und Beschleunigung von immissionsschutzrechtlichen Genehmigungsverfahren vom 23. 10. 2007[260] sowie das „Rechtsbereinigungsgesetz Umwelt" vom 11. 08. 2009[261] sind Anlagen aus der Spalte 1 in die Spalte 2 und solche aus der Spalte 2 in das Baugenehmigungsverfahren verschoben worden. Leitlinie war dabei eine 1:1 Umsetzung des EU-Rechts bei Anpassung des Immissionsschutzrechts an den Anlagenkatalog der IVU-RL[262] sowie die Beschleunigung von Genehmigungsverfahren. Vor allem eine Verschiebung der Zulassungsverfahren in das Baugenehmigungsverfahren ist deshalb kritisch zu sehen, weil die immissionsschutzrechtlichen Pflichten hierdurch erheblich abgeschwächt werden: Nicht mehr die Anforderungen aus § 5 BImSchG, sondern diejenigen aus § 22 BImSchG sind in solchen Fällen maßgebend.[263]

b) Behördenzuständigkeit

Kritisch zu sehen sind auch die Reformen der Umweltverwaltung, die in fast allen Bundesländern durchgeführt worden sind. Das gilt insbesondere für die Reformen der staatlichen Mittelinstanz und die in diesem Zusammenhang in vielen Bundesländern erfolgte Kommunalisierung von immissionsschutzrechtlichen Zulassungsverfahren.

---

260 BGBl I S. 2470.
261 BGBl I S. 2723.
262 Vgl. dazu BR-Drs. 819/05, S. 9.
263 Darauf weist mit Recht hin: *Koch*, in: ders., Umweltrecht, § 4 Rn. 59.

Mit dem Ziel, Verwaltungsabläufe zu straffen, Kosten und Personal zu sparen, ist in nahezu allen Bundesländern in der jüngsten Vergangenheit eine Reform der Umweltverwaltung vorgenommen worden. Die Konzepte waren dabei unterschiedlich und reichten von der Abschaffung der staatlichen Mittelinstanz (z.B. Niedersachsen) über eine Integration der Sonderverwaltungen des Umweltschutzes in die allgemeine mittlere Verwaltung (NRW) bis zu einer weitgehenden Kommunalisierung von Umweltschutzaufgaben, vor allem auch bei der immissionsschutzrechtlichen Anlagengenehmigung (Baden-Württemberg).[264] Die Auflösung der Sonderbehörden des Umweltschutzes war dabei sicherlich dann sinnvoll, wenn hiermit eine Bündelung der Zuständigkeiten bei der Mittelinstanz erreicht wurde. Die Bündelungsfunktion der Mittelinstanz und hier insbesondere der Regierungspräsidien kann vor allem dazu beitragen, Genehmigungen aus einer Hand zu erteilen und die Voraussetzungen für eine integrative Betrachtung bei der Genehmigungserteilung erheblich zu verbessern. Darüber hinaus können auf diese Weise die Zuständigkeiten für Genehmigung und Überwachung zusammengeführt werden, was insbesondere auch im Bereich der Zulassung und Überwachung immissionsschutzrechtlich genehmigungsbedürftiger Anlagen erheblich bessere Ergebnisse zeitigen kann.[265] Problematisch an der Zusammenführung von Aufgaben bei der Mittelinstanz ist allerdings insbesondere gewesen, dass hiermit ein erheblicher Personalabbau, zum Teil befördert durch Frühpensionierungen mit dem Anreiz des Verzichts auf einen Pensionsabschlag verbunden worden waren.[266] Hierdurch wurde nicht nur Personal abgebaut; es ging auch Kompetenz zum Nachteil der Qualität der immissionsschutzrechtlichen Anlagengenehmigung und -überwachung verloren.

Besonders kritisch zu sehen ist die Kommunalisierung der immissionsschutzrechtlichen Anlagengenehmigung. Die Beurteilung erfordert umfangreiche technische und naturwissenschaft-

---

264 Darstellung der verschiedenen Strategien bei Sachverständigenrat für Umweltfragen (SRU), Umweltverwaltungen unter Reformdruck: Herausforderungen, Strategien, Perspektiven, Sondergutachten, 2007, Langfassung, S. 88 ff.
265 Dazu *SRU*, Umweltverwaltungen unter Reformdruck, S. 107 f.
266 Zu diesen Fragestellungen vgl. etwa *Palmen/Schönenbroicher*, NVwZ 2008, 1173 ff.; zum Aspekt der Personalreduzierung: *Schink*, W+B 2016, 15, 17 f.

lich-technische Kenntnisse und Erfahrungen. Es ist zweifelhaft, ob die fachlich notwendigerweise hochspezialisierte Expertise in wirtschaftlich vertretbarer Weise kommunal vorgehalten werden kann. Die Finanzprobleme der Kommunen gestatten eine Einstellung qualifizierten Personals häufig nicht; Kommunen in der Haushaltssicherung dürfen nach den einschlägigen kommunalrechtlichen Regelungen überhaupt kein neues Personal einstellen.[267] Auch überörtliche Sachzusammenhänge können nur durch unverhältnismäßig hohen interkommunalen Koordinationsaufwand angemessen bewältigt werden.[268] Zu fragen ist auch, ob kommunale Verwaltungsträger in der Lage sind, Umweltauswirkungen von Anlagen medienübergreifend zu erfassen und dem Leitbild des integrativen Umweltschutzes gerecht zu werden.[269] Schließlich ist zu bezweifeln, dass kommunale Verwaltungsträger immer die für die Zulassung von umweltbelastenden, nach Immissionsschutzrecht genehmigungsbedürftigen Anlagen notwendige Neutralität aufweisen. Der Einfluss standortpolitischer Interessen auf umweltpolitische Vollzugsentscheidungen nimmt auf der kommunalen Ebene gegenüber einer Aufgabenwahrnehmung auf der Mittelebene der staatlichen Verwaltung jedenfalls tendenziell zu.[270]

c) Wegfall des verpflichtenden Erörterungstermins

Zumindest rechtspolitisch nicht überzeugend ist auch, dass der Erörterungstermin im immissionsschutzrechtlichen Zulassungsverfahren nicht mehr zwingend durchgeführt werden muss, sondern gemäß § 10 Abs. 6 BImSchG im Ermessen der Zulassungsbehörde steht. § 10 der 9. BImSchV konkretisiert das Ermessen der Zulassungsbehörde dahin, dass ein Erörterungstermin nicht stattfindet, wenn

---

267 So Nr. 3.2.3 des Runderlass des Brb. Ministeriums des Innern in kommunalen Angelegenheiten Nr. 1/2013 Maßnahmen und Verfahren der Haushaltssicherung und der vorläufigen Haushaltsführung (Runderlass Nr. 1/2013 – Rderl. 1/2013) v. 24.07.2013.
268 So SRU, Umweltverwaltungen unter Reformdruck, Kurzfassung, These 19.
269 SRU, Umweltverwaltungen unter Reformdruck, Kurzfassung, These 12.
270 SRU, Umweltverwaltungen unter Reformdruck, Kurzfassung, These 7; Langfassung, S. 117.

- Einwendungen gegen das Vorhaben nicht oder nicht rechtzeitig erhoben worden sind,
- die rechtzeitig erhobenen Einwendungen zurückgenommen worden sind,
- ausschließlich Einwendungen erhoben worden sind, die auf besonderen privatrechtlichen Titeln beruhen
oder
- die erhobenen Einwendungen nach Einschätzung der Behörde keiner Erörterung bedürfen.

Insbesondere im zuletzt genannten Fall steht es im Ermessen der Zulassungsbehörde, ob sie einen Erörterungstermin durchführt oder nicht. So kann z.B. nach überwiegender Auffassung aus Gründen der Verfahrensbeschleunigung von einem Erörterungstermin abgesehen werden.[271] Weiter kann ein Verzicht auf den Erörterungstermin nach Ermessen der Zulassungsbehörde insbesondere dann in Betracht kommen, wenn er die ihm zugedachte Befriedungsfunktion[272] nicht erfüllen kann.[273] Vor allem bei politisch strittigen Vorhaben, bei denen die Herstellung eines Einvernehmens zwischen Vorhabenträger und Einwendern aussichtslos erscheint, kann danach auf die Durchführung eines Erörterungstermins verzichtet werden. In der Praxis ist allerdings festzustellen, dass in immissionsschutzrechtlichen Zulassungsverfahren von der Möglichkeit, keinen Erörterungstermin durchzuführen, sehr zurückhaltend Gebrauch gemacht wird. Insbesondere bei Großvorhaben ist die Abhaltung des Erörterungstermins immer noch die Regel, und zwar selbst dann, wenn eine Verständigung der „Kontrahenten" nicht zu erwarten ist. Dennoch ist die Abkehr von der Verpflichtung, im immissionsschutzrechtlichen Zulassungsverfahren immer einen Erörterungstermin durchzuführen, mehr als bedenklich. Den aktuellen – auch rechtspolitischen – Bemühungen, die Akzeptanz und Transparenz im (immissions-

---

271 *Jarass*, BImSchG, § 10 Rn. 79; *Dietlein*, in: Landmann/Rohmer, Umweltrecht, § 10 BImSchG Rn. 210; Enger: *Diekmann*, Protest oder mehr? Einwendungen im immissionsschutzrechtlichen Genehmigungsverfahren, I+E 2012, 117, 119 f.; *Storost*, in: Ule/Laubinger, BImSchG, § 10 Anm. G.2.
272 Dazu: *Roßnagel/Hentschel*, in: Führ, GK-BImSchG, § 10 Rn. 400; *Czajka*, in: Feldhaus, BImSchG, § 10 Rn. 76.
273 SRU, Umweltverwaltungen unter Reformdruck, TZ 293.

schutzrechtlichen) Zulassungsverfahren durch eine Verbesserung der Öffentlichkeitsbeteiligung zu steigern, die z.B. in der Regelung über die frühe Öffentlichkeitsbeteiligung in § 25 Abs. 3 VwVfG zum Ausdruck kommt,[274] läuft diese Regelung diametral entgegen.

7. Rechtsschutz

a) Nachbarklagen

Rechtsschutz können Dritte gegen die immissionsschutzrechtliche Genehmigung nur erlangen, wenn sie die Verletzung einer Vorschrift geltend machen, die zumindest auch ihrem Interesse dient (§ 42 Abs. 2 VwGO).[275] Für die Schutz- und Gefahrenabwehrpflicht des § 5 Abs. 1 Nr. 1 BImSchG wird dies angenommen,[276] und zwar einschließlich aller den Schutzgrundsatz konkretisierender Vorschriften und damit insbesondere der Immissionsgrenzwerte der TA Lärm und der TA Luft,[277] nicht jedoch für die Vorsorgepflicht aus § 5 Abs. 1 Nr. 2 BImSchG (str.).[278] Etwas anderes gilt, wenn konkretisierende Regelungen zum Schutz der Gesundheit fehlen. Dann können Dritte die Einhaltung der Vorsorgewerte als

---

[274] Zu dieser Regelung und ihrer Anwendung in der Praxis: *Schwab*, UPR 2016, 377 ff.; *Brenneke*, VerwArch 2015, 34 ff.; *Kopp/Ramsauer*, VwVfG, 15. Aufl. 2014, § 25 Rn. 27 ff.; *Schink*, in: Knack/Henneke, VwVfG, 10. Aufl. 2014, § 25 Rn. 27 ff.; *Söbbeke*, FS Ehlers, 2015, 303 ff. Vgl. auch *Rockitt*, UPR 2016, 435.
[275] Übersicht dazu bei *Jarass*, BImSchG, § 6 Rn. 64, 67; *Sellner/Reidt/Ohms*, Immissionsschutzrecht und Industrieanlagen, Rn. 3/25 ff., 43 ff.
[276] BVerwG, Urt. v. 07.09.1988 – 4 N 1.87 –, BVerwGE 80, 184, 189; Urt. v. 11.12.2003 – 7 C 19.02 –, BVerwGE 119, 329, 332; BGH, Urt. v. 15.10.2009 – III ZR 8/09 –, BGHZ 182, 370 Rn 16; Hess VGH, Urt. v. 07.08.2007 – 2 A 690/06 –, ZUR 2008, 150, 151; *Jarass*, BImSchG, § 5 Rn. 133; *Roßnagel*, GK-BImSchG, § 5 Rn. 668; *Dietlein*, in: Landmann/Rohmer, Umweltrecht, § 5 BImSchG Rn. 114; *Sellner/Reidt/Ohms*, Immissionsschutzrecht bei Industrieanlagen, Rn. 3/30; *Koch*, in: ders., Umweltrecht, § 4 Rn. 209.
[277] *Koch*, in: ders., Umweltrecht, § 4 Rn. 209.
[278] BVerwG, Urt. v. 18.05.1982 – 7 C 42/80 –, BVerwGE 65, 313, 320; Urt. v. 11.12.2003 – 7 C 19.02 –, BVerwGE 119, 329, 332; Thür OVG, Beschl. v. 22.01.2006 – 1 EO 708/05 –, ZUR 2006, 479; *Jarass*, BImSchG, § 5 Rn 134; ders., NJW 1983, 2845 f. A.A.: *Koch*, in: ders., Umweltrecht, § 4 Rn. 20212 ff.; *Roßnagel*, in: Führ, GK-BImSchG, § 5 Rn. 668 ff., insbes. 671; *Eifert*, Umweltschutzrecht, in: Schoch, Besonderes Verwaltungsrecht, 15. Aufl. 2013, Rn. 179.

Ersatz für fehlende Schutzwerte verlangen,²⁷⁹ soweit nicht der Mitverursachungsanteil irrelevant ist.²⁸⁰ Zudem können EU-rechtliche Vorsorgevorgaben Drittschutz vermitteln.²⁸¹ Nach der Rechtsprechung des EuGH müssen Betroffene in allen Fällen, in denen die Überschreitung der Grenzwerte die menschliche Gesundheit gefährden könnte, in der Lage sein, sich auf zwingende Vorschriften zu berufen, um ihre Rechte geltend machen zu können.²⁸² Das ist z.B. bei den EU-rechtlichen Regelungen zur Beschränkung der Luftverschmutzung der Fall, die in der 39. BImSchV in nationales Recht umgesetzt sind.²⁸³ Die Beschränkung des Drittschutzes im Bereich der Vorsorge ist wenig befriedigend, führt zu Vollzugsproblemen und ist systematisch verfehlt.

b) Verbandsklagen

Abgemildert wird das Rechtsschutzdefizit durch die umweltrechtliche Verbandsklage, deren Reichweite und Effektivität nach den Entscheidungen des EuGH in Sachen Trianel (Rs C-115/09)²⁸⁴, Altrip (Rs C-72-12)²⁸⁵ und vom 15. 10. 2015 (Rs C-137/14)²⁸⁶ erheblich zugenommen hat.

---

279 BVerwG, Urt. v. 11.12.2003 – 7 C 19.02 –, BVerwGE 119, 329, 333; Urt. v. 29.03.2007 – 7 C 9.06 –, BVerwGE 128, 278 Rn 23; Hess VGH, Beschl. v. 15.04. 2012 – 9 B 1916/11 –, NVwZ-RR 2012, 544 = juris Rn. 93; *Jarass*, BImSchG, § 5 Rn. 135; *Sellner/Reidt/Ohms*, Immissionsschutzrecht bei Industrieanlagen, Rn. 3/ 157; *Eifert*, in: Schoch, Rn. 179.
280 BVerwG, Urt. v. 11.12.2003 – 7 C 19.02 –, BVerwGE 119, 329, 334; *Jarass*, BImSchG, § 5 Rn. 135.
281 *Jarass*, BImSchG, § 5 Rn. 136.
282 EuGH, Urt. v. 30.05.1991 – Rs C-361/88 –, NVwZ 1991, 867; Urt. v. 12.12.1996 – Rs C-297/95 –, NVwZ 1997, 370. Dazu auch *Roßnagel*, GK-BImSchG, § 5 Rn. 672; *Dietlein*, in: Landmann/Rohmer, Umweltrecht, § 5 BImSchG Rn. 118.
283 BVerwG, Urt. v. 05.09.2013 – 7 C 21.12 –, BVerwGE 147, 312 Rn. 41.
284 Urt. v. 05.12.2011 – Rs C-115/09 – Slg. 2011-I, 3673 m. Anm. *Kleinschnittger*, I+E 2011, 280; *Appel*, UPR 2011, 414 ff.; *Leidinger*, NVwZ 2011, 1345 ff.; *Schlacke*, NVwZ 2011, 804 ff.; dies., ZUR 2012, 393 ff.; dies., NVwZ 2014, 11 ff.; *Greim*, UPR 2011, 271; *Stüer/Stüer*, DVBl 2012, 245ff.; *Frenz*, DVBl 2012, 811; *Versteyl/Buchsteiner*, I+E 2012, 73 ff.; *Schink*, DVBl 2012, 197 ff.; *Bunge*, NuR 2011, 605; ders., NuR 2014, 305 ff.; ders., ZUR 2015, 531 ff.; *Fellenberg/Schiller*, UPR 2011, 321; *Fellenberg*, NVwZ 2015, 1721; *Eckardt*, NVwZ 2012, 530ff.; *Seibert*, DVBl 2013, 605; *Köck*, ZUR 2013, 449.
285 Urt. v. 07.11.2013 – Rs C-72/12 –, NVwZ 2014, 49, m. Anm. *Stüer*, DVBl 2013, 1601; ders., DVBl 2015, 228; *Franzius*, EurUP 2014, 283; *Schink*, I+E 2014, 257; Hen-
(Fortsetzung auf Seite 86)

- Die Zulässigkeit der Verbandsklage ist nicht mehr auf drittschützende Normen beschränkt,
- auch (schwere) Verfahrensfehler können zum Erfolg einer Klage führen,
- die Kausalität der Verfahrensfehlers für das Ergebnis der Entscheidung muss nicht der Kläger nachweisen,
- die materielle Präklusion von Einwendungen ist nicht EU-rechtskompatibel.

Der nationale Gesetzgeber hat diese Anforderungen im UmwRG z.T. umgesetzt; eine weitere Novelle ist in den Bundestag eingebracht:[287] § 4 UmwRG n.F. unterscheidet in den Abs. 1 und 1a zwischen schweren und weniger schweren Verfahrensfehlern. Folgen schwerer Verfahrensfehler regelt § 4 Abs. 1 UmwRG 2015. Zu ihnen zählt das Unterlassen einer erforderlichen UVP oder UVP-Vorprüfung (§ 4 Abs. 1 Nr. 1 UmwRG 2015). Diese Regelung entspricht der bisherigen Rechtslage. Ferner ist auch das Unterlassen und die Nichtnachholung einer Öffentlichkeitsbeteiligung, die nach dem UVPG oder dem BImSchG vorgeschrieben war, ein schwerer Verfahrensfehler (§ 4 Abs. 1 Nr. 2 UmwRG 2015). Dem neuen § 4 Abs. 1 Nr. 3 UmwRG 2015 kommt eine Art Auffangfunktion zu: Nach Art und Schwere mit den Nrn. 1 und 2 vergleichbare Verfahrensfehler führen, soweit keine Heilung eingetreten ist und die Öffentlichkeit nicht beteiligt wurde, zur Aufhebbarkeit einer Zulassungsentscheidung.

---

ning, I+E 2015, 172; *Siegel*, NJW 2014, 973; *Bunge*, NuR 2014, 305; ders., NuR 2014, 605; ders., ZUR 2015, 531; *Greim*, NuR 2014, 81; *Führ*, NVwZ 2014, 1041; *Schlacke*, NVwZ 2014, 11; *Ekardt*, NVwZ 2014, 393; *Fellenberg*, NVwZ 2015, 1721; *Koch*, NVwZ 2015, 633; *Ludwigs*, NVwZ 2016, 1260; *Böhm*, UPR 2014, 201; *Meitz*, ZUR 2014, 40; *Klinger*, ZUR 2014, 535.

286 Urt. v. 15.10.2015 – Rs C-137/14 –, NVwZ 2016, 1665, m. Anm. *Stüer/Buchsteiner*, DVBl 2015, 1518; *Buchheister*, DVBl 2016, 265; *Kment/Lorenz*, EurUP 2016, 47; *Sobotta*, EuZW 1016, 72; *Röckinghausen*, I+E 2015, 154; *Ludwigs*, NJW 2015, 3484; *Frenz*, NuR 2015, 832; *Mayer*, NuR 2016, 106; *Bunge*, NuR 2016, 11; *Keller/Rövekamp*, NVwZ 2016, 1672; *Fellenberg*, NVwZ 2015, 1721; *Otto*, NVwZ 2016, 337; *Siegel*, NVwZ 2016, 713; *Zeissler/Schmitz*, UPR 2016, 1; *Storost*, UPR 2016, 36; *Beier*, UPR 2016, 48; *Sinner*, UPR 2016, 7; *Klinger*, ZUR 2016, 41; *Schüren*, ZUR 2016, 400; *Kment*, UPR 2016, 487.

287 Entwurf v. 05.09.2016, BT-Drs. 18/9526. Dazu: *Schlacke*, UPR 2016, 478, 480 ff., 482 ff.

Die im Entwurf v. 05. 09. 2016 vorgesehenen Änderungen betreffen inhaltlich den Anwendungsbereich des UmwRG: Zusätzlich zu den bisherigen Vorhaben, in erster Linie UVP-pflichtige Vorhaben und Anlagengenehmigungen nach dem BImSchG, sollen zukünftig auch mittels Umwelt-Rechtsbehelf überprüfbar sein:
- Entscheidungen über immissionsschutzrechtliche Anlagen, die aufgrund der Umsetzung der Seveso-III-Richtlinie zulassungsbedürftig nach dem BImSchG werden (Nr. 2a und 2b),
- Entscheidungen über die Annahme von Plänen und Programmen, die SUP-pflichtig nach Bundes- oder Landesrecht i.S.v. § 2 Abs. 5 UVPG sind (Nr. 4),
- Verwaltungsakte oder öffentlich-rechtliche Verträge, durch die andere als in den Nrn. 1–2b genannte Vorhaben unter Anwendung umweltbezogener Rechtsvorschriften des Bundesrechts, des Landesrechts oder unmittelbar geltender Rechtsakte der Europäischen Union zugelassen werden (Nr. 5) und
- Verwaltungsakte über Überwachungs- und Aufsichtsmaßnahmen zur Umsetzung und Durchführung von Entscheidungen nach den Nrn. 1–5 (Nr. 6).

Die Rügebefugnis in Bezug auf Entscheidungen gemäß Nrn. 2a–6 des § 1 Abs. 1 S. 1 UmwRG-E wird auf umweltbezogene Vorschriften beschränkt (§ 2 Abs. 1 Nr. 3 S. 2 UmwRG-E).

Die materielle Präklusion nach § 10 Abs. 3 S. 5 BImSchG wird gestrichen, während die formelle Präklusion beibehalten wird.

Vor allem der Wegfall der materiellen Präklusion führt zu weiteren Unsicherheiten für die immissionsschutzrechtliche Anlagenzulassung. Es kann erwartet werden, dass Umweltverbände Einwendungen z.B. aus artenschutzrechtlichen Gründen bis zum Klageverfahren zurückhalten, um sich eine bessere Ausgangsposition für die Verhinderung des Vorhabens zu verschaffen. Begegnet werden kann dem vor allem durch eine (noch) verbesserte Vorbereitung des Verfahrens durch sorgfältige Erarbeitung der Antragsunterlagen. Tendenziell steigen hiermit die Sorgfaltspflichten der Vorhabenträger. Allerdings wird der Wegfall der materiellen Präklusion voraussichtlich auch eine gründlichere Prüfung der Antragsunterlagen durch die Zulassungsbehörden und damit eine Verbesserung der Berücksichtigung von Umweltbelangen zur Folge haben.

V. Planerische Wirkungen des Immissionsschutzrechts

Das Immissionsschutzrecht hat abgesehen von der Zulassung von Industrieanlagen erhebliche Rechtswirkungen für planerische Prozesse. Zu nennen sind hierbei vor allem seine Auswirkungen auf die Regional- und Bauleitplanung und sowie die Zulassung von Vorhaben, den Verkehrslärmschutz und die Auswirkungen der immissionsschutzrechtlichen Planungsinstrumente der Luftreinhalte- und Lärmminderungsplanung.

1. Trennungsgrundsatz in der Regional- und Bauleitplanung

Der Trennungsgrundsatz des § 50 BImSchG ist eine zentrale Regelung für die Berücksichtigung von Immissionsschutzbelangen in der Regionalplanung und in der Bauleitplanung. Nach dieser Vorschrift sind bei raumbedeutsamen Planungen und Maßnahmen[288] die für eine bestimmte Nutzung vorgesehenen Flächen einander so zuzuordnen, dass schädliche Umweltauswirkungen und von schweren Unfällen i.S.d. Art. 3 Nr. 5 der Richtlinie 96/82/EG[289] in Betriebsbereichen hervorgerufenen Auswirkungen auf die ausschließlich oder überwiegend dem Wohnen dienenden Gebiete sowie auf sonstige schutzbedürftige Gebiete soweit wie möglich vermieden werden.

Grundgedanke dieser Regelung ist die funktionale Trennung konfligierender Nutzungen: Immissionsintensive Nutzungen sollen hiernach grundsätzlich so schutzbedürftigen Gebieten und hier insbesondere Wohngebieten zugeordnet werden, dass diese hierdurch von Immissionen, insbesondere von Lärm- und Luftbelastungen verschont werden. § 50 BImSchG ist eine Ausprägung

---

288 Wozu die Bauleitplanung (dazu BVerwG, Urt. v. 29.03.2007 – 7 C 9.06 –, BVerwGE 128, 238 Rn. 14; Urt. v. 19.04.2012 – 4 CN 3.11 –, BVerwGE 143, 24 Rn. 28; *Jarass*, BImSchG, § 50 Rn. 6) und die Regionalplanung (*Jarass*, a.a.O.; *Rojahn*, NVwZ 2011, 659; *Mager*, in: Kotulla, BImSchG, § 50 Rn. 31) gehören. Zum Begriff der raumbedeutsamen Planungen und Maßnahmen: BVerwG, Urt. V. 13.03.2003 – 4 C 4.02 –, BVerwGE 118, 33; *Jarass*, BImSchG, § 50 Rn. 6; *Schoen*, in: Landmann/Rohmer, Umweltrecht, § 50 BImSchG Rn. 19ff.; *Tophoven*, in: Giesberts/Reinhardt (Hrsg.), Umweltrecht, 2007, § 50 BImSchG, Rn. 4ff.
289 Seveso-II-Richtlinie, ABl. EG 1997 Nr. L10, S. 13.

des immissionsschutzrechtlichen Vorsorgeprinzips[290] und ein elementarer Grundsatz städtebaulicher Planung.[291] Wohngebiete sind danach grds. vor dem Heranrücken von Industriegebieten oder anderen Gebieten mit emitierenden Anlagen zu bewahren; umgekehrt hat sich eine an emissionsintensive Gebiete heranrückende Wohnbebauung selbst, etwa durch Festsetzung der notwendigen Schutzauflagen, zu schützen;[292] der Trennungsgrundsatz ist ein Mittel zur Schonung immissionsempfindlicher Nutzungen.

§ 50 BImSchG zielt dabei generell auf die Vermeidung schädlicher Umwelteinwirkungen in den Schutzgebieten ab und ist nicht auf den Schutz vor Luftverunreinigungen oder Geräuschen beschränkt.[293] Die Regelung erstreckt sich auch auf potentiell schädliche Umwelteinwirkungen[294] und kommt beim Schutz vor Lärm bereits unterhalb der in § 41 BImSchG bezeichneten Lärmschwelle zur Anwendung.[295] Ein eigenes Schutzniveau enthält § 50 BImSchG dabei nicht. Er zielt auf die Begrenzung zumutbarer Immissionsbelastung durch Nutzungstrennung ab. Für die Bestimmung der Zumutbarkeitsgrenze können die in den Regelwerken festgesetzten Werte konkretisierend herangezogen werden. Im Bereich des Lärmschutzes gehören dazu etwa die 16. BImSchV und die 18. BImSchV, die TA-Lärm und die DIN 18005[296], im Bereich der Luftqualität die 39. BImSchV, die TA-Luft sowie die VDI-Richtlinie 2310, für Gerüche die GIRL.[297] und für elektro-magnetische Felder die 26. BImSchV.[298] Im Rahmen des § 50 BImSchG beanspruchen die darin enthaltenen Werte allerdings keine strikte Verbindlichkeit,

---

290 *Jarass*, BImSchG, § 50 Rn. 12; GK-BImSchG-*Schulze-Fielitz*, § 50 Rn. 1; *Tophoven*, in: Giesberts/Reinhardt,Umweltrecht, § 50 BImSchG, Rn. 14.
291 *Hoppe*, in: Hoppe/Bönker/Grotefels, Öffentliches Baurecht, 4. Aufl. 2010, § 7 Rn. 149.
292 *Hoppe*, ebd.
293 OVG NRW, Urt. v. 03.09.2009 – 10 D 121/07 –, NuR 2009, 801, 811; GK-BImSchG-*Schulze-Fielitz*, § 50 Rn. 97; *Jarass*, BImSchG, § 50 Rn. 16a.
294 *Storost*, in: Ule/Laubinger, BImSchG Anm. C9; *Tophoven*, in: Giesberts/Reinhardt, Umweltrecht, § 50 BImSchG Rn. 14.
295 BVerwG, Urt. v. 28.01.1999 – 4 CN 5.98 –, BVerwGE 108, 248, 253.
296 *Schink*, NVwZ 2003, 1042; *Uechtritz*, Bewertung von Lärm in der Bauleitplanung, in: FS Hoppe (Fn. 6), S. 566, 572 ff.
297 Auflistung bei *Tophoven*, in: Giesberts/Reinhardt, Umweltrecht (Fn. 32), § 50 BImSchG, Rn. 15; *Schink*, UPR 2011, 44 f.
298 *Jarass*, BImSchG, § 50 Rn. 17.

sondern bilden lediglich einen Anhaltspunkt für die Bestimmung schädlicher Umwelteinwirkungen.[299] Denn sie enthalten – abgesehen von der DIN 18005 – keine planungsbezogenen Aussagen. Wegen seines maßgeblich vorsorgenden Charakters gebietet § 50 S. 1 BImSchG im Sinne einer zukunftsorientierten Planung, schädliche Einwirkungen möglichst zu vermeiden, so dass § 50 BImSchG auch bereits unterhalb der in § 41 BImSchG bestimmten Lärmschwelle zum Tragen kommt.[300]

Mittel des Trennungsgrundsatzes ist die Zuordnung der Nutzungen, der in ganz unterschiedlicher Weise Rechnung getragen werden kann. Dabei kann Anknüpfungspunkt sowohl die störende als auch die schutzwürdige Fläche sein. Die effektivste Form ist dabei die ausreichende räumliche Trennung von miteinander nicht vereinbaren Nutzungen. Diesen Grundsatz hat die Rechtsprechung auch stets in besonderer Weise hervorgehoben und als elementares Prinzip städtebaulicher Planung bezeichnet.[301]

Eine wichtige Orientierungshilfe für die Beurteilung von Nutzungskonflikten und die Bestimmung angemessener Abstände ist der Abstandserlass Nordrhein-Westfalen,[302] der auch über NRW hinaus Bedeutung erlangt hat. Hierin sind in einer Liste Abstände für bestimmte Nutzungen zur Wohnbebauung angegeben. Diese sind unter Zugrundelegung des Standes der Technik sowie der einschlägigen Bewertungsmaßstäbe, etwa der TA-Lärm, der TA-Luft u.a. festgelegt worden. Bei Einhaltung der angegebenen Abstände kann deshalb vermutet werden, dass Gefahren, erhebliche Nachteile oder erhebliche Belästigungen durch Luftverunreinigungen und Geräusche, die durch einen bestimmungsgemäßen Betrieb der Anlage verursacht werden, nach dem Stand der Technik ver-

---

299 *Hansmann*, in: Landmann/Rohmer, Umweltrecht, § 50 BImSchG, Rn. 55; *Schulze-Fielitz*, in: GK-BImSchG, § 50 BImSchG, Rn. 118 f.
300 *Tophoven*, ebd. (Fn. 39), § 50 BImSchG, Rn. 18, unter Hinweis auf die Rspr. des BVerwG.
301 BVerwG, Beschl. v. 22.06.2006 – 4 BN 17/06.
302 Ministerium für Umwelt und Naturschutz, Landwirtschaft und Verbraucherschutz NRW, Immissionsschutz in der Bauleitplanung, Abstände zwischen Industrie- bzw. Gewerbegebieten und Wohngebieten im Rahmen der Bauleitplanung und sonstige für den Immissionsschutz bedeutsame Abstände (Abstandserlass) vom 06.06.2007, im Internet unter www.umwelt.nrw.de/umwelt/pdf/broschuere_immissionsschutz_bauleitplanung.pdf.

mieden werden.³⁰³ Der auf die Neuplanung zugeschnittene Abstandserlass ist in der Planung freilich nicht verbindlich, sondern dient lediglich als Orientierungsgrundlage.³⁰⁴ Ihm kann entnommen werden, dass bei Wahrung der in der Abstandsliste ausgewiesenen Schutzabstände die Vermutung besteht, dass es nicht zu unverträglichen Beeinträchtigungen zwischen Wohnnutzung und störender industrieller oder gewerblicher Nutzung kommt.³⁰⁵ Die Abstände können nicht pauschal und zwingend in der Bauleitplanung übernommen werden. Dies würde zu einem Abwägungsfehler führen.³⁰⁶ Die Gemeinde kann die Abstände auch unterschreiten. Sie hat dann in der Abwägung allerdings im Einzelnen darzulegen, warum eine schädliche Beeinträchtigung schutzbedürftiger Wohngebiete nicht zu erwarten ist, wie Belastungen durch besondere Schutzvorkehrungen entgegengewirkt werden oder warum von den Abständen aus konkreten städtebaulichen Gründen abgewichen werden soll.

Insbesondere bei der Überplanung von Gemengelagen beansprucht § 50 S. 1 BImSchG überdies nur eingeschränkte Bedeutung. In solchen Gebieten, also dort, wo überwiegend bebaute Gebiete mit vorhandenen oder zu erwartenden Immissionskonflikten überplant werden sollen, ist auch ein unmittelbares Nebeneinander konfligierender Nutzungen nicht schlechthin unzulässig. Das kann etwa der Fall sein, wenn sie seit längerem ohne Störungen nebeneinander betrieben werden oder eine nicht wesentlich störende Nutzung neben einem Wohngebiet oder umgekehrt ein Wohngebiet in einem vorbelasteten Gebiet zugelassen wird.³⁰⁷ Auch kann eine situationsbedingte Vorbelastung eine Rolle spielen. Die Gemeinde darf freilich nicht selbst ohne zwingenden Grund selbst die Voraussetzungen für die Berücksichtigung von Vorbelastungen dadurch schaffen, dass sie in ein erheblich vorbelastetes Gebiet ein störungsempfindliches Wohngebiet hinein plant und dieses im Wege eines Etikettenschwindels als Dorf- oder

---

303 *Stüer*, Handbuch des Bau- und Fachplanungsrechts, 5. Aufl. 2015, Rn. 634, 639.
304 *Sellner/Reidt/Ohms*, Industrieanlagen bei Industrieanlagen, 1/Rn. 285.
305 *Stüer*, Bau- und Fachplanungsrecht (Fn. 16), Rn. 603, 606.
306 Nds OVG, Urt. v. 21.07.1999 – 1 L 5203/96 –, NVwZ 1999, 1358.
307 Vgl. dazu die Übersichten bei *Battis*, in: Battis/Krautzberger/Löhr, BauGB, 13. Aufl. 2016, § 1 Rn. 111; *Schulze-Fielitz*, in: GK-BImSchG, § 50 Rn. 180 ff.

Mischgebiet ausweist.[308] Vielmehr muss sich die ausdehnende Nutzung in erster Linie nach dem Grundsatz der Priorität beschränken, und zwar gleichviel, ob es sich um die Planung eines Wohngebietes oder eines immissionsträchtigen Bereichs handelt.[309] Jedoch kann sich im Einzelfall aus einer spezifischen gegenseitigen Rücksichtnahme in Gemengelagen eine Duldungspflicht auch solcher Immissionsbelastungen ergeben, die die jeweils maßgebenden Richtwerte überschreiten. Grenzen Baugebietskategorien aneinander, die sich jeweils eindeutig einer bestimmten Baugebietskategorie der BauNVO zuordnen lassen, bedarf es der wechselseitigen Rücksichtnahme zwischen emittierender Nutzung einerseits und störungsempfindlicher Nutzung andererseits. In einem solchen Fall kann die störende Nutzung weiter eingeschränkt werden als wenn sich in der Nachbarschaft keine störungsempfindliche Nutzung befindet. Für die störungsempfindliche Nutzung gilt dies umgekehrt in gleicher Weise. Nach der sog. Mittelwertrechtsprechung konkretisiert dabei ein Mittelwert, der unter Anwendung der Nr. 6.7 TA-Lärm zwischen den jeweils für die Gebiete maßgebenden Werten gebildet wird, die maximale Duldungspflicht der von störintensiven Nutzungen betroffenen Nachbarn.[310]

Rechtlich ist das Trennungsgebot des § 50 BImSchG nicht bindend. Vielmehr handelt es sich nach ganz überwiegend vertretener Auffassung um ein sog. Optimierungsgebot[311] und damit um ein relatives Gebot, das zwar eine möglichst weitgehende Beach-

---

308 BVerwG, Beschl. v. 22.06.2006 – 4 BN 17/06 –, BeckRS 2003 21198.
309 *Tophoven*, in: Giesberts/Reinhardt, Umweltrecht, § 50 BImSchG, Rn. 20 mit Rechtsprechungsnachweisen.
310 BVerwG, Urt. v. 28.09.1998 – 4 B 151.93 –, NVwZ-RR 1994, 139; Bay VGH, Urt. v. 25.11.2002 – 1 B 97/1352 –, NVwZ-RR 2004, 20; Nds OVG, Urt. v. 21.10.2004 – 7 LB 54/02 –, BauR 2004, 1419; BaWü VGH, Urt. v. 23.03.2002 – 10 S 1502/01 –, NVwZ 2003, 365; OVG Berlin, Urt. v. 18.07.2001 – 2 S 1/01 –, NVwZ-RR 2001, 722. Ausführlich: GK-BImSchG-*Schulze-Fielitz*, § 50, Rn. 167 ff.; *Sellner/Reidt/Ohms*, Immissionsschutz und Industrieanlagen, Rn. 85.
311 BVerwG, Urt. v. 22.03.1985 – 4 C 73.82 –, BVerwGE 71, 163, 165; Urt. v. 28.01.1998 – 4 CN 5.98 –, NuR 2000, 445; Bay VGH, Beschl. V. 05.03.2001 – 8 CB00.3490 –, NuR 2001, 465, 467; GK-BImSchG-*Schulze-Fielitz*, § 50 BImSchG, Rn. 47 ff.; 145 ff.; *Jarass*, BImSchG, § 50 Rn. 19; *Tophoven*, in: Giesberts/Reinhard, Umweltrecht, § 50, Rn. 23 ff.; *Hoppe*, in: Hoppe/Bönker/Grotefels, ÖffBauR, § 7, Rn. 149; *Schink*, NVwZ 2003, 1041. Anders: *Reidt*, Verkehrslärm und Bauleitplanung, in: Mitschang (Hrsg.), Lärmschutz, S. 171, 174 f.: schlichte Abwägungsdirektive.

tung findet, im Konflikt mit anderen Belangen von erheblichem Gewicht jedoch zumindest teilweise zurücktreten kann. Das BVerwG hat es in seiner neueren Rechtsprechung als Abwägungsdirektive bezeichnet, die bei der vorzunehmenden Abwägung weitgehend zu beachten ist.[312] Damit kommt dem Schutz empfindlicher Nutzungen durch Trennung von störenden Nutzungen zwar kein abstrakter[313], sondern lediglich ein Gewichtungsvorrang zu mit der Folge, dass eine Zurückstellung dieser Belange einer besonderen Rechtfertigung bedarf.[314] Vom Trennungsgrundsatz können damit durchaus Abstriche gemacht werden. Entscheidend dafür ist letztlich, dass die Entscheidung in der Abwägung auf plausiblen und nachvollziehbaren Erwägungen beruht. Der Schutz, den § 50 BImSchG intendiert, muss dabei im Ergebnis nicht immer durch Trennung,[315] sondern kann auch durch andere Möglichkeiten, wie die Gestaltung oder Gliederung von Baugebieten oder Schutzfestsetzungen (z. B. Schalleistungspegel oder Festsetzungen zum aktiven oder passiven Lärmschutz) bewirkt werden.[316] Entscheidend sind die jeweiligen Gegebenheiten der örtlichen Planung. In die Planbegründung ist anzugeben, wie den jeweiligen Belangen Rechnung getragen wurde.[317]

Insbesondere in Gemengelagen kommt dem Trennungsgrundsatz nach alledem nur eine eingeschränkte Bedeutung zu. Hier ist vor allem von Bedeutung, das jeweilige Schutzniveau zu erreichen. Dies wird gerade beim gewachsenen Nebeneinander konfligierender Nutzungen eher durch Schutzanordnungen und andere planerische Maßnahmen im Baugebiet, denn durch Nutzungs-

---

312 BVerwG, Urt. v. 05.12.2008 – 9 B 29/08 –, BeckRS 2009, 32021; Urt. v. 22.03.2007 – 4 CN 2.06 –, BVerwGE 128, 238; Urt. v. 28.01.1999 – 4 CN 5.98 –, BVerwGE 108, 48; HessVGH, Urt. v. 21.02.2008 – 4 N 869/07 –, NVwZ-RR 2008, 446 ff. Dazu auch *Grüner*, Störfallschutz und Immissionsschutz in der Bauleitplanung, UPR 2014, 161.
313 So mit Recht *Reidt*, ebd.
314 BVerwG, Urt. v. 22.03.1985 – 4 C 73.82 –, BVerwGE 71, 163; Urt. v. 28.01.1999 – 4 CN 5.98 –, BVerwGE 108, 248; Urt. v. 07.07.2004 – 4 BN 16/04 –, BeckRS 2004, 23937.
315 Zu den Möglichkeiten und Risiken einer Standortverlagerung von Gewerbebetrieben: *Reidt/Augustin*, BauR 2016, 763 ff.
316 So mit Recht *Sellner/Reidt/Ohms*, Immissionsschutz und Industrieanlagen, 1 Rn. 285.
317 Näher: *Schulze-Fielitz*, in: GK-BImSchG, § 50 Rn. 215 ff.

trennung erreicht werden können.[318] Hinzuweisen ist auch darauf, dass eine strikte Handhabung des Trennungsprinzips eine Freiflächeninanspruchnahme fördert und damit dem Grundsatz des sparsamen Umgangs mit Grund und Boden, auf den § 1a Abs. 2 BauGB die Bauleitplanung verpflichtet,[319] widerspricht. Konflikte aus der Unverträglichkeit von Nutzungen entstehen nämlich umso weniger je eher auf der grünen Wiese geplant und damit Abstände von konfligierenden Nutzungen gewahrt werden können. Auch vor diesem Hintergrund ist der Trennungsgrundsatz zu modifizieren. Angesichts des ungebremsten Freiflächenverbrauchs und der (Selbst-)Verpflichtung von Bund und Ländern, den Freiflächenverbrauch drastisch zu reduzieren, bedarf es einer situationsangemessen Einzelbetrachtung, in die sowohl der Belang flächenschonenden Planens und Bauens als auch der Schutzbedarf empfindlicher Nutzungen einzubeziehen sind. Ähnliches gilt für das Verhältnis von Straßenlärm und schutzempfindlicher Wohnnutzung. Angesichts dessen, dass heute 50 % des städtischen Verkehrs Freizeitlärm ist, der durch eine Mischung von Wohnen und Arbeiten nicht vermieden würde,[320] muss er auch insoweit relativiert werden. Auch dem Belang der Verkehrsentwicklung kann ein gleicher Rang wie dem Trennungsgrundsatz eingeräumt werden, wenn dies situationsangemessen ist.[321]

Auch das BVerwG hat inzwischen den Trennungsgrundsatz gerade in Gemengelagen stark relativiert: Die Stadt Dortmund hatte auf einer großen, praktisch auf allen Seiten von Freiflächen umgebenen Freifläche ein Wohngebiet geplant. Dabei hatte sie weitgehend auf aktiven Lärmschutz verzichtet und stattdessen Vorgaben für passiven Schallschutz durch eine Kombination von passivem Schallschutz (schallschützende Außenbauteile), Stellung und Gestaltung von Gebäuden sowie Anordnung der Wohn- und Schlafräume gemacht. An den Gebietsrändern wurden die Orientierungswerte der DIN 18005 z.T. deutlich, nämlich um mehr als 10 dB(A) überschritten. Während das OVG NRW diese Planung noch als schlechthin unzulässiges Abwägungsergebnis bezeichne-

---

318 *Schink*, NVwZ 2003, 1041.
319 Dazu eingehend *Schink*, DVBl. 2000, 221 ff.; *ders.*, UPR 2016, 166 ff.
320 Bundesforschungsanstalt für Landeskunde und Raumentwicklung, Nachhaltige Stadtentwicklung, 1996 = BT-Drucks. 13/5490
321 Zum Vorstehenden schon *Schink*, NVwZ 2003, 1041.

te, hat das Bundesverwaltungsgericht sie angesichts der von der Gemeinde angeführten städtebaulichen Gründe bestätigt. Hingewiesen hat es darauf, dass der sparsame Umgang mit Grund und Boden in einer Region mit hoher Siedlungsdichte, das Interesse, einen vorhandenen Ortsteil zu erweitern und nachzuverdichten, um so dessen Infrastruktur (ÖPNV, soziale Einrichtungen) besser nutzen zu können, das Interesse, eine Abwanderung der Bevölkerung in das Umland zu stoppen, und das Ziel der Gemeinde, für die Wohnnutzung erworbene Grundstücke zu verwerten, eine Abwägungsentscheidung tragen kann, die sich unter Inkaufnahme von Überschreitungen der Lärmrichtwerte über das Trennungsgebot hinwegsetzt[322].

Der Grundsatz der Konfliktbewältigung verlangt im Übrigen nicht, dass die Gemeinde im Bauleitplanverfahren die Immissionskonflikte und damit die Anforderungen des Trennungsgebotes abschließend abarbeitet. Sie muss nach dem Gebot planerischer Konfliktbewältigung zwar grundsätzlich die durch den Bebauungsplan aufgeworfenen Konflikte durch den Bebauungsplan selbst lösen.[323] Allerdings ist eine Verlagerung der immissionsschutzrechtlichen Konflikte in das immissionsschutzrechtliche Zulassungsverfahren, das gerade der Bewältigung der Immissionsprobleme dient, grundsätzlich statthaft.[324] Nach der Rechtsprechung des BVerwG setzt ein solcher Konflikttransfer allerdings voraus, dass der in das immissionsschutzrechtliche Zulassungsverfahren verlagerte Konflikt dort bei vorausschauender Betrach-

---

322 BVerwG, Urt. v. 22.03.2007 – 4 CN 2.06 –, BVerwGE 128, 238. Zu dieser Entscheidung: *Paetow*, Lärmschutz in der aktuellen höchstrichterlichen Rechtsprechung, in: Dokumentation zur 33. wissenschaftlichen Fachtagung der Gesellschaft für Umweltrecht, 2010, S. 71, 88 f. = NVwZ 2010, 1184, 1189; *Rojahn*, Lärmschutzbezogene Normen und Richtlinien in der Bauleitplanung – Aktuelle Rechtsprechung der Bundesverwaltungsgerichts, in: *Mitschang* (Hrsg.), Lärmschutz, S. 63, 81 f.; *Söfker*, Anforderungen an die Überplanung von Gemengelagen, das., S. 85, 89. Kritisch: *Fickert/Fieseler*, BauNVO, 11. Aufl. 2008, Tz. 2.6 zu § 4. Vgl. weiter BVerwG, Beschl. v. 19.08.2015 – 4 BN 24.15 –, ZfBR 2015, 784 Rn. 4; Beschl. v. 17.02.2010 – 4 BN 59.09 –, BauR 2010, 1180 Rn. 4.
323 BVerwG, Urt. v. 16.04.1971 – IV C 66.67 –, BRS 24 Nr. 166.
324 BVerwG, Urt. v. 17.04.1994 – 4 NB 25.94 –, DVBl. 1994, 1152; Urt. v. 28.08.1987 – 4 N 1.86 –, DVBl 1988, 1273 ff.; Urt. v. 11.03.1988 – 4 C 56.84 –, DVBl 1988, 845, 847; *Hoppe*, in: Hoppe/Bönker/Grotefels, ÖffBauR § 7 Rn. 143; *Koch*, in: Koch/Hendler, Baurecht, Raumordnungs- und Landesplanungsrecht, 6. Aufl. 2015, § 17 Rn. 53.

tung sachgerecht gelöst werden kann; dies muss die Gemeinde im Bauleitplanverfahren prüfen. Tut sie dies nicht, leidet die planerische Abwägung an einem Mangel, der die Planung rechtswidrig macht.[325]

Der Einfluss des Immissionsschutzrechts auf die städtebauliche Planung ist dennoch erheblich, da das Trennungsprinzip und die Beachtung der immissionsschutzrechtlichen Lärmgrenzwerte erhebliche Bedeutung für die Zuordnung von empfindlichen Nutzungen (Wohnnutzung) zu emittierenden Nutzungen haben (Lage und Abstand von Straßen und GI-Gebieten zur Wohnbebauung, Abstände von Windenergieanlagen). Zur heutigen durch Nutzungstrennung gekennzeichnete Nutzungsstruktur unserer Städte hat ganz wesentlich auch das Trennungsprinzip des § 50 Abs. 1 BImSchG beigetragen. Die nach dem Trennungsprinzip sowie den zu beachtenden Lärmgrenzwertes in der städtebaulichen Planung zu beachtenden rechtlichen Grenzen bzw. Orientierungswerte führen bei der Umsetzung des städtebaulichen Ziels der Innenentwicklung und Verdichtung nicht selten zu erheblichen Problemen, da die immissionsschutzrechtlichen Lärmgrenzwerte eine planerische Festsetzung von empfindlicher Wohnnutzung wegen der Verlärmung durch Verkehrsanlagen nicht zulassen.

Ob das in die Diskussion gebrachte „Urbane Gebiet"[326] diese Problematik auflösen kann, ist unsicher.[327] Hiernach wird zwar eine stärkere Verdichtung der Bebauung möglich; ob dies mit der Anhebung des Lärmschutzstandards für Wohnbebauung auf das Ni-

---

325 BVerwG, Beschl. v. 16.03.2010 – 4 BN 66.09 –, NVwZ 2010, 1246 = ZUR 2010, 315, 316 = NWVBl 2010, 424, 426 f.; OVG NW, Urt. V. 03.09.2009 – 10 D 121/07.DE –, DVBl 2009, 1385 = ZUR 2009, 597, 600 f. mit Anm. *Klinger, das.*, 602 ff., *Versteyl*, NuR 2009, 819 f.; *Goppel*, DVBl 2009, 1592 ff. Dazu auch *Koch/Braun*, NVwZ 2010, 1271, 1274 f.

326 Der Referentenentwurf zur Änderung des Städtebaurechts (Entwurf eines Gesetzes zur Umsetzung der Richtlinie 2014/52/EU im Städtebaurecht und zur Stärkung des neuen Zusammenlebens in der Stadt) – Stand: 02.08.2016 – sieht vor, in § 6a BauNVO die neue Kategorie der „Urbanen Gebiete" einzuführen. Diese sollen dem Wohnen sowie der Unterbringung von Gewerbebetrieben und sozialen, kulturellen und anderen Einrichtungen dienen, die die Wohnnutzung nicht wesentlich stören. Planerisch soll damit die „nutzungsgemischte Stadt der kurzen Wege" verwirklicht werden können (Begr. S. 53). Eine entsprechende Anpassung der TA Lärm ist vorgesehen.

327 Kritisch dazu: *Schmidt-Eichstaedt*, DVBl 2016, 950 ff.

veau von Mischgebieten gelingen wird,[328] bleibt abzuwarten. Eine wesentliche Verbreiterung der planerischen Möglichkeiten dürfte kaum eintreten, da die Rechtsprechung heute schon in Gemengelagen eine Überschreitung von Lärmorientierungswerten aus städtebaulichen Gründen zulässt.[329]

2. Störfallproblematik

Die 1998 eingefügte Regelung des § 50 S. 1, 2. Alt. BImSchG zielt darauf ab, Gefahren, die durch schwere Unfälle in Betriebsbereichen verursacht werden können, nicht zu erhöhen.[330] Die Regelung wirkt dabei in zweierlei Richtung: Zum einen soll sie verhindern, dass die Gefahren schwerer Unfälle für die geschützten Objekte durch raumbedeutsame Planungen und Maßnahmen erhöht werden, die solche Betriebsbereiche ermöglichen; zum anderen zielt sie darauf ab, dass schutzwürdige Objekte nicht durch raumbedeutsame Planungen und Maßnahmen in Gefahrbereichen ermöglicht werden.[331]

§ 50 S. 1, 2. Alt. BImSchG diente ursprünglich der Umsetzung des Art. 12 Abs. 1 S. 1 Seveso-II-RL. Diese Bestimmung entspricht im Wesentlichen Art. 13 Abs. 1 S. 1 Seveso-III-RL. Hiernach sorgen die Mitgliedstaaten dafür, dass in ihren Politiken der Flächenausweisung oder Flächennutzung oder anderen einschlägigen Politiken das Ziel, schwere Unfälle zu verhüten und ihre Folgen für die menschliche Gesundheit und die Umwelt zu begrenzen, Berücksichtigung findet. Die Mitgliedstaaten überwachen hierzu nach Art. 13 Abs. 1 S. 2 der Seveso-RL-III
- Die Ansiedlung neuer Betriebe und
- neue Entwicklungen in der Nachbarschaft von Betrieben, einschließlich Verkehrswegen, öffentlich genutzten Örtlichkeiten und Wohngebieten, wenn diese Ansiedlungen oder Entwicklungen Ursache von schweren Unfällen sein oder das Risiko eines schweren Unfalls vergrößern oder die Folgen eines solchen Unfalls verschlimmern können.

---

328 So der Vorschlag zur Änderung der TA Lärm.
329 Dazu BVerwG, Urt. v. 22. 03. 2007 – 4 CN 2.06 –, BVerwGE 128, 238.
330 *Jarass*, BImSchG, § 50 Rn. 24.
331 *Jarass*, BImSchG, § 50 Rn. 24.

Art. 13 Abs. 2 Seveso-III-RL verpflichtet die Mitgliedstaaten weiter dazu, langfristig dafür Sorge zu tragen, dass
- Zwischen den gefährdenden Betrieben, die unter die Seveso-III-RL fallen und den schutzwürdigen Nutzungen, wie Wohngebieten, Hauptverkehrsstraßen u.a. ein angemessener Sicherheitsabstand gewahrt bleibt
- unter dem Gesichtspunkt des Naturschutzes besonders wertvolle bzw. empfindliche Gebiete in der Nachbarschaft von Betrieben durch Abstände oder andere Maßnahmen geschützt werden und
- bei bestehenden Betrieben zusätzliche Maßnahmen nach Art. 5 getroffen werden, damit es zu keiner Zunahme der Gefährdung der menschlichen Gesundheit oder der Umwelt kommt.

Die Seveso-III-RL verfolgt damit ein duales Konzept, um die Ursachen für schwere Unfälle zu verhüten und deren Auswirkungen zu begrenzen: Sie richtet sich zum einen an die Planungsebene und zum anderen an die Betreiber von Anlagen. Letztere sind verpflichtet, alle notwendigen Maßnahmen zur Unfallverhütung und Folgenbegrenzung zu treffen.[332] Damit enthält die Seveso-III-RL sowohl Vorgaben für die Planungsebene als auch solche für Betreiberpflichten: Planungsrechtlich soll eine Gefahr oder Gefahrerhöhung durch einen angemessenen Sicherheitsabstand verwirklicht werden; die Anlagenbetreiber sind demgegenüber nach Art. 5 Seveso-III-RL verpflichtet, zum Unfallschutz technische Maßnahmen an ihrer Anlage oder innerhalb des Betriebsbereichs zu verwirklichen.[333] Zwischen diesen beiden Regelungszielen ist strikt zu trennen.

Anwendung findet die Bestimmung des § 50 S. 1 BImSchG dann, wenn von schweren Unfällen in einem Betriebsbereich im Sinne des § 3 Abs. 5 a BImSchG Auswirkungen auf Wohngebiete bzw. Verkehrsanlagen ausgehen können. Voraussetzung ist danach, dass die Auswirkungen schwerer Unfälle von einem Betriebsbereich ausgehen können.[334] Betriebsbereiche sind nach der Legaldefini-

---
332 Zu dieser Differenzierung: *Wasielewski*, I+E 2015, 145, 146.
333 *Wasielewski*, I+E 2015, 145, 147.
334 *Jarass*, BImSchG, 11. Aufl. 2015, § 50 Rn. 25 a; *Schulze-Fielitz*, in: Führ, GK-BImSchG, 2016, Rn. 46.

tion im § 3 Abs. 5a BImSchG unter der Aufsicht eines Betreibers stehende Bereiche einer oder mehrerer Anlagen, in denen gefährliche Stoffe vorhanden sind. Weiter darf keine Ausnahme vorliegen. Voraussetzung für einen Betriebsbereich ist, dass ein Betreiber vorhanden ist, der die Aufsicht über den Betrieb führt; hierfür ist ein organisatorischer Zusammenhang erforderlich.[335] Weiter wird ein betriebstechnischer Zusammenhang verlangt.[336]

§ 50 S. 1, 2. Alt. BImSchG betrifft ausschließlich die planerische Komponente des Störfallrechts. Nach ganz überwiegender Auffassung wird auch diese Regelung als Abwägungsdirektive mit hohem Gewicht verstanden; die Aspekte des Gefahrenschutzes sind in die planerische Abwägung einzustellen.[337] Die gegenteilige Auffassung nimmt an, dass es sich um einen zwingenden Rechtssatz handelt, der einer Abwägung nicht zugänglich ist.[338] Dem ist nicht zu folgen. Insbesondere ergibt sich dies nicht aus einer EU-rechts-konformen Auslegung, denn Art. 13 Seveso-III-RL verlangt nur eine Berücksichtigung und stellt von seinem Wesen her ein Langfristziel dar.[339] Nach der Mücksch-Rechtsprechung des EuGH müssen die Risiken „gebührend gewürdigt" werden.[340]

Nach der Rechtsprechung des BVerwG folgt aus der Gebot zur Berücksichtigung des Abstandsgebots der SEVESO-III-Richtlinie im Rahmen der Abwägung keine Verpflichtung, bei der Wahl zwischen mehreren Alternativstandorten denjenigen auszuwählen und festzulegen, bei dem das Unfallrisiko so weit wie möglich begrenzt wird.[341] Insbesondere die sich aus dem Störfallrecht ergebenden Abstände müssen nicht stets eingehalten werden. Zwar sind ausreichende Abstände in der Regel das Mittel, mit dem die Auswirkungen schwerer Unfälle so weit wie möglich beschränkt

---

335 *Jarass* a.a.O., § 3 Rn. 88; *Sellner/Reidt/Ohms*, Immissionsschutz und Industrieanlagen, 1 Rn. 29.
336 *Kotulla*, in: Kotulla, BImSchG, § 3 Rn. 88; *Thiel*, in Landmann/Rohmer, Umweltrecht, § BImSchG Rn. 100; *Jarass*, § 3BImSchG Rn. 88.
337 Hess VGH, Beschl. v. 19.03.2012 – 9 B 1916/11 –, juris Rn. 89; OVG NRW, NuR 2009, 807; *Wasielewski*, I+E 2015, 145, 147; *Jarass*, BImSchG, § 50 Rn. 27; *Schoen*, in: Landmann/Rohmer, Umweltrecht, § 50 Rn. 44; *Hendler*, DVBl 2012, 535.
338 *Mager*, in: Kotulla, BImSchG, § 50 Rn. 52; *Grüner*, Planerischer Störfallschutz, 2010, S. 198 f.; *Berkemann*, ZfBR 2010, 18, 28.
339 *Wasielewski*, I+E 2015, 145, 147.
340 EuGH, Urt. v. 15.09.2011 – Rs. 53/10 –, Slg. 2011, I-8311 Rn. 53.
341 BVerwG, v. 16.01.2013 – 1 B 15/10 –, ZfBR 2013, 363 = juris Rn. 12 ff.

werden.³⁴² Alternativ hierzu ist es jedoch auch möglich, geeignete technische Schutz- und Minderungsmaßnahmen vorzusehen; Abständen kommt kein genereller Vorrang vor technischen Maßnahmen zu.³⁴³ In der planerischen Abwägung ist darüber zu entscheiden, welche Maßnahmen zur Abwehr von Gefahren aus Störfallbetrieben getroffen werden sollen.³⁴⁴ Diese sind nach § 50 S. 1 BImSchG so weit wie möglich abzuwehren. Die Gesichtspunkte, die bei Störfallbetrieben in der Nähe einer gefährdeten Nutzung von Bedeutung sind, müssen in der planerischen Abwägung Berücksichtigung finden. Dabei ist eine Zurückstellung dieser Belange nur möglich, wenn die Planung durch entgegenstehende Belange mit hohem Gewicht geboten ist.³⁴⁵ Dabei ist es sicherlich sinnvoll, wenn sich die planende Stelle am Leitfaden der Kommission für Anlagensicherheit (KAS 18) zur Konkretisierung des „angemessenen Sicherheitsabstandes" orientiert. Dieser Leitfaden, der rechtlich nicht verbindlich ist, stellt eine geeignete Grundlage zur Bewertung der von § 50 S. 2 BImSchG geforderten Flächenabstände dar.³⁴⁶

Demgegenüber sind die Anforderungen aus der Seveso-RL für die Zulassung von Einzelvorhaben strenger. Nach der Rspr. des EuGH gilt das Abstandsgebot auch bei der Erteilung einer gebundenen Baugenehmigung. Allerdings gebietet die Regelung nicht, alle Genehmigungen abzulehnen, die den geforderten angemessenen Abstand nicht einhalten; es gelte kein striktes Verschlechterungsgebot. Allerdings müssten, wenn dennoch genehmigt werde, die Risiken in der Genehmigungsentscheidung gebührend gewürdigt werden.³⁴⁷ Das BVerwG hat daraufhin im Urt. v. 20.12. 2012³⁴⁸ betont, dass der Begriff „angemessener Abstand" als unbe-

---

342 *Jarass*, § 50 BImSchG, Rn. 26.
343 BVerwG, ZfBR 2014, 495 Rn. 10 f.; *Jarass*, § 50 BimSchG, Rn. 26.
344 Instruktiv zu den Möglichkeiten der planerischen Steuerung der städtebaulichen Entwicklung in der Bauleitplanung im Umfeld von Störfallbetrieben: *Uechtritz/Farsbotter*, BauR 2015, 1919 ff., BauR 2016, 48 ff.
345 BVerwGE 125, 116 Rn. 164; 143, 24 Rn. 29.
346 Hess VGH, Urt. v. 11.02.2015 – 4 A 654/13 –, juris; Urt. v. 26.03.2015 – 4 C 1566/12.N –, iuris; OVG NRW, NuR 2009, 809 ff.; Bay VGH, UPR 2007, 154; ; *Jarass*, BImSchG, § 50 Rn. 29; *Moench/Hennig*, DVBl. 2009, 810 ff.; *Reidt*, BauR 2012, 1191 ff.; *Wasielewski*, I+E 2015, 145, 150.
347 EuGH, Urt. v. 15.09.2011.
348 – 4 C 11/11 –, NVwZ 2013, 719.

stimmter Rechtsbegriff anhand störfall-spezifischer technischer Merkmale bestimmbar und voll überprüfbar sei. Die Richtlinie gestatte es, den angemessenen Abstand zu unterschreiten, wenn im Einzelfall hinreichend gewichtige nicht störfallspezifische Belange (sozioökonomische Faktoren) für die Zulassung des Vorhabens streiten. Ein eventueller Planungsausfall könne in gebundenen Verfahren durch eine nachvollziehende Abwägung kompensiert werden. Dabei sei Anknüpfungspunkt das „Rücksichtnahmegebot", das im Rahmen des „Einfügens" i.S.d. § 34 BauGB bei der Beurteilung des Vorhabens von Bedeutung sei. Ein Vorhaben könne auf dieser Grundlage allerdings dann nicht zugelassen werden, wenn es wegen der im Einzelnen zu berücksichtigenden Faktoren einen Koordinierungsbedarf auslöse, der nur durch eine Planungsentscheidung bewältigt werden könne.

3. Verkehrslärmschutz

Berkemann hat dem Lärmschutz kürzlich ein vernichtendes Zeugnis erteilt:[349] Die Lärmwirkungsforschung sei defizitär; ein empirisch gesichertes Wissen über die Gesundheitsgefahren durch Lärmeinwirkungen gebe es nicht. Der Gesetzgeber habe insbesondere bislang seiner aus der Wesentlichkeitstheorie und den grundrechtlichen Schutzpflichten folgenden Verpflichtung zur umfassenden Regelung des Lärmschutzes und hier insbesondere des Gesundheitsschutzes vor Lärm nicht Rechnung getragen, sondern lediglich sektorale Regelungen, etwa im Fluglärmgesetz erlassen.[350] Er zeige sich desinteressiert und tue nichts.[351] Es fehle an einem wirklichen politischen Durchsetzungswillen. Das gelte insbesondere für die Lärmsanierung – vor allem aus Kostengesichtspunkten.[352] Teilweise – so bei der Aufstellung von Lärmaktionsplänen – könne von einer „konsensualen", zwischen Kommunen, Kommunalaufsicht und Ländern bestehenden Rechtsverweigerung gesprochen werden.[353]

---

349 *Berkemann*, ZUR 2016, 515.
350 *Berkemann*, ZUR 2016, 516 f.
351 *Berkemann*, ZUR 2016, 516 f.
352 *Berkemann*, ZUR 2016, 518.
353 *Berkemann*, ZUR 2016, 518.

Positiv zu bewerten ist sicherlich, dass der Schienenbonus, der die Lärmentwicklung bei Schienenwegen gegenüber dem Straßenverkehrslärm durch einen Korrekturabschlag von 5 dB(A) privilegiert hatte,[354] inzwischen mit Wirkung ab dem 01.01.2019 durch § 43 Abs. 2 S. 1 BImSchG aufgehoben worden ist; tragen der Bund oder der Vorhabenträger die Mehrkosten, kann von seiner Anwendung bereits ab dem 01.01.2015 freiwillig abgesehen werden (§ 43 Abs. 2 S. 3 BImSchG).[355] Das BVerwG hat im Übrigen inzwischen anerkannt, dass aus Anlass einer eisenbahnrechtlichen Planfeststellung zur Bewältigung der vom Vorhaben und dessen betriebsbedingten Auswirkungen aufgeworfenen Konflikte betriebsregelnde Anordnungen getroffen werden können.[356]

Die im Verkehrslärmschutz allerdings nach wie vorhandenen vor erheblichen Probleme lassen sich wie folgt charakterisieren:[357]

– Dem Grundansatz des Immissionsschutzrechts widerspricht es, dass sich der Verkehrslärmschutz in segmentierter Betrachtung nur am Verkehrslärm von einzelnen Straßen, Schienen oder Flugrouten,[358] nicht jedoch an der Gesamtlärmbelastung orientiert, die alle Lärmquellen, auch die aus Gewerbe und Freizeit mit einbezieht.[359]

– Die Maßnahmen zur Verkehrslärmminderung richten sich primär an den Neubau oder die wesentliche Veränderung von Stra-

---

354 Zur Zulässigkeit: BVerwG, Urt. v. 18.03.1998 – 11 A 55/96 –, BVerwGE 106, 241, 247 ff.; Urt. v. 11.02.2003 – 9 B 8/07 –, juris Rn. 18; Urt. v. 21.12.2010 – 7 A 14/09 –, NVwZ 2011, 676 Rn. 52;
355 Dazu: *Schulze-Fielitz*, in: Führ, GK-BImSchG, § 43 Rn. 58; *Bracher*, in: Landmann/Rohmer, BImSchG, § 43 Rn. 6; *Jarass*, § 43 BImSchG Rn. 6. Überblick zum Lärmschutz gegen Anlagen der DB bei *Metzler*, UPR 2016, 440.
356 BVerwG, Urt. v. 21.11.2013 – 7 A 28/12 u.a. –, DVBl 2014, 530 = UPR 2014, 192 = NVwZ 2014, 730 = m. Anm. *Stüer*, DVBl 2014, 525; *Vallendar*, UPR 2014, 241; BVerwG, Urt. v. 17.11.2016 – 3 C 5/15 –, juris.
357 Zum Folgenden: *Schulze-Fielitz*, FS Koch, 2014, 463 ff.
358 Dazu: BVerwG, Urt. v. 21.03.1996 – 4 C 9.95 –, BVerwGE 101, 1 ff.; Urt. v. 03.03.1999 – 11 A 9/97 –, NVwZ-RR 1999, 720; Urt. v. 23.02.2005 – 4 A 5.04 –, BVerwGE 123, 23, 33 ff.; Ausnahme: Änderungen an einem vorhandenen Verkehrsweg sind notwendige Folgemaßnahme einer Neubaumaßnahme, die eine Lärmquelle schafft und die vorhandene, die damit in engem räumlichen Zusammenhang steht, wesentlich verschärft, BVerwG, Urt. v. 19.03.2014 – 7 A 24.12 –, Rn. 26. Zum Ganzen *Storost*, UPR 2015, 121, 124.
359 *Schulze-Fielitz*, FS Koch463, 464f. ; *Berkemann*, ZUR 2016, 521; *Storost*, UPR 2015, 121; *Michler*, in: Mitschang, Aktuelle fach- und Rechtsfragen des Lärmschutzes, 2009, S. 185 ff.

ßen- und Schienenwegen, nicht aber am tatsächlichen Wachstum von Verkehr aufgrund höheren Verkehrsaufkommens aus. Der Lärmschutz orientiert sich deshalb nicht primär am Ausmaß der Lärmbelastung betroffener Wohngebiete, sondern lässt Lärmbelastungen als Folge der Verkehrszunahme schutzlos.
- Die Orientierung des Verkehrslärmschutzes an Baumaßnahmen und die sektorale Betrachtung haben zur Folge, dass eine Vielzahl von Kompetenzträgern unabgestimmt nebeneinander agieren; eine abgestimmte Bündelung von Lärmschutzmaßnahmen findet nicht statt. Folge ist auch eine fiskalische Aufsplittung, bei der jeder Kompetenzträger nur die ihm gesetzlich aufgegebene Maßnahme finanziert.
- Auch bei Überschreitung der „grundrechtlichen Zumutbarkeitsschwelle" (Gesundheitsgefährdung) von 70 dB(A) tags/ 60 dB(A) nachts als Zunahme des Verkehrs ohne bauliche Veränderung[360] sieht das Immissionsschutzrecht keine Regelungsmöglichkeiten vor; eine Reaktion ist nur über verkehrsbeschränkende Maßnahmen nach § 45 StVO[361] möglich,[362] die in der Praxis jedoch keine große Rolle spielen.
- Eine gesetzliche Verpflichtung zur Lärmsanierung fehlt.[363] Die freiwilligen Maßnahmen legen unterschiedliche Werte zugrunde – Bund: 67 dB(A) tags/57 dB(A) nachts in besonders schutzwürdigen Wohngebieten, 69 dB(A) tags/59 dB(A) nachts in Kern-, Dorf- und Mischgebieten; NRW: einheitlich 70 dB(A) tags/ 60 dB(A) nachts.
- Die Lärmsanierung ist unterfinanziert – 50 Mio. € jährlich auf der Bundesebene bei einem Gesamtaufwand von mindestens 1 Mrd. € und Gesamtkosten der Umsetzung der UmgebungslärmRL bei Sanierungswerten von 66 dB(A) tags/56 dB(A) nachts

---

360 Dazu BVerwG, Urt. v. 21. 03. 1996 – 4 C 9.95 –, BVerwGE 101, 1 ff.; Urt. v. 23. 02. 2005 – 4 A 5.04 –, BVerwGE 123, 23, 35; *Storost*, UPR 2015, 124.
361 Hierzu auch *Berkemann*, ZUR 2016, 520.
362 Diese Werte, bei deren Überschreitung eine Lärmbelastung unzumutbar ist, beanspruchen auch im Rahmen des § 45 StVO Geltung, BVerwGE 130, 383 Rn. 33; *Berkemann*, ZUR 2016, 520. Zum Rechtsanspruch nachteilig Betroffener: BVerwGE 129, 296; Jarass, BImSchG, § 45 Rn. 23.
363 Dazu: *Berkemann*, ZUR 2016, 522.

von 2,66 Mrd. € – Finanzierung bei Ländern und Kommunen fraglich.[364]

4. Luftreinhalteplanung

Die Luftreinhalteplanung nach § 47 BImSchG ist prinzipiell ein geeignetes Instrument zur Reduzierung von Luftschadstoffen in der Fläche. Sie zielt darauf ab, Emittenten zu einer verursachergerechten Reduzierung der Belastung der Luft mit Schadstoffen wie Feinstaub und NO_2 nach dem Maßstab der Verhältnismäßigkeit zu verpflichten.[365] Die im Luftreinhalteplan festgesetzten Maßnahmen sind für emittierende Anlagen verbindlich und über nachträgliche Anordnungen nach § 17 BImSchG umzusetzen; in der (städtebaulichen) Planung sind die festgesetzten Maßnahmen in der planerischen Abwägung zu berücksichtigen (§ 47 Abs. 6 BImSchG).

a) Rechtliche Anforderungen an die Luftreinhalteplanung

Die Aufstellung eines Luftreinhalteplanes stellt eine planerische Prognoseentscheidung dar.[366] Das BVerwG hat diese Auffassung der Obergerichte bestätigt.[367] Weiter ist zu berücksichtigen, dass § 47 Abs. 4 BImSchG verlangt, die Maßnahmen entsprechend des Verursacheranteils unter Beachtung des Grundsatzes der Verhältnismäßigkeit gegen alle Emittenten zu richten, die zum Überschreiten der Immissionswerte beitragen. Nach der Rechtsprechung ergeben sich aus dieser Systematik für die Aufstellung eines Luftreinhalteplanes folgende grundsätzlichen Anforderungen:

---

364 *Schulze-Fielitz*, FS Koch, 463, 466. Zum Finanzierungsaufwand für die Umsetzung der Lärmaktionsplanung noch unter 5. zu Fn. 408.
365 Ausführlich zum Instrument: *Zeissler*, Quellenunabhängiges EU-Luftqualitätsrecht und die Genehmigung und Überwachung des Betriebs von Anlagen im Sinne des Bundes-Immissionsschutzgesetzes, 2014, S. 215 ff.
366 OVG NRW, Beschl. v. 25.01.2011 – 8 A 2751/09 –, URP 2011, 192, 192 f. = ZUR 2011, 199, 199 f. Dem folgend: Nds OVG, Urt. v. 12.05.2011 – 12 LC 143/09 –, S. 16 f.
367 BVerwG, Beschl. v. 11.07.2012 – 3 B 78/11 –, NVwZ 2012, 1175 = ZUR 2012, 552 = juris Rn. 11; Beschl. v. 29.03.2007 – 7 C 9.06 –, BVerwGE 128, 278, 288 (Rn 27).

- Aufgestellt werden kann und muss ein Luftreinhalteplan dann, wenn festgestellt worden ist, dass die in §§ 3, 4 der 39. BImSchV festgelegten Immissionsgrenzwerte überschritten sind. Die Frage, ob die Immissionsgrenzwerte überschritten sind und deshalb ein Luftreinhalteplan aufgestellt werden muss, ist gerichtlich voll überprüfbar.
- Aus dem planerisch-prognostischen Charakter des Luftreinhalteplanes folgt weiter, dass bei der Beurteilung eines solchen Planes der bei Aufstellung des Planes vorhandene tatsächliche und wissenschaftliche Erkenntnisstand maßgeblich ist. Maßgebend ist die Beurteilung im Zeitpunkt der Planerstellung.[368] Spätere Erkenntnisse, die ggf. andere Ergebnisse bringen, haben auf die Rechtmäßigkeit der Aufstellung eines Luftreinhalteplans dann keinen Einfluss, wenn die Rechtmäßigkeitsanforderungen für prognostische planerische Entscheidungen eingehalten wurden. Das OVG NRW weist ausdrücklich darauf hin, dass es für die Rechtmäßigkeit der Prognoseentscheidung in Luftreinhalteplänen grundsätzlich unerheblich ist, ob sie durch die spätere Entwicklung mehr oder weniger bestätigt oder widerlegt wird. Abweichendes könne nur dann gelten, wenn das Auseinanderklaffen von Prognose und nachträglicher Entwicklung als Indiz für eine unsachgemäße Aufstellung der Prognose erscheine.[369]
- Die Richtigkeit planerischer Entscheidungen, die auf einer Prognose zukünftiger Tatsachen beruhen, ist einer gerichtlichen Überprüfung nur eingeschränkt zugänglich. Maßgeblich ist, ob die Prognose mit den seinerzeit zur Verfügung stehenden Erkenntnismitteln unter Berücksichtigung aller für sie erheblichen Umstände einwandfrei gestellt worden ist.
- Jedenfalls für die Erstaufstellung der Luftreinhaltepläne in der ersten Phase und der hierbei anzustellenden Zukunftsprognosen war darüber hinaus zu berücksichtigen, dass die Luftreinhalteplanung nicht auf vorhandenen Erfahrungen aufbauen konnte. Deshalb waren zeitlich begrenzt Regelungen mit einem

---

368 BVerwG, Beschl. v. 11. 07. 2012 – 3 B 78/11 –, NVwZ 2012, 1175 = ZUR 2012, 552 = juris Rn. 11 f.; OVG NRW, Beschl. v. 25. 01. 2011 – 8 A 2751/09 –, URP 2011, 192, 192 f. = ZUR 2011, 199, 199 f.; Nds OVG, Urt. v. 12. 05. 2011 – 12 LC 143/09 –, S. 16 f.
369 OVG NRW, Beschl. v. 25. 01. 2011 – 8 A 2751/09 –, URP 2011, 192, 192 f. = ZUR 2011, 199, 199 f.

gewissen Versuchs- und Experimentiercharakter zulässig. Stellt sich bei der Auswertung der Messergebnisse bei Inkraftsetzen einer Maßnahme, wie einer Umweltzone heraus, dass die angestrebte Immissionsverbesserung nicht erreicht worden ist, muss dem im Rahmen der Fortschreibung des Plans durch weitergehende Maßnahmen Rechnung getragen werden.[370]
- Aus § 47 Abs. 4 Satz 1 BImSchG folgt zwar eine Verpflichtung zur Ausrichtung der Maßnahmen am jeweiligen Verursachungsanteil. Bei der Entscheidung, welche Maßnahmen in Bezug auf welche Verursacher ergriffen werden, hat die Behörde jedoch einen Gestaltungsspielraum. Bei der Ausübung dieses Spielraums ist sie sowohl dem Verursacherprinzip als auch dem Verhältnismäßigkeitsprinzip verpflichtet. Kommen in Bezug auf einen Verursacher keine geeigneten Maßnahmen in Betracht oder nur solche, die mit völlig unangemessenen Belastungen verbunden wären, ist ein verstärktes Vorgehen gegen einen anderen Verursacher nicht ausgeschlossen.[371]

Den im Luftreinhalteplan festgesetzten konkreten Maßnahmen kommt keine unmittelbare Rechtswirkung nach außen zu. Nach der Rechtsprechung des BVerwG[372], der sich die Obergerichte angeschlossen haben,[373] handelt es sich bei Luftreinhalteplänen um Verwaltungsvorschriften vergleichbare Regelwerke.[374] In Luftreinhalteplänen festgesetzte Maßnahmen, wie z.B. Umweltzonen wirken deshalb nach Inkrafttreten der Luftreinhaltepläne noch nicht unmittelbar gegenüber Dritten. Ihre Wirksamkeit erlangen sie vielmehr durch eine Umsetzung der festgesetzten Umweltzone über straßenverkehrsrechtliche Maßnahmen und Entscheidungen. Dazu bestimmt § 40 Abs. 1 S. 1 BImSchG, dass die zuständige Straßenverkehrsbehörde den Kraftfahrzeugverkehr nach Maßga-

---

370 OVG NRW, Beschl. v. 25.01.2011 – 8 A 2751/09 –, URP 2011, 192, 192 f. = ZUR 2011, 199, 199 f.
371 Einzelheiten bei OVG NRW, Beschl. v. 21.01.2011 – 8 A 2751/09 –, URP 2011, 192 ff. = ZUR 2011, 199 ff. In der Sache ebenso Nds OVG, Urt. v. 12.05.2011 – 12 LC 143/09 –.
372 BVerwG, Urt. v. 29.03.2007 – 7 C 9.06 –, BVerwGE 128, 278, 288, Rn 27.
373 Vgl. nur OVG NRW, Beschl. v. 25.11.2011 – 8 A 2751/09 –, URP 2011, 192 = ZUR 2011, 199.
374 BVerwG, Urt. v. 29.03.2007 – 7 C 9.06 –, BVerwGE 128, 278, 288.

be der straßenverkehrsrechtlichen Vorschriften beschränkt oder verbietet, sobald ein Luftreinhalteplan nach § 47 Abs. 1 BImSchG dies vorsieht. Diese Regelung eröffnet der Straßenverkehrsbehörde auf der Vollzugsebene kein Ermessen. Vielmehr ist sie an die in einem Plan nach § 47 Abs. 1 BImSchG vorgesehenen Maßnahmen strikt gebunden.[375] Hiernach gilt: Setzt ein Luftreinhalteplan eine Umweltzone fest, hat die zuständige Straßenverkehrsbehörde diese Maßnahme gem. § 40 Abs. 1 S. 1 BImSchG durch Aufstellen von Verkehrsschildern so umzusetzen, dass die Umweltzone im Zeitpunkt des hierfür im Luftreinhalteplan vorgesehenen Inkrafttretens wirksam wird.

Aus dem planerischen Charakter der Luftreinhalteplanung folgt nicht allein, dass die dem Luftreinhalteplan zugrunde liegenden prognostischen Entscheidungen nur an den dafür geltenden Maßstäben gemessen werden können. Vielmehr ist der Gestaltungsspielraum der den Luftreinhalteplan aufstellenden Behörde insgesamt nur eingeschränkt überprüfbar.[376] Dabei können, soweit es nicht um die Prüfung der Voraussetzungen des § 47 Abs. 1 S. 1 BImSchG für die Aufstellung von Luftreinhalteplänen geht, die Anforderungen des Abwägungsgebots auf die Aufstellung von Luftreinhalteplänen angewendet werden.[377] Dabei ist § 47 Abs. 4 S. 1 BImSchG als „Abwägungsdirektive der Verursachergerechtigkeit" zu beachten.[378] Daraus folgt insbesondere, dass bei der Aufstellung von Luftreinhalteplänen materiell-rechtlich durch das Abwägungsgebot eine sorgfältige Sachverhaltsermittlung und Gewichtung der mit verschiedenen Maßnahmen verbundenen Vor- und Nachteile geboten ist.[379]

§ 47 Abs. 4 S. 1 BImSchG enthält eine besondere Regelung für die Verantwortungszurechnung von Maßnahmen im Luftreinhalteplan.[380] Hiernach sind die Maßnahmen grundsätzlich verursa-

---

375 Nds OVG, Urt. v. 12.05.2011 – 12 LC 143/09 –, Ls. 6, S. 29 f.
376 In diesem Sinne etwa VG Berlin, Urt. v. 09.12.2009 – VG XI A 299.08 –, ZUR 2010, 155, 157.
377 In diesem Sinne *Sparwasser/Engel*, Aktionspläne des Luftreinhalte- und Lärmschutzrechts im Spannungsfeld zwischen deutschem und europäischem Recht, NVwZ 2010, 1513, 1514.
378 *Sparwasser/Engel*, NVwZ 2010, 1516.
379 *Sparwasser/Engel*, NVwZ 2010, 1514.
380 Zu dieser Bestimmung ausführlich *Zeissler*, Quellenunabhängiges EU-Luftqualitätsrecht, S. 232 ff.

cherbezogen zu treffen. Daraus folgt zunächst, dass grundsätzlich Maßnahmen gegen alle Emittenten zu treffen sind, die zur Überschreitung der Immissionsgrenzwerte beitragen.[381] Weiter sind die Emittenten jeweils entsprechend ihrem Verursacheranteil heranzuziehen.[382] Die Immissionen sind jeweils in Höhe des Emissionsanteils zu reduzieren.[383]

Allerdings ist die verursacherbezogene Maßnahmenzurechnung in der Luftreinhalteplanung durch das Verhältnismäßigkeitsprinzip begrenzt.[384] Nach allgemeiner Auffassung folgt hieraus, dass gegen Verursacher ungeeignete Maßnahmen oder solche, die mit einer völlig unangemessenen Belastung verbunden sind, nicht getroffen werden müssen.[385] Auch spielt eine Rolle, bei welchem Emittenten derselbe Erfolg mit geringerem Aufwand erreicht werden kann.[386] Diese Vorgehensweise entspricht grundsätzlich auch dem Maßstab der Verhältnismäßigkeit, dem das (planerische) Abwägungsgebot verpflichtet ist.[387] Das Verhältnismäßigkeitsprinzip, das insbesondere für die Zurechnung von Maßnahmen nach Verursacheranteilen gilt, diesen Grundsatz zugleich aber auch begrenzt, verlangt vor allem, dass die in einem Luftreinhalteplan getroffenen Maßnahmen zur Minderung der Immissionsbelastung geeignet, erforderlich und angemessen sind.[388] Diese Maßstäbe legt die Rechtsprechung der materiell-rechtlichen Überprüfung der Luftreinhalteplanung und hier insbesondere der Ausweisung von Umweltzonen zugrunde.[389] Diese

---

381 *Jarass*, BImSchG, § 47 Rn 13; *ders.*, VerwArch 2006, 429, 438.
382 *Jarass*, ebd.
383 *Jarass*, a.a.O.; *Heitsch*, in: Kotulla, BImSchG, § 47 Rn 44.
384 Dazu OVG NRW, Urt. v. 09.10. 2009 – 18 K 5493/07 –, URP 2011, 192, 193 f. = ZUR 2011, 199, 201; *Jarass*, BImSchG, § 47 Rn 14; *ders.*, VerwArch 2006, 428, 439 f.; *Giesberts/Reinhardt*, Umweltrecht, 2009, § 47 Rn. 12.
385 OVG NRW, Urt. v. 09.10. 2009 – 18 K 5493/07 –, URP 2011, 192, 193 f. = ZUR 2011, 199, 201; *Heitsch*, in: Kotulla, BImSchG, § 47 Rn 46; *Jarass*, BImSchG, § 47 Rn 14.
386 *Hansmann*, in: Landmann/Rohmer, Umweltrecht, § 47 BImSchG Rn 28; *Herrmann*, in: GK BImSchG, § 47 Rn 95; *Heitsch*, in: Kotulla, BImSchG, § 47 Rn 14.
387 Näher dazu *Sparwasser/Engel/Voßkuhle*, Umweltrecht, 5. Aufl. 2003, § 4 Rn 176 ff., 186 ff.; *Köck*, in: Hoffmann-Riem/Schmidt-Aßmann/Voßkuhle, Grundlagen des Verwaltungsrechts II, 2008, § 37 Rn 92 ff., 102 ff.
388 Ausführlich *Zeissler*, Quellenunabhängiges EU-Luftqualitätsrecht, S. 244 ff.
389 Dazu paradigmatisch OVG NRW, Beschl. v. 25.01.2011– 8 A 2751/09 –, UPR 2011, 192, 194 f. = ZUR 2011, 199, 201 f.; Nds OVG, Urt. v. 12.05.2011 – 12 LC 143/09 –, S. 19 ff.

Anforderungen gelten sowohl für die räumliche Ausdehnung von Umweltzonen, ihre Eignung zur Reduzierung der Schadstoffbelastung als auch für die im Einzelnen getroffenen Maßnahmen einschließlich der Ausnahmetatbestände.

b) Insbesondere: Umweltzonen

Für die Grenzziehung von Umweltzonen hat die Rechtsprechung folgende Grundsätze zugrunde gelegt: Einbezogen werden müssen die festgestellten Belastungspunkte. Einbezogen werden in die Umweltzone können weiter die Bereiche, in denen Maßnahmen zu einer Reduzierung der Belastungen in den festgestellten Hot-Spot-Bereichen führen. Die Grenzziehung der Umweltzone darf auch so gewählt werden, dass Belastungsverschiebungen durch Umlenkung des Verkehrs ausgeschlossen werden. Schließlich können Hilfsgrößen die räumlich klare Abgrenzung und übersichtliche Beschilderung sowie die einfache und effektive Kontrolle der Einhaltung der Verkehrsbeschränkungen sein. Im Vordergrund muss allerdings stets die Frage stehen, dass die Umweltzone Rückwirkungen im Sinne einer Belastungsreduzierung auf die festgestellten Belastungspunkte (Hot-Spots) hat. Die anderen Aspekte sind lediglich Hilfsgrößen, die aus Gründen der Verwaltungspraktikabilität und der Erkennbarkeit der Umweltzone eine Grenzziehung nur unter Berücksichtigung des vorgenannten Gesichtspunktes der Effizienz in Bezug auf die Reduktion von Belastungen an Belastungsschwerpunkten (Überschreitungsgebieten) rechtfertigen können.[390] Nach diesen Grundsätzen sind auch Umweltzonen mit regionalem Zuschnitt zulässig, falls nur die Prognose gerechtfertigt ist, dass die angeordneten Verkehrsbeschränkungen eine Immissionsminderung zur Folge haben, die zu einer Reduzierung der Belastungsüberschreitungen beitragen. Allerdings setzt die Rechtmäßigkeit der Grenzziehung dabei weiter voraus, dass sie nach einheitlichen Maßstäben erfolgt und insbesondere den Gleichheitssatz wahrt. In vergleichbaren Situationen muss gleichmäßig nach einem einheitlichen Konzept verfahren werden; Aus-

---

390 Zum Vorstehenden: Nds OVG, Urt. v. 12.05.2011 – 12 LC 143/09 –, S. 19; VG Berlin, Urt. v. 09.12.2009 – VG 11 A 299.08 –, ZUR 2010, 155, 157; VG Düsseldorf, Urt. v. 08.12.2009 – 3 K 3720/09 –, juris Rn. 47.

nahmen hiervon bedürfen der sachlichen Rechtfertigung und müssen im Luftreinhalteplan begründet werden.

Mit Einwänden gegen die Eignung von Luftreinhalteplänen zur Reduzierung der Schadstoffbelastung sind die Kläger bislang nicht durchgedrungen.[391] Ursache hierfür waren vor allem der prognostische Charakter der Planungsentscheidung und die Tatsache, dass die Rechtsprechung den Planaufstellenden Behörden jedenfalls für die erste Welle der Pläne einen „Experimentierbonus" eingeräumt haben, da Erfahrungen mit diesem Instrument fehlten.[392] Es bleibt abzuwarten, ob es dabei bleibt. Vor allem bei der Eignung zur Reduzierung der NO_2-Belastung gibt es hieran erhebliche Zweifel schon deshalb, weil die Plakettenregelung, die für die Fahrverbote in Umweltzonen Regelungsgrundlage ist, auf den Emissionen von Feinstaub, nicht jedoch NO_2 beruht.

Soweit in der Rechtsprechung die Verhältnismäßigkeit von Umweltzonen i.e.S. geprüft worden ist, werden hierfür vor allem folgende Gesichtspunkte angeführt: Abgestellt wird zum einen auf eine phasenweisen Einführung der Umweltzone in dem Sinne, dass in einer zeitlichen Staffelung das Verkehrsverbot nach und nach ausgeweitet wird. Hiermit werde, so das Nds OVG,[393] Verhältnismäßigkeitsgesichtspunkten Rechnung getragen. Die Verkehrsteilnehmer würden im hinreichenden Maße in die Lage versetzt, sich auf die Fahrverbote frühzeitig einzustellen und ihr Verhalten bzw. die Ausstattung der von ihnen genutzten Fahrzeuge entsprechend anzupassen. Darüber hinaus wird hingewiesen auf die Ausnahmen und Befreiungen von den Fahrverboten, durch die unbillige Härten wirtschaftlicher oder sonstiger Art auf Seiten der betroffenen Verkehrsteilnehmer ausgeschlossen bzw. überwiegende öffentliche und private Interessen an einem Befahren der Umweltzone trotz grundsätzlich bestehenden Fahrverbots Rechnung getragen werden soll. Vor allem wird abgestellt, auf die in Luftreinhalteplänen enthaltenen Ausnahme- und Befreiungstatbestände, die über die Verordnungsregelungen im Sinne des § 1 Abs. 2 der 35. BImSchV hinausgehen. Zusammenfassend konsta-

---

391 Dazu eingehend Nds OVG, Urt. v. 12.05.2011 – 12 LC 143/09 –, S. 24ff.
392 So insbesondere OVG NRW, Beschl. v. 25.01.2011 – 8 A 2751/09 –, UPR 2011, 192, 194f. = ZUR 2011, 199, 201f. für die Umweltzone Köln.
393 Urt. v. 12.05.2011 – 12 LC 143/09 –, S. 29.

tiert das Nds OVG: „Der Einwand, die Umweltzone führe zu unverhältnismäßigen Beschränkungen lässt sich mit Blick auf die vielfältigen Befreiungs- und Ausnahmetatbestände nicht halten, selbst wenn diese ein einschränkungsloses Befahren der Umweltzone mit entsprechenden Fahrzeugen nicht ermöglich."[394]

c) Rechtsfragen bei unzureichender Zielerreichung

Probleme bereitet die Luftreinhalteplanung allerdings in folgenden Bereichen:
- Nachträgliche Anordnungen gegenüber Industrieanlagen sind manchmal nicht möglich, da die emissionsmindernden Maßnahmen über den Stand der Technik hinausgehen und unverhältnismäßig wären (Stahlindustrie hins. Feinstaub),
- bestimmte Emittentengruppen können aus rechtlichen Gründen nicht belastet werden (See-/Binnenschifffahrt),[395]
- die Reduzierung der NO_2-Belastung stößt auf erhebliche Schwierigkeiten, da ca. 50 % der Emissionen aus dem KFZ-Verkehr und hier aus Dieselmotoren stammen und die Abgasnormen der EU erst ab Euro 6 mit den Luftreinhalterichtlinien harmonisiert sind; ob Fahrverbote für Diesel-KFZ[396] oder eine City-Maut[397] als Mittel zur Einhaltung der Grenzwerte für NO_2 zulässig sind, ist rechtlich mindestens unsicher und wohl zu verneinen.

Auf die Aufstellung von Luftreinhalteplänen besteht ein – gerichtlich auch durch die Verbandsklage – durchsetzbarer Rechtsanspruch.[398] Verbandsklagen waren bislang stets erfolgreich. Das gilt insbesondere für die Durchsetzung der Einhaltung der Grenzwerte für NO_2, die jedenfalls in Ballungszentren bislang regelmä-

---

394 Nds OVG, Urt. v. 12.05.2011 – 12 LC 143/09 –, S. 29.
395 Zur Reduktion von Abgasen und Treibhausgasemissionen bei Seeschiffen: *König*, FS Koch, S. 513 ff.
396 Bejahend: VG Düsseldorf, Urt. v. 13.09.2016 – 3 K 7695/15 –, juris Rn. 46 ff. Vgl. auch BayVGH, Beschl. v. 27.02.2017 – 22 C 16.1427 –, juris Rn. 107 ff., 140 ff.
397 Zur Frage der rechtlichen Zulässigkeit einer City-Maut aufgrund landesrechtlicher Vorschriften: *Klinger*, ZUR 2016, 591 ff.
398 BVerwG, Urt. v. 05.09.2013 – 7 C 21.12 –, BVerwGE 147, 312, m. Anm. *Greim*, BayVBl 2014, 517; *Franzius*, DVBl 2014, 543; *Gassner*, DVBl 2014, 551; *Schlacke*, DVBl 2014, 929; *dies.*, NVwZ 2014, 11; *Klinger*, EurUP 2014, 177; *Gärditz*, EurUP 2014, 39; *Porsch*, NVwZ 2013, 1393; *Lau*, NVwZ 2014, 1499; *Koch*, NVwZ 2015, 633; *Frenz*, UPR 2014, 1; *Bunge*, ZUR 2014, 3; *ders.*, ZUR 2015, 531.

ßig durch Maßnahmen der Luftreinhalteplanung nicht erreicht werden konnte.[399] Nach der Rechtsprechung des BVerwG besteht ein Rechtsanspruch darauf, dass im Luftreinhalteplan Maßnahmen getroffen werden, die sicherstellen, dass die Grenzwerte der 39. BImSchV so schnell wie möglich eingehalten werden.[400] An diesem Minimierungsgebot muss sich die Entscheidung der Behörde ausrichten; es ist zugleich rechtlicher Maßstab für die angesichts der Gestaltungsspielräume der Behörde eingeschränkte gerichtliche Kontrolle. Das Gebot, die Überschreitung der Immissionsgrenzwerte möglichst schnell zu beenden, fordert eine Bewertung der zur Emissionsminderung geeigneten und verhältnismäßigen Maßnahmen gerade im Hinblick auf eine zeitnahe Verwirklichung der Luftqualitätsziele. Daraus kann sich eine Einschränkung des planerischen Ermessens ergeben, wenn allein die Wahl einer bestimmten Maßnahme eine baldige Einhaltung der Grenzwerte erwarten lässt. Auch insoweit wird aber nicht vorausgesetzt, dass die zu ergreifenden Maßnahmen auf einen Schlag zur Zielerreichung führen; vielmehr kann auch hier – nach Maßgabe des Verhältnismäßigkeitsgrundsatzes – ein Vorgehen in mehreren Stufen vorgesehen werden.[401]

Der Zeitraum, der erforderlich ist, um die Überschreitung so kurz wie möglich zu halten, lässt sich dabei nicht abstrakt bestimmen. Er hängt von den jeweiligen örtlichen Umständen und den erforderlichen Maßnahmen ab. Der Zeitraum kann kürzer oder länger sein, je nachdem, wie viel Zeit die Umsetzung der Maßnahmen im Einzelfall erfordert. Ob die zuständige Behörde ihren Verpflichtungen nachgekommen ist, lässt sich aber nur dann feststellen, wenn hinter der Planung ein Gesamtkonzept steht, das die Einhaltung der Werte zum Ziel hat. Es reicht nicht aus, sich in der Planung nur mit einzelnen Maßnahmen zu beschäftigen und da-

---

399 BVerwG, Urt. v. 05.09.2013 – 7 C 21.12 –, BVerwGE 147, 312; VG Wiesbaden, Urt. v. 10.10.2011 – 4 K 757/11.WI –, ZUR 2012, 13 m. Anm. *Röckinghausen*, I+E 2012, 188; Urt. v. 16.08.2012 – 4 K 154/12.WI –, Immissionsschutz 2012, 190; Urt. v. 30.06.2015 – 4 K 1178/13.WI –, ZUR 2015, 626; Urt. v. 30.06.2015 – 4 K 97/15.WI –, ZUR 2015, 51; VG Leipzig, Urt. v. 17.07.2013 – 1 K 164/164/12 –, juris; VG Sigmaringen, Urt. v. 22.10.2014 – 1 K 154/12 –, ZUR 2015, 111; VG Hamburg, Urt. v. 05.11.2014 – 9 K 1280/13 –, juris; VG München, Urt. v. 21.06.2016 – M 1 K 15.5714 –, juris; VG Düsseldorf, Urt. v. 13.09.2016 – 3 K 7695/15 –, juris.
400 BVerwG, Urt. v. 05.09.2013 – 7 C 21.12 –, BVerwGE 147, 312.
401 BVerwG, Urt. v. 05.09.2013 – 7 C 21.12 –, BVerwGE 147, 312 Rn. 34.

bei offen zu lassen, wann das Gesamtziel auf Grund welcher Maßnahmen erreicht sein wird. Sollte es punktuell mittelfristig rechtlich oder tatsächlich nicht möglich sein, das Ziel zu erreichen, wäre auch das in einem Luftreinhalteplan darzustellen.[402] Ein Luftreinhalteplan ist erst dann effektiv, wenn er allen für die Reinhaltung der Luft (mit-)verantwortlichen Stellen geeignete Handlungsoptionen aufzeigt, deren Wirksamkeit bewertet und so Grundlage dafür ist, sich für die eine(n) oder andere(n) Maßnahme(n) zu entscheiden, mit der absehbaren Folge, dass die Grenzwerte fristgemäß eingehalten werden.[403]

Diese Rechtspflichten können Betroffene und Umweltverbände klageweise geltend machen. Die Klagen haben nicht selten eine andere Verkehrspolitik zu Ziel (Umstieg von Bus auf schienengebundenen ÖPNV, City-Maut, Straßensperren für LKW, Politische Initiativen für eine Blaue Plakette u.a.).[404] Ob der Anspruch auf Einhaltung der Grenzwerte ein solches Klageziel trägt, ist zweifelhaft, da nach § 47 Abs. 7 BImSchG nur Maßnahmen umgesetzt werden müssen, die nach den einschlägigen rechtlichen Vorschriften gegenüber Verursachern auch rechtlich umgesetzt werden können.[405] Überdies kann festgestellt werden, dass die Tenorierung des Anspruchs, die nicht auf Durchführung bestimmter Maßnahmen gerichtet ist, zur Folge hat, dass im Vollstreckungsverfahren geprüft werden muss, ob die im Luftreinhalteplan getroffenen Maßnehmen ausreichend sind und ob weitere Maßnehmen denkbar, wirksam und verhältnismäßig sind. Die Verwaltungsgerichte haben festgestellt, dass dies – bezogen auf die NO_2-Belastung – regelmäßig nicht der Fall war und Zwangsgelder ge-

---

402 VG Sigmaringen, Urt. v. 22.10.2014 – 1 K 154/12 –, ZUR 2015, 111 = juris Rn. 49; VG Düsseldorf, Urt. v. 13.09.2016 – 3 K 7695/15 –, juris. Rn. 35.
403 VG Wiesbaden, Urt. v. 30.06.2015 – 4 K 97/15.WI –, ZUR 2015, 51 = juris Rn. 94; VG Düsseldorf, Urt. v. 13.09.2016 – 3 K 7695/15 –, juris Rn. 36.
404 Die Klageziele im Einzelnen dokumentiert die Deutsche Umwelthilfe in: Clean Air litigation, Klagen für Saubere Luft, Stand: 11.08.2016, im Internet unter www.duh.de, letzter Zugriff 27.10.2016. Positiv bewertet bei *Berkemann*, ZUR 2016, 521 f.
405 Ausführlich dazu *Schink*, Rechtsfragen der Luftreinhalteplanung, FS Dolde, 2014, 109, 119 f.

gen die betroffenen Planungsträger festgesetzt.[406] Damit werden Aufgaben des Klageverfahrens in das Vollstreckungsverfahren verschoben.[407]

5. Lärmaktionsplanung

Die Lärmaktionsplanung nach § 47d BImSchG verfolgt für den Lärmschutz dieselbe Strategie wie die Luftreinhalteplanung; Maßnahmen sind gegen die Emittenten nach dem Maß der Verursachung unter Beachtung des Grundsatzes der Verhältnismäßigkeit zu richten; die im Aktionsplan festgesetzten Maßnahmen sind nach den einschlägigen rechtlichen Vorschriften gegenüber den Verursachern umzusetzen bzw. bei Planungsentscheidungen zu berücksichtigen.[408] Festzustellen sind erhebliche Vollzugsdefizite, die ihre Ursache in fehlenden verbindlichen Lärmgrenzwerten für die Luftreinhalteplanung,[409] der kommunalen Zuständigkeit,[410]

---

406 VG Wiesbaden, Beschl. v. 11.01.2016 – 4 N 1727/15.WI –, ZUR 2016, 245; Hess VGH, Beschl. v. 11.05.2016 – 9 E 448/16 und 450/16 –, jeweils juris; VG München, Beschl. v. 21.06.2016 – M 1 V 15.5203 –, DVBl 2016, 1133 m. Anm. *Hilbert*, DVBl 2013, 1137; BayVGH, Beschl. v. 27.02.2017 – 22 C 16.1427 –, juris. Zum Ganzen *Schink*, DVBl 2016, 1557 ff.
407 Kritisch dazu *Schink*, FS Dolde, 119 f. Keine Bedenken bei BVerwG, Urt. v. 05.09.2013 – 7 C 21.12 –, BVerwGE 147, 312.
408 Zur Lärmaktionsplanung: *Berkemann*, NordÖR 2015, 1 ff.; *ders.*, NuR 2012, 517; *Cancik*, NdsVBl 2013, 329; *dies.*, WiVerw 2012, 210 ff.; *Kupfer*, NVwZ 2012, 784; *Engel*, NVwZ 2010, 1191; *Sparwasser/Engel*, NVwZ 2010, 1513.
409 *Jarass*, BImSchG, § 47d Rn. 9. Die Praxis verfährt deshalb uneinheitlich. Auf der Bundesebene kommen nach den nur als Orientierungswerte zu beachtenden Vorläufigen Richtlinien für straßenverkehrliche Maßnahmen zum Schutz der Bevölkerung vor Lärm des BMVBS (Lärmschutz-Richtlinien-StV v. 23.11.2007, VkBl. 2007, 767) bei Werten von 70 d(B)A tags und 60 d(B)A nachts Maßnahmen zur Lärmbekämpfung in Betracht. Dazu auch *Schulze-Fielitz*, in: Führ, GK-BImSchG, § 47d Rn. 68. Teilweise wird eine Untergrenze von 55 d(B) A tags und 50 d(B) A nachts angenommen, *Cancik*, Die Pflicht zur Aufstellung von Aktionsplänen zur Lärmminderung und ihre Koppelung an Auslösewerte, NVwZ 2008, 167, 169; *Berkemann*, NuR 2012, 517, 519.
410 Vgl. § 47e Abs. 1 BImSchG. Zur str. Frage der Verfassungskonformität dieser Regelung: Bejahend OVG LSA, Beschl. v. 14.07.2016 – 4 L 158/15 –, juris Rn. 23; Nds OVG, Urt. v. 10.01.2014 – 12 LA 68/13 –, NdsVBl 2014, 203 Rn 9; *Jarass*, BImSchG, § 47e Rn. 2; *Schulze-Fielitz*, in: Führ, GK-BImSchG, § 47e Rn. 4 ff.; *Röckinghausen*, I+E 2014, 230, 234; *Engel*, NVwZ 2010, 1191, 1198 f.; *Scheidler*, NWVBl 2007, 245, 246. Ablehnend: *Berkemann*, NordÖR 2015, 1, 5; *ders.*, NuR 2012, 517, 529.

Finanzierungsproblemen[411] und dem – mangels verbindlicher Grenzwerte – fehlenden Rechtsanspruch Einzelner[412] und der Umweltverbände[413] auf Einhaltung bestimmter Lärmgrenzwerte und damit auf Lärmsanierung haben.

VI. Fazit

Hansmann hat kürzlich festgestellt, dass sich das Immissionsschutzrecht in seiner 40-jährigen Geschichte als erstaunlich robust erwiesen hat.[414] Dem ist zuzustimmen. Strukturelle Änderungen bedeutenden Umfangs hat es vor allem im Anlagenzulassungsrecht nicht gegeben. Auch für die Anpassung an die neuen Anforderungen des EU-Rechts hat es sich als hinreichend aufnahmefähig und flexibel gezeigt. Das BImSchG als „Grundgesetz" der Industrieanlagenzulassung erweist sich damit auch als zukunftsfähig. Ob es freilich allein mit den Mitteln der Immissionsschutzrechts gelingen wird, die aktuellen umweltpolitischen Anforderungen an Luftreinhaltung und Klimaschutz zu bewältigen, ist zweifelhaft. Vor allem die Energiewende und die Bewältigung der

---

411 Die Bundesländer beziffern den finanziellen Aufwand für die Umsetzung der Lärmaktionsplanung alleine in den Kommunen auf 3,2 Mrd. €. Sie haben deshalb einen Gesetzgebungsvorschlag vorgelegt, durch den der Bund verpflichtet werden soll, insgesamt 2,4 Mrd. € zweckgebunden für den Lärmschutz an kommunalen Straßen zur Verfügung zu stellen, vgl. Entwurf eines Gesetzes zur Finanzierung der Lärmsanierung an Straßen in kommunaler Baulast (Lärmsanierungsfinanzierungsgesetz – LärmSanFinG) v. 05.10.2016, BR-Drs. 572/16 B.
412 *Jarass*, BImSchG, § 47e Rn. 19; *Scheidler/Tegeder*, in: Feldhaus, BImSchG, § 47d Rn. 77; *Schulze-Fielitz*, in: Führ, GK-BImSchG, § 47d Rn. 92. Einschränkend mit Recht *Berkemann*, ZUR 2016, 522, für den Fall, dass Lärmschutzmaßnahmen absichtsvoll zugunsten bestimmter Betroffener in den Lärmaktionsplan aufgenommen wurden. Vgl. auch VGH BaWü, Urt. v. 25.07.2016 – 10 S 1632/14 –, ZUR 2016, 625 = juris Rn. 25: Keine Bindung der Bundesbahn an den Lärmaktionsplan einer Gemeinde, durch den diese die Schallschutzmaßnahme „Besonders überwachtes Gleis" angeordnet hat.
413 BVerwG, Urt. v. 12.11.2014 – 4 C 34/13 –, BVerwGE 150, 294 Rn. 19: Keine Verbandsklagebefugnis auf Einhaltung der Regelungen von Lärmminderungsplänen zum Schutz von ruhigen Gebieten. *Jarass*, BImSchG, § 47e Rn. 19. Skeptisch hierzu *Berkemann*, ZUR 2016, 522 unter Hinweis auf die Rechtsprechung des EuGH zu Art. 9 Abs. 3 AK (EuGH, NVwZ 2011, 673 [Slowakischer Braunbär]).
414 *Hansmann*, FS Koch, S. 386.

Lärmprobleme bedürfen weiterer gesetzgeberischer Anstrengungen, da die aktuellen Regelungen des Immissionsschutzrechts hier zwar helfen, aber nicht gewährleisten, dass der Ausstieg aus der Kohleverstromung und ein umfassender gesundheitsverträglicher Lärmschutz erreicht werden können.

Die Änderungsgenehmigung nach § 16 BImSchG

Prof. Dr. *Olaf Reidt*, Rechtsanwalt und
Fachanwalt für Verwaltungsrecht, Berlin/München

Die Änderungsgenehmigung nach § 16 BImSchG ist ein wesentliches Kernstück des Anlagenzulassungsrechts. Sie bewegt sich an der Schnittstelle von Anlagenbestand und Anlagenentwicklung, damit gleichzeitig jedoch auch an der Schnittstelle von bestehenden und sich weiterentwickelnden rechtlichen Anforderungen. Der vorliegende Beitrag gibt hierzu einen zusammenfassenden Überblick.

I. Bedeutung der Änderungsgenehmigung im Immissionsschutzrecht

Die Änderungsgenehmigung nach § 16 BImSchG ist ein zentrales Institut des Anlagenzulassungsrechts. Noch mehr als bei der vorausgehenden Anlagenzulassung (Erstgenehmigung) kommt es bei der Änderungsgenehmigung jenseits aller rechtlichen Einzelheiten darauf an, die unterschiedlichen rechtlich geschützten Interessen und sonstigen Belange zu einem vernünftigen Ausgleich zu bringen. Mit der Erstgenehmigung wird zumeist eine langfristig ausgerichtete Standortentscheidung des Anlagenbetreibers getroffen. Zu diesem Zeitpunkt hat er in der Regel noch die Möglichkeit, zwischen verschiedenen Standorten und Anlagenkonfigurationen auf dem Betriebsgelände zu wählen. Ungeachtet des in der Regel langfristig ausgerichteten Betriebs- und Nutzungskonzepts ist gleichzeitig jedoch zumeist auch klar, dass die betreffende Anlage nicht über ihre gesamte Nutzungsdauer hinweg unverändert bleiben wird. Dabei geht es vielfach nicht nur um die Erneuerung von Anlagenteilen, sondern oftmals auch um größere Anlagenveränderungen, sei es um die Anlage effizienter und damit zugleich in der Regel auch umweltgerechter zu gestalten, sei es, um im Hinblick auf die Produkte, die in der Anlage hergestellt oder erzeugt werden, auf eine veränderte Nachfrage zu reagieren. Mit der Errichtung der Anlage auf der Grundlage der Erstgenehmigung ist daher ein erheblicher Vertrauensvorschuss des Anlagenbetreibers verbunden.

Genauso liegt es allerdings auf der Hand, dass den sich verändernden rechtlichen oder auch tatsächlichen Rahmenbedingungen in hinreichender Weise Rechnung getragen werden muss. Dies gilt bereits im Hinblick auf die dynamischen immissionsschutzrechtlichen Betreiberpflichten (s. insbesondere § 17 BImSchG[1]) für den unveränderten Anlagenbetrieb, erst recht daher dann, wenn auf Initiative des Anlagenbetreibers selbst die Anlage verändert werden soll.

Für die Nachbarschaft einer BImSchG-Anlage und auch für Umweltvereinigungen gilt dies weitgehend spiegelbildlich. Sie müssen zwar grundsätzlich eine bestandskräftig genehmigte und genehmigungskonform betriebene Anlage hinnehmen, haben allerdings bei Anlagenänderungen einen Anspruch darauf, dass die Anlagenänderung unter Zugrundelegung der aktuellen Sach- und Rechtslage erfolgt, soweit es um Umstände geht, auf die sie sich selbst als Nachbarn oder Umweltverband berufen können.[2]

II. Von § 16 BImSchG erfasste Anlagen

Das Genehmigungserfordernis nach § 16 Abs. 1 BImSchG für wesentliche Änderungen betrifft nur Anlagen, die ihrerseits nach § 4 Abs. 1 BImSchG i.V.m. der 4. BImSchV genehmigungsbedürftig sind.[3] Dies schließt Anlagen ein, die als Altanlagen i.S.d. §§ 67, 67a

---

1   S. hierzu etwa *Hansmann/Ohms*, in: Landmann/Rohmer, Umweltrecht, Stand: September 2016, § 17 BImSchG Rn. 4, 79.
2   *Frenz*, in: Kotulla, Bundes-Immissionsschutzgesetz, Stand: Mai 2016, § 16 Rn. 124 ff.; allgemein *Schulte/Michalk*, in: Giesberts/Reinhardt, BeckOK Umweltrecht, Stand: November 2016, § 3 Rn. 65.
3   *Jarass*, Kommentar zum Bundes-Immissionsschutzgesetz, 11. Aufl. 2015, § 16 Rn. 3 f.

BImSchG als genehmigt gelten.⁴ Ebenfalls eingeschlossen sind Anlagen, für die eine immissionsschutzrechtliche Genehmigung durch eine andere Genehmigung ersetzt wurde, was insbesondere bei einer Planfeststellung der Fall sein kann.⁵ Nicht anwendbar ist § 16 BImSchG hingegen in Fällen, in denen keine immissionsschutzrechtliche Erstgenehmigung vorliegt, als erteilt gilt oder ersetzt wurde. In derartigen Fällen bedarf es der Durchführung eines Erstgenehmigungsverfahrens.⁶

§ 16 Abs. 1 BImSchG ist dabei auf alle Bestandteile einer Anlage anwendbar, auf sie sich im Falle eines Erstgenehmigungsverfahrens das immissionsschutzrechtliche Genehmigungserfordernis erstrecken würde.⁷ Dies betrifft also sowohl den für den Betrieb notwendigen Anlagenkern als auch Nebeneinrichtungen (§ 1 Abs. 2 Nr. 1 und Nr. 2 der 4. BImSchV) sowie einzelne Anlagen einer gemeinsamen Anlage (§ 1 Abs. 3 der 4. BImSchV).⁸ Bei Nebeneinrichtungen gilt dies auch dann, wenn sie mehreren genehmigungsbedürftigen Anlagen, die eigenständig betrieben werden, gemeinsam zugeordnet sind (z.B. ein gemeinsamer Wareneingang oder gemeinsame Förderbänder).⁹ In diesem Fall erstreckt sich die Genehmigung der einzelnen Anlagen jeweils auch auf die gemeinsam genutzte Nebeneinrichtung. Wird diese geändert, liegt darin zugleich eine Änderung aller genehmigungsbedürftiger Anlagen, denen die betreffende Nebeneinrichtung zugeordnet ist.¹⁰ Eine Nebeneinrichtung, die für das Änderungsgenehmigungsverfahren nach § 16 Abs. 1 BImSchG relevant sein könnte, liegt allerdings dann nicht mehr vor, wenn es um eine Einrichtung geht, bei der es an dem erforderlichen räumlichen und betriebstechni-

---

4   BVerwG, Urt. v. 21.10.2004 – 4 C 3/04 –, BVerwGE 122, 117; *Führ*, in: ders., Gemeinschaftskommentar zum Bundes-Immissionsschutzgesetz, 2016, § 16 Rn. 67.
5   *Reidt/Schiller*, in: Landmann/Rohmer, Umweltrecht, Stand September 2016, § 16 BImSchG Rn. 35.
6   *Jarass* (Fn. 4), § 16 Rn. 5; *Reidt/Schiller*, in: Landmann/Rohmer (Fn. 6), § 16 Rn. 36.
7   VGH Mannheim v. 12.03.2015 – 10 S 1169/13 –, juris; VGH Kassel, Urt. v. 21.02.2001 – 2 UE 2899/96 –, NVwZ 2002, 742.
8   *Hansmann/Röckinghausen*, in: Landmann/Rohmer, Umweltrecht, Stand: September 2016, § 1 4. BImSchV Rn. 15, 22; zur gemeinsamen Anlage s. auch OVG Münster, Urt. v. 16.03.2016 – 8 A 1576/14 –, UPR 2016, 396.
9   BVerwG, Urt. v. 06.07.1984 – C 71/82 –, NVwZ 1985, 46.
10 BVerwG, Urt. v. 06.07.1984 – 7 C 71/82 –, NVwZ 1985, 46; *Jarass* (Fn. 3), § 4 Rn 70.

schem Zusammenhang mit der genehmigungsbedürftigen Anlage fehlt oder wenn die Einrichtung einen Grad an Verselbständigung erreicht hat, bei dem nicht mehr von einer Zuordnung zu einer oder einigen wenigen genehmigungsbedürftigen Anlagen gesprochen werden kann.[11] In diesem Fall ist für die betreffende Nebeneinrichtung ein immissionsschutzrechtliches Änderungsgenehmigungsverfahren nur erforderlich, wenn die Einrichtung als solche dem immissionsschutzrechtlichen Anlagenzulassungsrecht unterfällt und über eine Erstgenehmigung verfügt.

III. Regelungssystem des Bundes-Immissionsschutzgesetzes bei Anlagenänderungen

Für die Änderung genehmigungsbedürftiger Anlagen besteht ein dreigliedriges Regelungs- und Kontrollsystem. Dieses zielt in erster Linie darauf ab, die Einhaltung der Genehmigungspflicht für wesentliche Änderungen nach § 16 Abs. 1 BImSchG sicherzustellen. Auf der ersten Stufe stehen dabei Änderungen, bei denen Auswirkungen auf die in § 1 BImSchG genannten Schutzgüter (Menschen, Tiere und Pflanzen, Boden, Wasser, Atmosphäre, Kultur- und sonstige Sachgüter) ausgeschlossen sind. In diesem Fall ist immissionsschutzrechtlich nichts zu veranlassen.[12] Sind Auswirkungen auf die in § 1 BImSchG genannten Schutzgüter möglich, bedarf es gem. § 15 Abs. 1 BImSchG vor Durchführung der Änderungsmaßnahme zumindest einer Anzeige bei der zuständigen Behörde (2. Stufe). Diese entscheidet, ob es über die Anzeige hinaus eines Änderungsgenehmigungsverfahrens bedarf oder nicht. Hält die Behörde die Durchführung eines Änderungsgenehmigungsverfahrens für erforderlich (§ 15 Abs. 2 BImSchG) oder ist offensichtlich, dass die Notwendigkeit eines Änderungsgenehmigungsverfahrens nach § 16 BImSchG besteht, ist ein solches zwingend durchzuführen bevor die Änderung der Anlage durchgeführt werden darf (3. Stufe).

---

11 *Reidt/Schiller*, in: Landmann/Rohmer (Fn. 5), § 16 Rn. 31.
12 *Jarass* (Fn. 3), § 3 Rn. 23 f.

IV. Begriff der Änderung

Der Anzeigepflicht nach § 15 BImSchG und der Genehmigungspflicht nach § 16 BImSchG liegt ein identischer Begriff der Änderung zugrunde. Es geht jeweils um eine Änderung der Lage, der Beschaffenheit oder des Betriebs einer genehmigungsbedürftigen Anlage. Vom Begriff der Anlage sind dabei sowohl der Anlagenkern als auch Nebeneinrichtungen und Anlagen einer gemeinsamen Anlage umfasst.[13]

1. Abgrenzung zur Neuerrichtung

Abzugrenzen ist die (wesentliche) Änderung einer Anlage von deren Neuerrichtung. Dies gilt insbesondere bei einer Änderung der Lage, die nur kleinräumige Verschiebungen erfasst, nicht hingegen Fälle der Wiedererrichtung an einem gänzlich anderen Standort.[14] Erweiterungen einer Anlage als Unterfall der Änderung sind hingegen in der Regel jedenfalls dann nicht als Neuerrichtung zu qualifizieren, wenn es sich um bloße Vergrößerungen oder um die Errichtung gleichartiger Anlagen i.S.v. § 1 Abs. 3 der 4. BImSchV handelt.[15] Erweiterungen oder sonstige Änderungen an Nebeneinrichtungen i.S.v. § 1 Abs. 2 der 4. BImSchV sind ebenfalls in aller Regel nur Änderungen i.S.d. §§ 15 und 16 BImSchG.[16] Wird allerdings durch die Änderung (Erweiterung/quantitative Änderung, Änderung der Beschaffenheit der Bestandsanlage/qualitative Änderung) der Kernbestand der Anlage vollständig oder überwiegend verändert und ändert sich damit zugleich der Charakter der Gesamtanlage, bedarf es hingegen einer Neugenehmigung.[17] Dies kann insbesondere dann der Fall sein, wenn mit der Änderung eine massive Erhöhung der Anlagenkapazität einher-

---

13 S. vorstehend unter II.
14 *Büge*, in: Giesberts/Reinhardt (Fn. 2), § 16 Rn. 10; BVerwGE 50, 49.
15 S. etwa BVerwG, Urt. v. 12.12.1979 – IV C 71.73 –; OVG Magdeburg, Urt. v. 24.03.2015 – 2 L 184/10 –, juris; *Jarass* (Fn. 3) § 16 Rn. 6a.
16 BVerwG, Beschl. v. 09.04.2008 – 7 B 2/08 –, NVwZ 2008, 789.
17 VGH Mannheim, Urt. v. 11.12.2014 – 10 S 473/14 –, NVwZ-RR 2015, 254; *Jarass*, UPR 2006, 45

geht, die die Größenordnung einer Verdoppelung erreicht oder gar überschreitet.[18]

2. Änderung von Lage, Beschaffenheit oder Betrieb

Eine Änderung der Lage einer genehmigungsbedürftigen Anlage betrifft deren kleinräumige Verschiebung.[19] Eine Veränderung der Beschaffenheit liegt vor, wenn der Zustand der Anlage als solcher verändert wird. Dabei kann es sich sowohl um Änderungen an der bestehenden Anlage handeln (qualitative Änderung), als auch um Erweiterungen der Anlage (quantitative Änderung).[20] Erfasst ist auch der Ersatz oder Austausch von Anlagenteilen (vgl. § 16 Abs. 5 BImSchG), nicht hingegen die bloße Instandsetzung oder Reparatur.[21] Eine Änderung des Betriebs betrifft die Betriebsweise der Anlage einschließlich ihrer Betriebszeiten.[22] Dabei spielt es keine Rolle, ob eine von der erteilten Genehmigung abweichende Betriebsweise noch die in dem Erstgenehmigungsbescheid festgesetzten Grenzwerte einhält, da die Veränderung der Betriebsweise für sich genommen bereits eine Änderung i.S.d. §§ 15, 16 BImSchG darstellt. Einer exakten Abgrenzung der verschiedenen Änderungskonstellationen (Lage, Beschaffenheit, Betrieb) bedarf es wegen der identischen Rechtsfolgen in der Regel nicht, zumal es zumeist auch Überschneidungen gibt.

Nicht vom Wortlaut des § 16 Abs. 1 BImSchG erfasst sind Änderungen, die die genehmigte Errichtung als solche betreffen. Zwar bezieht sich das aus § 4 Abs. 1 BImSchG folgende Genehmigungserfordernis auf die Errichtung und den Betrieb von Anlagen, so dass im Genehmigungsbescheid auch an die Errichtung Anforderungen gestellt werden können (z.B. an den Bauablauf und den zu-

---

18 BVerwG, Urt. v. 12.12.1979 – IV C 71.73 –, BVerwGE 50, 49; *Jarass*, UPR 2006, 45; *Zimmermann*, I+E 2012, 111.
19 *Rebentisch*, in: Feldhaus, Bundes-Immissionsschutzrecht, Stand: September 2016, § 15 Rn. 40.
20 BVerwG, Urt. v. 21.08.1996 – 11 C 9/95 –, NVwZ 1997, 161; *Reidt/Schiller*, in: Landmann/Rohmer (Fn. 5), § 16 Rn. 61.
21 *Jarass* (Fn. 3), § 15 Rn. 16.
22 OVG Lüneburg, Urt. v. 09.08.2016 – 12 ME 102/16 –, I+E 2016, 35; *Storost*, in: Ule/Laubinger/Repkewitz, Bundes-Immissionsschutzgesetz, Stand: November 2016, § 16 Anm. C 12.

lässigen Baulärm). Demgegenüber erfassen die §§ 15 und 16 BImSchG lediglich Änderungen im Betrieb, nicht hingegen Änderungen bei der vorgesehenen und im Genehmigungsbescheid geregelten Errichtung (z.b. im Hinblick auf den zulässigen Baulärm oder die zulässigen Arbeitszeiten bei der Errichtung). Es ist weitgehend ungeklärt, ob es in derartigen Fällen einer analogen Anwendung der §§ 15, 16 BImSchG bedarf oder ob eine einfache Änderung des Genehmigungsbescheides (nach Anhörung der Betroffenen) in Betracht kommt. Letzteres dürfte schon wegen des Wortlauts von § 15 und § 16 BImSchG zutreffend sein.[23]

Keine Änderung i.S.d. §§ 15, 16 BImSchG liegt vor, wenn nicht die Anlage geändert wird, sondern es zu einem Austausch des Anlagenbetreibers oder zu einer Veränderung in der Unternehmensorganisation des Betreibers kommt.[24] Ebenfalls nicht vom Begriff der Änderung i.S.d. §§ 15, 16 BImSchG umfasst ist die nachträgliche Aufteilung einer (insbesondere gemeinsamen) Anlage auf mehrere Betreiber. Allerdings kann es im Zuge einer derartigen personellen Änderung dazu kommen, dass auch neue Betriebsabläufe notwendig werden, die nicht mehr von der bestehenden Genehmigung gedeckt sind und daher aus diesem Grunde eine Änderung i.S.d. §§ 15, 16 BImSchG notwendig wird.[25]

3. Bezugspunkt für die Anlagenänderung

Bezugspunkt für die Frage, ob eine Änderung der Anlage vorliegt, ist die Erstgenehmigung einschließlich etwaiger bereits erteilter Änderungsgenehmigungen und nachträglicher Anordnungen (s. insbesondere § 17 BImSchG), also die bestandsgeschützte Anlage.[26] Umfasst die vorliegende Erstgenehmigung unterschiedliche Betriebsweisen und Einsatzstoffe, unterfallen Veränderungen, die

---

23 Für eine entsprechende Anwendung der §§ 15, 16 hingegen *Czajka*, in: Feldhaus (Fn. 19), § 16 Rn. 24 f.; für eine direkte Anwendung *Frenz*, in: Kotulla (Fn. 2), § 16 Rn. 29.
24 *Guckelberger*, in: Kotulla (Fn. 2), § 15 Rn. 36; *Storost*, in: Ule/Laubinger/Repkewitz (Fn. 22), § 15 Anm. C 10.
25 *Jarass* (Fn. 3), § 15 Rn. 9; *Schiller*, in: Landmann/Rohmer (Fn. 5), § 15 Rn.28; ausführlich hierzu *Schmidt-Kötters*, GewArch Beilage WiVerw 2013, 199 ff.
26 *Reidt/Schiller*, in: Landmann/Rohmer (Fn. 5), § 16 Rn. 67; *Büge*, in: Giesberts/Reinhardt (Fn. 2), § 16 Rn. 6.

sich in diesem Rahmen bewegen, nicht den §§ 15, 16 BImSchG (insbesondere Mehrzweck- und Vielstoffanlagen, s. § 6 Abs. 2 BImSchG). Zu berücksichtigen ist allerdings die ggf. durch eine Auflage angeordnete Verpflichtung des Anlagenbetreibers, die erstmalige Herstellung oder Verwertung eines anderen Stoffs innerhalb der genehmigten Betriebsweise mitzuteilen (vgl. § 12 Abs. 2b BImSchG).[27] Bei unklaren Genehmigungsbescheiden, die vor allem bei älteren Anlagen häufig anzutreffen sind, bedarf es ggf. einer Auslegung des Bescheides dazu, was zum Genehmigungsumfang gehört. Ebenfalls ist im Einzelfall zu klären, ob Darlegungen im Genehmigungsbescheid und in den dazu gehörigen Antragsunterlagen nur deskriptiven Inhalt haben oder ob es sich um verbindliche Vorgaben des Genehmigungsbescheides insbesondere zur Beschaffenheit oder Betriebsweise der Anlage handelt.

V. Begriff der Wesentlichkeit

1. Wesentlichkeit aus verfahrensrechtlichen Gründen, Freistellungserklärung

a) Eine wesentliche und damit nach § 16 BImSchG genehmigungsbedürftige Änderung kann sich aus verfahrensrechtlichen Erfordernissen ergeben. Entscheidet die zuständige Behörde im Rahmen des Anzeigeverfahrens nach § 15 BImSchG, dass es der Durchführung eines Änderungsgenehmigungsverfahrens bedarf, liegt darin ein Verwaltungsakt, der die Genehmigungsbedürftigkeit verbindlich festschreibt.[28] Hält der Anlagenbetreiber die Entscheidung für unrichtig, muss er sich daher entweder dagegen zur Wehr setzen oder aber ein Änderungsgenehmigungsverfahren durchführen.

b) Andererseits folgt aus einer Entscheidung der zuständigen Behörde nach § 15 BImSchG, nach der es für die geplante Änderung keines Genehmigungsverfahrens nach § 16 BImSchG bedarf,

---

27 *Büge*, in: Giesberts/Reinhardt (Fn. 2), § 15 Rn. 12.
28 *Guckelberger*, in: Kotulla (Fn. 2), § 15 Rn. 80.

dass dessen Durchführung auch nicht erforderlich ist (Freistellungserklärung).[29] Allerdings wird durch die Freistellungserklärung nur über die Frage der Genehmigungsbedürftigkeit verbindlich entschieden, nicht hingegen über die materielle Zulässigkeit der Änderung.[30] Aus der Freistellungserklärung resultiert daher auch keine Genehmigungsfiktion.[31] Sie hat folglich auch keine Konzentrationswirkung in Bezug auf andere Zulassungsentscheidungen, wie dies gem. § 13 BImSchG bei der immissionsschutzrechtlichen Genehmigung (und auch bei der Änderungsgenehmigung) der Fall ist.[32] Dementsprechend wird insbesondere die Einholung einer Baugenehmigung durch eine Freistellungserklärung nicht entbehrlich. Dies schließt ggf. die Durchführung einer Umweltverträglichkeitsprüfung im Baugenehmigungsverfahren ein. Zudem können und müssen im Baugenehmigungsverfahren in der Regel auch die materiellen immissionsschutzrechtlichen Anforderungen geprüft werden.[33] Letztlich lässt die Freistellungserklärung auch die Möglichkeit der Behörde, eine nachträgliche Anordnung gem. § 17 BImSchG zu erlassen, nicht entfallen.[34] Die Freistellungserklärung ist daher nicht selten für den Anlagenbetreiber mit größeren Unsicherheiten und Unwägbarkeiten verbunden als die Durchführung eines Änderungsgenehmigungsverfahrens. Dem trägt § 16 Abs. 4 BImSchG dadurch Rechnung, dass der Anlagenbetreiber bei lediglich nach § 15 Abs. 1 BImSchG anzeigebedürftigen Änderungen freiwillig die Durchführung eines Genehmigungsverfahrens beantragen kann.

c) Eine weitere verfahrensrechtliche Festlegung zur Wesentlichkeit ergibt sich aus § 16 Abs. 1 Satz 1 2. Halbsatz BImSchG. Danach ist die Durchführung eines Änderungsgenehmigungsverfahrens stets erforderlich, wenn die Änderung oder Erweiterung des Betriebs für sich genommen die Leistungsgrenzen oder Anlagengrößen der 4. BImSchV erreicht. Ebenfalls kann es im Einzelfall möglich sein, dass Änderungen erfolgen sollen, die zwar nicht für die

---

29 *Führ*, in: Führ (Fn. 4), § 15 Rn. 147 ff., der jedoch den Begriff der Freistellungserklärung für missverständlich hält.
30 BVerwG, Urt. v. 28.10.2010 – 7 C 2/10 –, NVwZ 2011, 120 (122).
31 *Büge*, in: Giesberts/Reinhardt (Fn. 2), § 15 Rn. 29.
32 BVerwG, Urt. v. 07.08.2012 – 7 C 7.11 –, ZUR 2013, 100 (102).
33 *Führ*, in: Führ (Fn. 4), § 15 Rn. 183.
34 *Posser*, in: Giesberts/Reinhardt (Fn. 2), § 17 Rn. 8.

Prüfung nach § 6 Abs. 1 Nr. 1 BImSchG von Bedeutung sind und daher aus materiellen Gründen eine Wesentlichkeit der Änderung ausscheidet,[35] die allerdings für die sich aus § 6 Abs. 1 Nr. 2 BImSchG ergebenden Anforderungen relevant sind (insbesondere Einwirkungen auf Wasser, Boden und Landschaft). Bedarf es in diesem Fall, insbesondere auf der Grundlage einer Vorprüfung des Einzelfalls, einer Umweltverträglichkeitsprüfung, ist jedoch kein anderweitiges Zulassungsverfahren vorgesehen, das für die Umweltverträglichkeitsprüfung als Trägerverfahren fungieren kann, ist ggf. ein Änderungsgenehmigungsverfahren nach § 16 BImSchG durchzuführen.[36]

2. Wesentlichkeit aus materiell-rechtlichen Gründen

a) Eine § 16 Abs. 1 BImSchG vorgehende materielle Regelung zur Genehmigungsbedürftigkeit von wesentlichen Anlagenänderungen enthält Abs. 5 der Vorschrift. Aus dieser ergibt sich, dass es sich (anders als bei bloßen Instandsetzungs- und Reparaturarbeiten[37]) bei der Ersetzung oder dem Austausch von Anlagenteilen zwar um eine Änderung der Anlage i.S.v. § 15 Abs. 1 BImSchG handelt, die jedoch nicht wesentlich i.S.v. § 16 Abs. 1 BImSchG ist. Dies setzt allerdings voraus, dass der Ersatz bzw. Austausch sich seinerseits im Rahmen der erteilten Genehmigung bewegt, also nicht mit einer gleichzeitigen Änderung der Beschaffenheit der Anlage verbunden ist. Ebenfalls stellt § 16 Abs. 5 BImSchG weder von sonstigen Genehmigungspflichten (insbesondere einer Baugenehmigungspflicht) frei, noch von den materiellen Verpflichtungen des Immissionsschutzrechts, die ggf. auch bei einer Austausch- oder Ersatzmaßnahme mittels einer nachträglichen Anordnung durchgesetzt werden können.[38]

b) Sofern sich nicht bereits aus verfahrensrechtlichen Bestimmungen ergibt, dass es eines Änderungsgenehmigungsverfahrens nach § 16 Abs. 1 BImSchG bedarf,[39] sind die dort geregelten mate-

---

35 S. nachfolgend unter 2.
36 Vgl. auch OVG Münster, Urt. v. 16.03.2016 – 8 A 1576/14 –, UPR 2016, 396.
37 S. vorstehend unter IV., 2.
38 BVerwG, Urt. v. 21.12.2011 – 4 C 12/10 –, NVwZ 2012, 636 (638).
39 S. vorstehend unter 1.

riellen Anforderungen maßgeblich. Danach ist ein Änderungsgenehmigungsverfahren notwendig, wenn die Änderung wesentlich ist, also nachteilige Auswirkungen hervorrufen kann, die für die Prüfung nach § 6 Abs. 1 Nr. 1 BImSchG (und der sich aus § 5 und aus einer aufgrund von § 7 BImSchG erlassenen Rechtsverordnung ergebenden Pflichten) erheblich sein können. Für die Frage des „Ob" eines Änderungsgenehmigungsverfahrens sind die in § 6 Abs. 1 Nr. 2 BImSchG genannten Anforderungen (andere öffentlich-rechtliche Vorschriften und Belange des Arbeitsschutzes) also nicht entscheidend.

Die Auswirkungen der Anlagenänderung können erheblich sein, wenn dies der Prüfung bedarf. Sie sind nachteilig, wenn es im Vergleich zur bestehenden Genehmigungssituation zu einer Verschlechterung kommen kann.[40] Aus § 6 Abs. 3 BImSchG (Verbesserungsgenehmigung) soll dabei nach teilweise vertretener Ansicht folgen, dass auch bei neutralen oder sogar positiven Änderungen die Wesentlichkeit zu bejahen sei, wenn dies zu einer Verfestigung der Belastung auf einem grenzwertüberschreitenden Niveau führt[41]. Bei der Prüfung, ob erhebliche nachteilige Auswirkungen hervorgerufen werden können, sind im Zusammenhang mit der Änderungsmaßnahme konkret vorgesehene Schutzvorkehrungen zu berücksichtigen.[42] Allerdings scheidet eine Saldierung von positiven und negativen Auswirkungen aus, wenn es um andere Arten von Immissionen oder um die Betroffenheit unterschiedlicher Immissionsorte geht.[43]

c) § 16 Abs. 1 Satz 2 BImSchG enthält eine Satz 1 der Vorschrift ergänzende Bagatellgrenze, nach der ein Änderungsgenehmigungsverfahren nicht erforderlich ist, wenn die durch die Änderung hervorgerufenen nachteiligen Auswirkungen offensichtlich

---

40 VGH Mannheim, Urt. v. 20.06.2002 – 3 S 1915/01 –, NVwZ-RR 2003, 191; *Storost*, in: Ule/Laubinger/Repkewitz (Fn. 22), § 16 Anm. C 16.
41 So OVG Münster, Beschl. v. 08.05.2007 – 8 B 2477/06 –, ZUR 2007, 490; *Jarass* (Fn. 3), § 16 Rn. 9; a.A. *Czajka*, in: Feldhaus (Fn. 19), § 16 Rn. 84 ff., 88a ff.; *Zimmermann* (Fn. 18), 111; *Schink*, NuR 2011, 252; *Rebentisch*, UPR 2010, 123; *Reidt/Schiller*, in: Landmann/Rohmer (Fn. 5), § 16 Rn. 74.
42 *Jarass* (Fn. 3), § 16 Rn. 10 m.w.N.; jede Berücksichtigung ablehnend *Storost*, in: Ule/Laubinger/Repkewitz (Fn. 22), § 16 Anm. C 15.
43 VGH Mannheim, Urt. v. 20.06.2002 – 3 S 1915/01 –, NVwZ-RR 2003, 191; gegen jede Saldierung *Führ*, in: Führ (Fn. 4), § 16 Rn. 41; *Frenz*, in: Kotulla (Fn. 2), § 16 Rn. 51.

gering sind und die Erfüllung der sich aus § 6 Abs. 1 Nr. 1 BImSchG ergebenden Anforderungen sichergestellt ist. Dies muss ohne vertiefte Prüfung der Fall und ein Verstoß gegen die Genehmigungsanforderungen gemäß § 6 Abs. 1 Nr. 1 BImSchG ohne vernünftige Zweifel ausgeschlossen sein.[44] Die Erfüllung solcher Anforderungen ist durch den Anlagenbetreiber mittels Vorlage entsprechender Unterlagen nachzuweisen.[45]

VI. Änderungsgenehmigungsverfahren

1. Verfahrensart

Für das Änderungsgenehmigungsverfahren gelten grundsätzlich dieselben Anforderungen wie für ein Erstgenehmigungsverfahren. Je nach Anlagentyp ist also zu unterscheiden, ob es eines förmlichen Verfahrens nach § 10 BImSchG oder eines vereinfachten Verfahrens nach § 19 BImSchG bedarf. Ebenfalls bestehen die Möglichkeiten eines gestuften Verfahrens (Vorbescheid, Teilgenehmigung, Zulassung vorzeitigen Beginns).[46] Ebenso wie bei der Erstgenehmigung besteht auch für die Änderungsgenehmigung ein gebundener Zulassungsanspruch, wenn die Genehmigungsvoraussetzungen erfüllt sind.[47] Bei Anlagen, die unter die Industrieemissions-Richtlinie (Richtlinie 2010/75/EU) fallen (IED-Anlagen), ist mit den Antragsunterlagen für ein Änderungsverfahren ein Ausgangszustandsbericht (vgl. § 10 Abs. 1a BImSchG) für die gesamte Anlage, also über den Gegenstand der beantragten Änderung hinaus, vorzulegen (§ 25 Abs. 2 der 9. BImSchV).

---

44 VGH München, Urt. v. 14.09.2015 – 22 CS 15.1509 –, juris; *ders.*, Urt. v. 13.05.2005 – 22 A 96.40091 –, NVwZ-RR 2006, 456.
45 *Jarass* (Fn. 3), § 16 Rn. 14.
46 Dazu *Reidt/Schiller*, in: Landmann/Rohmer (Fn. 5), § 16 Rn. 144 ff.
47 *Czajka*, in: Feldhaus (Fn. 19), § 16 Rn. 84.

2. Umweltverträglichkeitsprüfung, Öffentlichkeitsbeteiligung

a) Die Notwendigkeit einer Umweltverträglichkeitsprüfung im Änderungsgenehmigungsverfahren richtet sich gemäß § 4 UVPG nach § 1 Abs. 3 der 9. BImSchV. Sie ist danach erforderlich, wenn die Änderung oder Erweiterung der Anlage für sich genommen die Größen- oder Leistungswerte nach Anlage 1 zum UVP-Gesetz erreicht oder überschreitet. Ansonsten bedarf es einer Vorprüfung im Einzelfall (vgl. auch § 3e i.V.m. § 3c UVPG) dazu, ob die Änderung oder Erweiterung erhebliche nachteilige Auswirkungen auf die in § 1a der 9. BImSchV genannten Schutzgüter (UVP-Schutzgüter) haben kann. Gegenstand einer ggf. notwendigen Umweltverträglichkeitsprüfung im Änderungsgenehmigungsverfahren sind nur die Auswirkungen der beantragten Anlagenänderung auf die relevanten Schutzgüter.[48] Insofern besteht also Deckungsgleichheit mit dem materiellen Prüfungsmaßstab.[49]

b) Bedarf es für die Änderungsgenehmigung der Durchführung eines förmlichen Verfahrens nach § 10 BImSchG, soll auf Antrag des Vorhabenträgers von der Öffentlichkeitsbeteiligung abgesehen werden, wenn erhebliche nachteilige Auswirkungen auf die Schutzgüter gemäß § 1 BImSchG nicht zu besorgen sind (§ 16 Abs. 2 BImSchG). Diese Möglichkeit scheidet allerdings generell aus, wenn die Anlagenänderung UVP-pflichtig ist[50]. Ebenfalls Zurückhaltung geboten ist bei der Anwendung von § 16 Abs. 2 BImSchG, wenn es um die wesentliche Änderung einer IED-Anlage geht, da Art. 24 Abs. 1 lit. b) der IED-Richtlinie[51] eine Öffentlichkeitsbeteiligung verlangt. Allerdings ist nicht jede wesentliche Änderung i.S.v. § 16 Abs. 1 und Abs. 2 BImSchG zugleich auch eine wesentliche Änderung i.S.v. Art. 3 Nr. 9 der IED-Richtlinie, sodass auch für die Änderung von IED-Anlagen noch ein Anwendungsspielraum für § 16 Abs. 2 BImSchG verbleibt[52].

---

48 BVerwG, Urt. v. 24. 10. 2013 – 7 C 36/11 –, NVwZ 2014, 515; *Versteyl*, I+E 2014, 90 f.
49 S. nachfolgend unter VII.
50 S. vorstehend unter a); dazu *Jarass* (Fn. 3), § 16 Rn. 59.
51 Richtlinie 2010/75/EU vom 24. 11. 2010 über Industrieemissionen, ABl. EG 334/17.
52 Vgl. *Czajka*, in: Feldhaus (Fn. 20), § 16 Rn. 78; *Führ*, in: Führ (Fn. 4), § 16 Rn. 154; zum Meinungsstand s. auch *Engel/Mailänder*, I+E 2013, 165.

§ 16 Abs. 2 Satz 2 BImSchG nennt beispielhafte Voraussetzungen („insbesondere"), bei deren Erfüllung eine Öffentlichkeitsbeteiligung im förmlichen Änderungsgenehmigungsverfahren unterbleiben kann. Dies ist u.a. der Fall, wenn nachteilige Auswirkungen der Änderung durch mit dem Änderungsvorhaben verbundene Schutzmaßnahmen ausgeschlossen werden. Im Weiteren ist dies der Fall, wenn die Nachteile im Verhältnis zu den jeweils vergleichbaren Vorteilen gering sind. Die Regelung ermöglicht damit, anders als die auch genannten Schutzvorkehrungen, eine Saldierung, bei der die Vergleichbarkeit genügt[53]. Ebenfalls dürfen geringfügige Nachteile verbleiben. Allerdings ist die Vergleichbarkeit nur gegeben, wenn sich sowohl die Art der Immissionen als auch der Kreis der Immissionsbetroffenen weitgehend entsprechen.[54] Die Vorschrift birgt daher, gerade auch im Hinblick auf die drittschützende Bedeutung der Öffentlichkeitsbeteiligung, bereits generell erhebliche Risiken und hat einen entsprechend eingeschränkten Anwendungsbereich. Erst recht gilt dies, gerade auch in Fällen einer etwaigen Saldierung, bei der Änderung von IED- und UVP-Anlagen.[55]

VII. Prüfungsgegenstand und Prüfungsmaßstab

Durch die Änderungsgenehmigung soll sichergestellt werden, dass auch die geänderte Anlage bzw. ihr geänderter Betrieb den Genehmigungsvoraussetzungen des Immissionsschutzrechts genügt. Maßstab ist dabei grundsätzlich die aktuelle Sach- und Rechtslage zum Zeitpunkt der Entscheidung über den Änderungsantrag.[56] Ergänzend dazu enthält das materielle Recht teilweise je-

---

53 *Reidt/Schiller*, in: Landmann/Rohmer (Fn. 5), § 16 Rn. 125; z.T. wird auf die Notwendigkeit einer unionsrechtskonformen Auslegung hingewiesen: *Storost*, in: Ule/Laubinger/Repkewitz (Fn. 22), § 16 Anm. D8; *Frenz*, in: Kotulla (Fn. 2), § 16 Rn. 94; *Czajka*, in: Feldhaus (Fn. 19), § 16 Rn. 76.
54 *Storost*, in: Ule/Laubinger/Repkewitz (Fn. 22), § 16 Anm. D7; *Führ*, in: Führ (Fn. 4), § 16 Rn. 165.
55 Gegen die Zulässigkeit einer Saldierung bei UVP-Anlagen *Jarass* (Fn. 3), § 16, Rz. 58; *Storost*, in: Ule/Laubinger/Repkewitz (Fn. 22), § 16, Anm. D9.
56 *Reidt/Schiller*, in: Landmann/Rohmer (Fn. 5), § 16 Rn. 158; *Führ*, in: Führ (Fn. 4), § 16 Rn. 103.

doch spezielle Vorgaben (s. etwa § 6 Abs. 3 BImSchG, § 13 der 13. BImSchV). Gegenstand der Änderungsgenehmigung sind nur die Anlagenteile, für die aus Anlass der Änderung die Genehmigungsfrage erneut aufgeworfen wird.[57] Dies sind nur die Teile der Anlage, die geändert werden sollen. Von Bedeutung ist dies vor allem bei sogenannten quantitativen Änderungen, also bei Anlagenerweiterungen.[58] Gehen mit der Erweiterung nicht zugleich auch Änderungen an der Bestandsanlage einher, die für die Prüfung nach § 6 Abs. 1 Nr. 1 BImSchG erheblich sein können, kommt es allein auf die Anlagenerweiterung an. Diese muss für sich genommen die immissionsschutzrechtlichen Genehmigungsanforderungen erfüllen.[59] Die bestehende Anlage ist dabei der bestehenden Vorbelastung zuzurechnen, also nicht bedeutungslos.[60] Jedoch ist für die Anwendbarkeit von Irrelevanzklauseln (insbesondere nach der TA Luft und TA Lärm) nur auf die Erweiterung abzustellen.[61] Diese ist also in der Regel genehmigungsfähig, wenn sie für sich genommen irrelevant ist. Während es für die Frage, ob es eines Änderungsgenehmigungsverfahrens bedarf, allein auf die Erheblichkeit für die Prüfung nach § 6 Abs. 1 Nr. 1 BImSchG ankommt,[62] sind im Änderungsgenehmigungsverfahren selbst die Genehmigungsanforderungen umfassend zu prüfen, also auch die Anforderungen, die sich aus § 6 Abs. 1 Nr. 2 BImSchG ergeben. Damit korrespondiert, dass auch der Änderungsgenehmigung gemäß § 13 BImSchG Konzentrationswirkung zukommt.[63]

---

57 VGH Mannheim, Urt. v. 11.12.2014 – 10 S 473/14 –, NVwZ-RR 2015, 254; *Frenz*, in: Kotulla (Fn. 2), § 16 Rn. 95.
58 S. vorstehend unter IV., 2.
59 BVerwG, Urt. v. 24.10.2013 – 7 C 36/11 –, NVwZ 2014, 515; zur Vereinbarkeit mit der IED-Richtlinie (Fn. 51) s. Art. 20 Abs. 2, 2. UAbs der Richtlinie.
60 *Storost*, in: Ule/Laubinger/Repkewitz (Fn. 22), § 16 Anm. B7 f.
61 BVerwG, Urt. v. 24.10.2013 – 7 C 36/11 –, NVwZ 2014, 515.
62 S. vorstehend unter VI., 2., b).
63 Ausführlich *Giesberts*, in: Giesberts/Reinhardt (Fn. 2), § 13 Rn. 1 f.

Der Artenschutz in der Vorhabenzulassung aus rechtlicher und naturschutzfachlicher Sicht

Dr. *Ulrike Bick*, Ri'inBVerwG, Leipzig*, und
Dr.-Ing. *Katrin Wulfert*, Bochum

I. Einführung

Die artenschutzrechtlichen Verbotstatbestände (§ 44 Abs. 1 BNatSchG) gehören zum unmittelbar geltenden Bundesrecht, das gegenüber dem Landesrecht nach Art. 72 Abs. 3 S. 2 GG abweichungsfest ist. Sie können daher für jegliche Vorhabenzulassung, gleich ob es sich um eine fachplanerische oder um eine gebundene Entscheidung handelt, eine Zulassungsschranke darstellen.

Die nachfolgende Darstellung konzentriert sich auf das von der Rechtsprechung des BVerwG zum Tötungsverbot entwickelte Signifikanzerfordernis sowie die artenschutzrechtliche Ausnahme nach § 45 Abs. 7 BNatSchG. Für beides muss der Rechtsanwender nicht nur die richtigen *rechtlichen* Obersätze kennen; vielmehr benötigt er auch zwingend *naturschutzfachliche* Kenntnisse, denn er muss beispielsweise artspezifische Verhaltensweisen, die Wirksamkeit vorgesehener Schutzmaßnahmen und die Verschlechterung des Erhaltungszustands der Populationen einer Art bewerten. Der Beitrag bemüht sich darum, mit einem interdisziplinären Ansatz auf beide Fragestellungen einzugehen. Im Anschluss daran werden die naturschutzfachlichen Erkenntnisse, die sich dem Rechtsanwender in Form von zahlreichen Leitfäden, Auslegungs-

---

* Frau Dr. *Bick* ist Richterin am Bundesverwaltungsgericht. Sie gehört dort dem 9. Revisionssenat an, der u.a. für die Planfeststellung von Straßen zuständig ist. Frau Dr. *Wulfert* ist als Mitarbeiterin der Bosch & Partner GmbH u.a. für Forschungs- und Entwicklungsvorhaben sowie gutachterliche Tätigkeiten im Arten- und Gebietsschutz zuständig.

hinweisen etc. präsentieren, näher beleuchtet und die Bedeutung von Standards bzw. Fachkonventionen für die gerichtliche und gutachterliche Praxis diskutiert.

II. Die einschränkende Auslegung des Tötungsverbots (Signifikanzerfordernis)

1. Die bisherige Rechtsprechung des BVerwG zum Signifikanzerfordernis

Nach § 44 Abs. 1 Nr. 1 BNatSchG ist es u.a. verboten, wild lebenden Tieren der besonders geschützten Arten nachzustellen, sie zu fangen, zu verletzen oder zu töten. Dabei entspricht es ständiger Rechtsprechung des BVerwG, dass das Tötungsverbot individuenbezogen zu prüfen und einer populationsbezogenen Relativierung unzugänglich ist.[1] Der deutsche Tatbestand weist – anders als die zugrundeliegende Richtlinienfassung – keine Einschränkung durch das subjektive Element der Absichtlichkeit auf; eine früher enthaltene einschränkende Legalausnahme hat das BVerwG als europarechtswidrig beanstandet.[2] Damit sind die Planungsbehörden verpflichtet, grundsätzlich jede absehbare Tötung von Tieren zu untersagen.[3] Das bedeutet aber nicht, dass absehbare Einzelverluste durch den Straßenverkehr notwendig den Verbotstatbestand verwirklichen. Da die Schädigung einzelner Tiere der besonders geschützten Arten durch Kollisionen mit Kraftfahrzeugen die nahezu unvermeidliche Konsequenz jedes Straßenneu- oder -ausbaus ist, würden Straßenbauvorhaben andernfalls stets gegen das Tötungsverbot verstoßen und könnten nur im Wege der Ausnahme nach § 45 Abs. 7 BNatSchG unter den dafür geltenden engen Voraussetzungen zugelassen werden. Zur Vermeidung dieses ebenso unverhältnismäßigen wie sachwidrigen Ergebnisses legt das BVerwG den Tatbestand des Tötungsverbots in ständiger Rechtsprechung dahin aus, dass das Tötungsverbot

---

1 BVerwGE 133, 239 Rn. 58 = NVwZ 2010, 44.
2 BVerwGE 126, 166 Rn. 38 = NVwZ 2006, 1161.
3 Vgl. genauer *Beier/Geiger*, DVBl 2011, 399ff.

Tierverluste allein dann erfasst, wenn sich das Kollisionsrisiko für Exemplare der betroffenen Arten in signifikanter Weise erhöht.[4] Umstände, die für die Beurteilung der Signifikanz eine Rolle spielen, sind insbesondere artspezifische Verhaltensweisen, häufige Frequentierung des durchschnittenen Raums und die Wirksamkeit vorgesehener Schutzmaßnahmen. Für die fachliche Beurteilung ist der Planfeststellungsbehörde eine Einschätzungsprärogative eingeräumt.[5] Hiervon ausgehend wird etwa bei Fledermäusen ein signifikant erhöhtes Tötungsrisiko regelmäßig nur dann angenommen, wenn Hauptflugrouten oder bevorzugte Jagdgebiete betroffen sind.[6]

Eine vergleichbare Einschränkung hat das BVerwG inzwischen bei Maßnahmen zur Errichtung des Vorhabens angenommen. Wird das baubedingte Tötungsrisiko durch Vermeidungsmaßnahmen bereits bis zur Schwelle des allgemeinen Lebensrisikos, dem die Individuen der jeweiligen Art ohnehin unterliegen, gesenkt, kann nach dem Maßstab praktischer Vernunft keine weitergehende artenschutzrechtliche Verantwortlichkeit bestehen. Der damals zur Überprüfung stehende Planfeststellungsbeschluss zur A 14 war davon ausgegangen, dass das mit der Baufeldfreimachung einhergehende signifikant erhöhte Tötungsrisiko für Zauneidechsen durch verschiedene Maßnahmen (Vergrämung bzw. Fangen der Tiere im Baufeld, Verhinderung der Rückwanderung durch Errichtung eines überklettersicheren Zauns und Umsetzung der Tiere in geeignete Habitate in räumlicher Nähe) verhindert werden könne. Das BVerwG hat dies als vertretbare Einschätzung angesehen, wobei es entscheidend darauf abstellte, dass die Zauneidechse nicht flächendeckend im Trassenbereich vorkam, sondern nur an drei kleinen und leicht überschaubaren Standorten mit geringen Versteckmöglichkeiten.[7]

---

4   BVerwG, stRspr., vgl. nur BVerwGE 131, 274 Rn. 91 = NVwZ 2009, 302; BVerwGE 133, 239 Rn. 58 = NVwZ 2010, 44 und BVerwGE 140, 149 Rdnr. 99.
5   BVerwGE 131, 274 Rdnr. 65 ff. und BVerwGE 140, 149 Rn. 99 sowie BVerwG, Beschl. v. 23.01.2015 – 7 VR 6.14 – NVwZ-RR 2015, 250 Rdnr. 30.
6   BVerwGE 130, 299 (Rdnr. 219) und BVerwG, Urt. v. 28.04.2016 – 9 A 14.15 – juris Rn. 141.
7   BVerwG, Urt v. 08.01.2014 – 9 A 4.13 –, NVwZ 2014, 1008 Rn. 99 (insoweit nicht in BVerwGE 149, 31, abgedr.); vgl. auch BVerwG, Hinweisbeschl. v. 06.03.2014 – 9 C 6.12 –, juris Rn. 58.

In seiner Entscheidung zur A 20 (schleswig-holsteinische Seite des geplanten Elbtunnels) hat der 9. Senat des BVerwG sich kürzlich bemüht, das Signifikanzerfordernis – insbesondere in Bezug auf die Wirksamkeit der zu betrachtenden Vermeidungsmaßnahmen – nochmals zu präzisieren:[8] „Ein Nullrisiko ist daher nicht zu fordern, weswegen die Forderung, die planfestgestellten Schutzmaßnahmen müssten für sich genommen mit nahezu 100 %-iger Sicherheit Kollisionen vermeiden, zu weitgehend ist." Damit hat es sich ausdrücklich von einer in diese Richtung tendierenden Auffassung des OVG Lüneburg abgesetzt.[9] Weiter heißt es in dem Elbeurteil: „Dass die Wirksamkeit von Kollisionsschutzwänden fachwissenschaftlich nicht abschließend geklärt ist, steht ihrer Berücksichtigung als zusätzliche Schadensvermeidungsmaßnahme nicht entgegen. Auch bei der Festsetzung von Kollisionsschutzzäunen als Schadensvermeidungsmaßnahme hat die Planfeststellungsbehörde einen fachwissenschaftlichen Beurteilungsspielraum. Dieser ist erst verletzt, wenn die Annahme der Behörde fachlich nicht mehr vertretbar wäre, weil sich in der Wissenschaft die gegenteilige Meinung als Stand der Wissenschaft durchgesetzt hat."[10]

2. Kritik und Anwendungsprobleme – Überblick

Das Signifikanzerfordernis wird ganz überwiegend für erforderlich gehalten.[11] Auch mit dem Europarecht sei die Signifikanzschwelle vereinbar, weil sie auf die Erkennbarkeit der Risikoerhöhung für einzelne Individuen abhebe, ohne die von einer absichtlichen Tötung nicht gesprochen werden könne.[12] Kritisiert wird vor allem die fehlende dogmatisch tragfähige Begründung,[13] die mangelnde Vorlage der Frage an den EuGH[14] sowie die mit der praktischen Anwendung verbundenen Probleme; das Signifikanz-

---

8   BVerwG, Urt. v. 28.04.2016 – 9 A 9.15 –, juris Rn. 141.
9   OVG Lüneburg, Urt. v. 22.04.2016 – 7 KS 27/15 –, juris Rn. 339.
10 BVerwG, Urt. v. 28.04.2016 – 9 A 9.15 –, juris Rn. 144.
11 Vgl. bspw. *Gellermann*, NdsVBl 2016, 13 (14); *Fellenberg*, UPR 2012, 321 (324); *Schütte/Gerbig*, in: Schlacke, GK-BNatSchG, 2. Aufl. (2016), § 44 Rn. 16; *Wemdzio*, EurUP 2011 171 (172f.).
12 *Gellermann*, UPR 2015, 1 (7); im Erg. ebenso *Beier/Geiger*, DVBl 2011, 399 (404).
13 *Brandt*, ER 2013, 192 (195).
14 Etwa *Gellermann*, UPR 2015, 1 (7).

erfordernis sei nicht rechtssicher handhabbar, da Parameter zur Bestimmung der Signifikanz fehlten.[15]
Die dogmatische Begründung ist im Verhältnismäßigkeitsgrundsatz zu sehen, der unstreitig auch im Europarecht gilt. Die Forderung einer EuGH-Vorlage dürfte sich bei realistischer Betrachtung aus Sicht des BVerwG inzwischen erledigt haben, denn das Signifikanzerfordernis wird von den verschiedenen Planungssenaten des BVerwG seit vielen Jahren, also „in ständiger Rechtsprechung", angewandt. Die Kritik der schwierigen praktischen Handhabung ist indes nicht völlig von der Hand zu weisen. Zwar hat die Rechtsprechung durchaus Parameter zur Bestimmung der Signifikanz benannt: Es kommt – wie oben ausgeführt – auf artspezifische Verhaltensweisen, die Aufenthaltshäufigkeit im betroffenen Raum und die Wirksamkeit vorgesehener Schutzmaßnahmen an. Was allerdings darunter genau zu verstehen ist, muss in erster Linie naturschutz*fachlich* beantwortet werden.

3. Erforderlichkeit des Signifikanzansatzes aus naturschutzfachlicher Sicht

Neben der Frage der rechtlichen Zulässigkeit des Signifikanzansatzes stellt sich auch aus naturschutzfachlicher Sicht die Frage, ob der Ansatz zu einer sinnvollen Handhabung des Verbotstatbestandes führt. Dass eine allzu strikte Anwendung des Tötungsverbotes keine naturschutzfachlich vernünftigen Ergebnisse liefert, war in der Praxis insbesondere nach der Rechtsprechung des BVerwG zur Ortsumgehung Freiberg deutlich geworden.[16] Damals hatte das BVerwG entschieden, dass für die geplante Baufeldbefreiung der Tötungstatbestand anzunehmen war, obwohl das Abfangen und Umsiedeln der Zauneidechse innerhalb des Baufeldes als Vermeidungsmaßnahme vorgesehen war. Nach Auffassung des Gerichts konnte die Tötung im Zusammenhang mit der Zerstörung von Fortpflanzungs- und Ruhestätten nicht ausgeschlossen werden, da zumindest einzelne Tiere im Zuge der Baufeldfreimachung durch den Einsatz schweren Geräts in Erdspalten usw. erdrückt werden

---

15 *Ratzbor/Willmann*, ZNER 2014, 286 (292ff.) sowie *Brandt*, ER 2013, 192 (195).
16 BVerwGE 140, 149.

konnten.¹⁷ Diese Rechtsprechung wurde erst Anfang 2014 mit der o.g. Rechtsprechung zur A 14 aufgegeben bzw. modifiziert.¹⁸ Bis dahin war eine strikte Anwendung des Tötungsverbotes aus Gründen der Rechtssicherheit geboten. In der Konsequenz führte dies dazu, dass das Tötungsverbot auch unter Berücksichtigung von Vermeidungsmaßnahmen regelmäßig bejaht werden musste, so dass artenschutzrechtliche Ausnahmen zum üblichen Regelfall wurden. Denn zahlreiche Vorhaben, bspw. solche, die im Zusammenhang mit dem Ausbau oder der Erneuerung von Bahngleisen stehen, führen regelmäßig zu Konflikten mit der Zauneidechse. Ihr dienen nicht nur die Schotterkörper der Gleise als Überwinterungshabitat oder Sonnen- und Versteckplatz. Vielmehr stellen häufig auch die an die Schotterkörper angrenzenden Ruderalfluren einen Lebensraum für sie dar. Bei einer strikten Anwendung des Tötungsverbotes könnte der Verbotstatbestand für diese Vorhaben niemals verneint werden. Dies gilt auch für solche Fälle, in denen ausschließlich Bereiche betroffen sind, die nur eine geringe Eignung als Lebensraum für die Zauneidechse aufweisen und/oder in denen umfangreiche Vermeidungsmaßnahmen wie die oben beschriebenen durchgeführt werden. Bei Anwendung des Signifikanzansatzes ist hingegen eine differenziertere Herangehensweise möglich. So kann insbesondere in den nur wenig geeigneten Bereichen unter Berücksichtigung geeigneter Vermeidungsmaßnahmen das Risiko der Tötung bis zu einer Schwelle gesenkt werden, die mit dem allgemeinen Lebensrisiko bzw. dem Risiko, dem einzelne Exemplare im Rahmen des allgemeinen Naturgeschehens (bspw. durch natürliche Feinde) stets ausgesetzt sind, vergleichbar ist.

Das Signifikanzkriterium führt aber nicht nur bei Zauneidechsen aus naturschutzfachlicher und planungspraktischer Sicht zu sinnvolleren Ergebnissen. Ganz allgemein sind Individuenverluste von Arten, die sich mit ihrer Lebensstrategie auf den Verlust von Individuen eingestellt haben – sogenannte r-Strategen, die unter anderem durch hohe Reproduktionsraten, geringe Pflege der Nachkommen und eine kurze Lebensdauer gekennzeichnet sind –

---

17 BVerwG, Urt. v. 14.07.2011 – 9 A 12.10 –, juris Rn. 127 (insoweit in BVerwGE 140, 149, nicht abgedr.).
18 BVerwG, Urt v. 08.01.2014 – 9 A 4.13 –, NVwZ 2014, 1008 Rn. 99 (insoweit nicht in BVerwGE 149, 31, abgedr.).

anders zu werten als Arten, die geringe Reproduktionsraten, eine intensive Pflege der Nachkommen und lange Lebensdauer aufweisen (sogenannte K-Strategen). Denn die vorhabenbedingte Erhöhung des allgemeinen Lebensrisikos wird umso eher zu bejahen sein, je geringer das Risiko ist, dem die Exemplare einer Art ohnehin durch Prädatoren oder andere Umweltbedingungen ausgesetzt sind. Auch mit Blick auf die zu ergreifenden Vermeidungsmaßnahmen erscheint eine differenziertere Herangehensweise sinnvoll. Denn auch aus Gründen der Verhältnismäßigkeit ist ein zunehmender Aufwand umso weniger gerechtfertigt, je mehr die entsprechende Art in ihrer Autökologie auf hohe Verlustzahlen eingestellt ist. So führen auch *Bernotat & Dierschke* aus, dass naturschutzfachlich relevante Mortalitätsrisiken von weniger bedeutsamen bzw. naturschutzfachlich und planerisch vernachlässigbaren Individuenverlusten zu unterscheiden sind. Je empfindlicher das Schutzgut, desto weniger Risiko erscheint hinnehmbar. Zwar seien die Kriterien diesbezüglich eher artbezogen, sie gälten aber zugleich für die jeweiligen Individuen ihrer Art. Denn bei einer stark gefährdeten Art in ungünstigem Erhaltungszustand ist davon auszugehen, dass auch die Individuen entsprechend stark gefährdet sind, so dass bereits relativ geringe zusätzliche Gefährdungsfaktoren zu einer signifikanten Risikoerhöhung führen können. Bei Individuen einer weit verbreiteten ungefährdeten Art ist hingegen davon auszugehen, dass ihre Toleranz- bzw. Signifikanzschwellen gegenüber zusätzlichen Risiken deutlich höher liegen.[19]

Schließlich sieht auch die EU-Kommission eine differenzierte Herangehensweise bei der Bewertung des Tötungsverbotes vor. So geht sie in ihrem „Leitfaden zum strengen Schutzsystem für Tierarten von gemeinschaftlichem Interesse im Rahmen der FFH-Richtlinie 92/43/EWG" davon aus, dass „die strengen Schutzauflagen des Art. 12 unter Berücksichtigung des in Art. 2 beschriebenen Gesamtziels der Richtlinie, zu dessen Verwirklichung sie beitragen", auszulegen sind.[20] Hinsichtlich des Tötungsverbots wird

---

19 *Bernotat/Dierschke*, Übergeordnete Kriterien zur Bewertung der Mortalität wildlebender Tiere im Rahmen von Projekten und Eingriffen, 3. Fassung (2016), S. 68.
20 *EU-Kommission*, Leitfaden zum strengen Schutzsystem für Tierarten von gemeinschaftlichem Interesse im Rahmen der FFH-Richtlinie 92/43/EWG (2007), S. 10.

demzufolge ergänzend ausgeführt, dass das Verbot wichtig ist, „da es auch mit der Population einer Art (ihrer Größe, Dynamik usw.) verknüpft ist, die in Artikel 1 Buchstabe i) als eines der Kriterien für die Bewertung des Erhaltungszustands einer Art genannt wird. Fänge und Tötungen können zu einem direkten (quantitativen) Rückgang einer Population führen oder sich auf andere indirektere (qualitative) Weise negativ auswirken".[21] Diese Ausführungen verdeutlichen, dass die individuenbezogene Betrachtung, die dem Tötungsverbot grundsätzlich zugrunde liegt, nicht in erster Linie dem Schutz des einzelnen Individuums selbst dient, sondern vor dem Hintergrund der Zielsetzungen der Richtlinie und der Bewahrung bzw. Wiederherstellung des günstigen Erhaltungszustandes der Art zu sehen ist. In diese Richtung gehen auch Ausführungen in der Kommentar- und Fachliteratur. Danach ist als eigentliche Zielsetzung der Verbotstatbestände die Erhaltung der Art anzusehen; der individuenbezogene Maßstab sei jedoch gerechtfertigt, da sich Auswirkungen auf der Ebene der Population stets erst mittelbar aus kumulativen Beeinträchtigungen und Schädigungen von Individuen ergäben.[22]

4. Stand der naturschutzfachlichen Forschung zu den für das Signifikanzerfordernis maßgeblichen Fragen

Der Maßstab der Signifikanz muss in inhaltlicher und methodischer Hinsicht weiter operationalisiert werden. Ob eine signifikante Erhöhung des Tötungsrisikos vorliegt, wird in der Praxis derzeit unter Berücksichtigung verschiedener Parameter beurteilt, von denen einige – artspezifische Verhaltensweisen, Aufenthaltswahrscheinlichkeit sowie Vermeidungsmaßnahmen – bereits in der Rechtsprechung benannt werden. Diese sind mit Bezug zur Autökologie der jeweiligen Art naturschutzfachlich weiter auszufüllen und zu ergänzen.

Zu den artspezifischen Verhaltensweisen gehören etwa bei der Beurteilung von Kollisionsrisiken das Flugverhalten, Flughöhen

---

21 *EU-Kommission* (o. Fußn. 20), S. 39.
22 *Fellenberg*, in: Kerkmann, Naturschutzrecht in der Praxis, 2. Aufl. (2010), § 7 Rn. 3; ähnlich auch *Frenz/Lau*, in: Frenz/Müggenborg, BNatSchG, 2. Aufl. (2016), Vorb. §§ 44–45 Rn. 3 und 5; *Bernotat/Dierschke* (o. Fn. 19), S. 17.

sowie Aktionsradien der Art. So ist bspw. die Schwalbe aufgrund ihres wendigen Fluges gegenüber der Kollision mit dem Straßenverkehr als relativ unempfindlich einzustufen, wohingegen bspw. Eulen aufgrund der erhöhten Dichte von Kleinsäugern sowie geeigneten Ansitzwarten im Straßenrandbereich als besonders kollisionsgefährdet gelten. Auch der Rotmilan gilt als besonders empfindlich in Bezug auf Kollisionen mit Windenergieanlagen, da er sich während des Fluges in den Höhen der Rotorblätter bewegt. Darüber hinaus sind auch Mortalitäts- und Reproduktionsraten zu berücksichtigen, da die Risikoerhöhung im Vergleich zum allgemeinen Lebensrisiko bei den sogenannten K-Strategen wie bspw. Wolf oder Luchs höher zu bewerten ist als bei r-Strategen wie Amphibien- oder Falterarten (vgl. oben).

Neben artspezifischen Parametern sind auch räumliche Aspekte für die Beurteilung des Signifikanzkriteriums von Relevanz. Neben der Verbreitung der Art im Raum sind die Anzahl der vorkommenden Individuen sowie die Bedeutung der vorkommenden Habitate bzw. die Habitatfunktionen zu berücksichtigen. So wird eine Erhöhung des Tötungsrisikos bei der Existenz von Wanderkorridoren, die durch eine Straße zerschnitten werden sollen, eher anzunehmen sein, als bei Habitatstrukturen, die aufgrund ihrer Ausstattung nur gering von der jeweiligen Art frequentiert werden. Darüber hinaus sind vorhabenspezifische Aspekte in den Blick zu nehmen. So kommt es neben dem Vorhabentyp selbst auf die Lage des Vorhabens zu den Artvorkommen und auf die konkrete Ausgestaltung des Vorhabens an. So ist etwa das Tötungsrisiko durch Windenergieanlagen in Bezug auf bestimmte Arten anders zu werten als das von Freileitungen, bei Straßenbauvorhaben ist das Verkehrsaufkommen, bei Windenergieanlagen die Nabenhöhe zu berücksichtigen; auch Entfernungen zwischen Vorhaben und Fortpflanzungsstätten spielen eine entscheidende Rolle. Schließlich sind – wie oben bereits im Zusammenhang mit der Rechtsprechung ausgeführt wurde – mögliche Vermeidungsmaßnahmen in die Bewertung einzubeziehen.

Die Vielzahl der zu berücksichtigenden Parameter verdeutlicht, dass eine Beurteilung im jeweiligen Einzelfall vorzunehmen ist. Dennoch liegen mittlerweile einige Hilfestellungen für die Bewertung vor. Zu nennen sind bspw. die Abstandsempfehlungen der

Länderarbeitsgemeinschaft der Vogelschutzwarten,[23] die artspezifische Abstände für Vogelarten benennen. Sofern diese bei der Planung der Windenergieanlagen eingehalten werden, ist davon auszugehen, dass keine signifikante Erhöhung des Tötungsrisikos besteht. Bezogen auf Straßenbauprojekte sowie auf die Artengruppe der Fledermäuse gibt zudem die Arbeitshilfe Fledermäuse und Straßenverkehr[24] weitere Hinweise. Hier werden artspezifische und projektbezogene Eigenschaften definiert, welche zu einer Erhöhung des Kollisionsrisikos führen. Auf dieser Grundlage werden Gruppen mit unterschiedlicher Empfindlichkeit gegenüber Kollision abgeleitet. Konkrete Schwellen zur Bewertung des Tötungsverbotes werden jedoch nicht benannt. Besonders hervorzuheben ist in diesem Zusammenhang die durch das Bundesamt für Naturschutz (BfN) veröffentlichte Arbeit „Übergeordnete Kriterien zur Bewertung der Mortalität wildlebender Tiere im Rahmen von Projekten und Eingriffen"[25]. Hier werden die genannten Parameter noch genauer konkretisiert. Des Weiteren wird eine artspezifische Bewertung des vorhabentypspezifischen Tötungsrisikos vorgenommen, da sich das Tötungsrisiko durch Windenergieanlagen, Freileitungsanflug, Stromschlag, Kollision an Straßen bzw. Schienenwegen nicht nur zwischen den Arten, sondern auch bei derselben Art zum Teil erheblich unterscheidet[26]. Schließlich wird hier ein methodisches Vorgehen vorgeschlagen, wie die einzelnen Parameter bei der Bewertung des Tötungsrisikos zusammenzuführen bzw. zu aggregieren sind.

---

23 *LAG VSW* (Länderarbeitsgemeinschaft der Vogelschutzwarten), Abstandsempfehlungen für Windenergieanlagen zu bedeutsamen Vogellebensräumen sowie Brutplätzen ausgewählter Vogelarten, Stand April 2015 (2015), in: Berichte zum Vogelschutz. Band 51.
24 *BMVBS* (Bundesministerium für Verkehr, Bau und Stadtentwicklung) (Hrsg.), Arbeitshilfe Fledermäuse und Straßenverkehr, Entwurfsfassung (2011).
25 *Bernotat/Dierschke* (o. Fn. 19).
26 *Bernotat/Dierschke* (o. Fn. 19), S. 8.

II. Die artenschutzrechtliche Ausnahme nach § 45 Abs. 7 BNatSchG

1. Überblick

Wird der Verbotstatbestand bejaht, kommt eine Vorhabenzulassung nur über eine artenschutzrechtliche Ausnahme in Betracht. Neben dem Ausnahmegrund des § 45 Abs. 7 S. 1 Nr. 4 BNatSchG („Ausnahmen im Interesse der Gesundheit des Menschen, der öffentlichen Sicherheit, einschließlich der Verteidigung und des Schutzes der Zivilbevölkerung, oder der maßgeblich günstigen Auswirkungen auf die Umwelt"), der hier nicht weiter vertieft werden soll, kommt dem Ausnahmegrund nach § 45 Abs. 7 S. 1 Nr. 5 BNatSchG in der Praxis die größte Relevanz zu. Danach können Ausnahmen „aus anderen zwingenden Gründen des überwiegenden öffentlichen Interesses einschließlich solcher sozialer oder wirtschaftlicher Art" zugelassen werden. Eine Ausnahme darf zudem nach § 45 Abs. 7 S. 2 BNatSchG nur zugelassen werden, wenn zumutbare Alternativen nicht gegeben sind und sich der Erhaltungszustand der Populationen einer Art nicht verschlechtert. Die drei genannten Voraussetzungen (zwingende Gründe, Alternativenprüfung und keine Verschlechterung des Erhaltungszustands) sollen im Folgenden sowohl aus rechtlicher als auch aus naturschutzfachlicher und planungspraktischer Sicht näher betrachtet werden. Dabei konzentriert sich der Beitrag auf diejenigen Punkte, die die Autorinnen als problematisch ansehen. Das Sonderproblem der Anwendung des § 45 Abs. 7 S. 1 Nr. 5 BNatSchG auf Vögel, das sich daraus ergibt, dass Art. 9 Abs. 1 der Vogelschutzrichtlinie keinen Abweichungsgrund enthält, der den „zwingenden Gründen des überwiegenden öffentlichen Interesses" entspricht, bleibt aus Platzgründen ausgeklammert.[27]

---

27 Vgl. hierzu EuGH, Urt. v. 26.01.2012, Rs. C-192/11 (Kommission/Polen) und VGH München, Urt. v. 19.02.2014 – 8 A 11.40040 –, juris Rn. 846 ff. sowie *Gellermann*, NdsVBl 2016, 13 (17) und *Ruß*, NuR 2016, 591 (594), jew. m.w.N.

2. Zwingende Gründe des überwiegenden öffentlichen Interesses

Allgemein ist zu beachten, dass es speziell zur artenschutzrechtlichen Ausnahme relativ wenig Rechtsprechung gibt. Die Rechtsprechung zur Abweichungsprüfung im Gebietsschutz (§ 34 Abs. 3 Nr. 1 BNatSchG) wird allerdings häufig auf den Artenschutz übertragen. So sind an die zwingenden Gründe des überwiegenden öffentlichen Interesses i.S.d. § 45 Abs. 7 S. 1 Nr. 5 BNatSchG jedenfalls keine strengeren Anforderungen zu stellen als an die entsprechenden Voraussetzungen für eine Abweichungsentscheidung im Rahmen des Gebietsschutzes.[28]

Damit sich die Gründe gegenüber den Belangen des Gebietsschutzes durchsetzen können, müssen keine Sachzwänge vorliegen, denen niemand ausweichen kann; § 34 Abs. 3 Nr. 1 BNatSchG und Art. 6 Abs. 4 FFH-RL setzen lediglich ein durch Vernunft und Verantwortungsbewusstsein geleitetes staatliches Handeln voraus. Erforderlich ist eine Abwägung. Dabei muss die Gewichtung des öffentlichen Interesses aber den Ausnahmecharakter einer Abweichungsentscheidung berücksichtigen. Deshalb muss im Einzelnen begründet werden, woraus sich ein erhebliches Gewicht der mit dem Vorhaben verfolgten Ziele ergibt. Dies hat das BVerwG zuletzt in der Entscheidung zur Weservertiefung betont und Näheres hierzu ausgeführt.[29] Dieser Punkt bleibt in der Praxis häufig unberücksichtigt. So hat eine Umfrage unter Experten sowie die Auswertung von Fallbeispielen ergeben, dass eine ausführliche Darlegung sowohl der Vorhabenseite als auch der Beeinträchtigungen häufig vernachlässigt wird[30].

---

28 BVerwGE 149, 289 Rn. 119.
29 BVerwG, Urt. v. 11.08.2016 – 7 A 1.15 –, juris Rn. 104 ff.
30 Vgl. *Wulfert*, FFH-Abweichungsverfahren und artenschutzrechtliches Ausnahmeverfahren. Untersuchung rechtlicher, naturschutzfachlicher und planungspraktischer Anforderungen, Diss. 2016, S. 48 ff.

3. Alternativenprüfung

a) Überblick über die Rechtsprechung

Auch für die artenschutzrechtliche Alternativenprüfung gelten im Ansatz vergleichbare Grundsätze wie für diejenige im Rahmen des Gebietsschutzes.

Der Begriff der Alternative steht in engem Zusammenhang mit den Planungszielen, die mit einem Vorhaben verfolgt werden. Lassen sich die Planungsziele an einem nach dem Schutzkonzept der Habitatrichtlinie günstigeren Standort oder mit geringerer Eingriffsintensität verwirklichen, so muss der Projektträger von dieser Möglichkeit Gebrauch machen. Ein irgendwie gearteter Gestaltungsspielraum wird ihm nicht eingeräumt. Alternativen, die sich nur mit unverhältnismäßigem Aufwand verwirklichen ließen, bleiben aber außer Betracht. Als Alternative sind zudem nur solche Änderungen anzusehen, die nicht die Identität des Vorhabens berühren. Von einer Alternative kann deshalb dann nicht mehr die Rede sein, wenn eine planerische Variante auf ein anderes Projekt hinausläuft, weil die vom Vorhabenträger in zulässiger Weise verfolgten Ziele nicht verwirklicht werden könnten. Inwieweit Abstriche von einem Planungsziel hinzunehmen sind, hängt maßgebend von seinem Gewicht und dem Grad seiner Erreichbarkeit im jeweiligen Einzelfall ab.[31]

Wenn eine Trasse auch außerhalb der betroffenen FFH-Gebiete artenschutzrechtliche Konflikte auslöst, ist für eine artenschutzrechtliche Ausnahme eine von der habitatrechtlichen Prüfung gesonderte Alternativenprüfung erforderlich.[32]

Berühren sowohl die planfestgestellte Lösung als auch eine Planungsalternative FFH-Gebiete, so ist im Rahmen einer Grobanalyse allein auf die Schwere der Beeinträchtigung nach Maßgabe der Differenzierungsmerkmale des Art. 6 FFH-Richtlinie abzustellen; die Feindifferenzierungskriterien für die Gebietsmeldung gemäß Art. 4 I 6 FFH-Richtlinie sind hingegen bei einem Vergleich außer Betracht zu lassen. Daher ist nur zu untersuchen, ob Lebensraumtypen des Anhangs I oder Tierarten des Anhangs II der FFH-Richt-

---

31 Vgl. zuletzt BVerwG, Urt. v. 11.08.2016 – 7 A 1.15 –, juris Rn. 138 m.w.N.
32 BVerwGE 149, 289 Rn. 122.

linie beeinträchtigt werden und ob die beeinträchtigten Lebensraumtypen prioritär oder nicht prioritär sind. Innerhalb dieser genannten Gruppen (prioritär und nicht prioritär) ist nicht nochmals nach der Wertigkeit und der Anzahl der betroffenen Lebensraumtypen oder Arten sowie der jeweiligen Beeinträchtigungsintensität (oberhalb der Erheblichkeitsschwelle) zu differenzieren.[33]

b) Auswahl der zu prüfenden Alternativen aus fachplanerischer Sicht

Da die Auswlahl der zu prüfenden Alternativen unter Beachtung der jeweiligen Vorhabenziele vorzunehmen ist, kann die Auswahl der Alternativen durch eine enge Zielbestimmung bzw. die Formulierung möglichst vieler Teilziele beeinflusst und die Alternativlosigkeit des Projekts erhöht werden. Daher stellt sich die Frage nach geeigneten Maßstäben, anhand derer die Zielbestimmung transparent und nachvollziehbar bestimmt werden kann. Dies ist insbesondere von Bedeutung, wenn die Definition des Vorhabenziels durch den Vorhabenträger selbst erfolgt.

Mit Blick auf die Rechtsprechung aber auch auf die Zielsetzungen sowie den Wortlaut der FFH-Richtlinie kann für die Auswahl der Alternativen abgeleitet werden, dass sich zumindest die Kernziele des Vorhabens weiterhin verwirklichen lassen müssen. Der Maßstab für die Bestimmung des „objektiven Kerns" der Vorhabenziele kann sich ausschließlich aus der Intention der Regelungen der Abweichung und Ausnahme selbst ergeben, die zunächst die Erhaltung der Schutzgüter in den Vordergrund stellt und Abweichungen bzw. Ausnahmen nur für bestimmte, entsprechend gewichtige Vorhaben vorsieht. Dies findet sich insbesondere in der Tatbestandsvoraussetzung der zwingenden Gründe des überwiegenden öffentlichen Interesses wieder. Daher empfiehlt es sich, die Kernziele aus der Darlegung der zwingenden Gründe des öffentlichen Interesses abzuleiten und – in Orientierung an gesetzliche, planerische und/oder verwaltungsinterne Ziele – deren Langfristigkeit und Eintrittswahrscheinlichkeit sowie den erforderlichen Bedarf zu bewerten. Auch der zu betrachtende Suchraum sowie die Art der zu betrachtenden Alternativen (Kon-

---

33 BVerwGE 148, 373 Rn. 75 = NVwZ 2014, 714 und BVerwGE 146, 145 Rn. 105.

zept-, Standort-, Ausführungsalternativen) werden über die Identifikation der wesentlichen Vorhabenziele bestimmt.[34]

c) Vergleich der ausgewählten Alternativen aus fachplanerischer Sicht

Wie bereits ausgeführt kann die Rechtsprechung zur gebietsschutzrechtlichen Abweichung weitgehend auf die artenschutzrechtliche Ausnahme übertragen werden. In Bezug auf den Vergleich von Alternativen stellt sich daher die Frage, ob der o.g. Ansatz in der Rechtsprechung des BVerwG, im Rahmen des Vergleichs ausschließlich zwischen Beeinträchtigung von prioritären und nicht prioritären Arten zu differenzieren und keine weiteren Kriterien zur Differenzierung heranzuziehen, ebenso auf den Artenschutz übertragbar ist. Denkbar wäre bspw., dass zwischen Beeinträchtigungen von Arten in einem günstigen und ungünstigen Erhaltungszustand unterschieden wird.[35]

Aus fachlicher Sicht ist der Ansatz sowohl für den Gebietsschutz – im Falle der Übertragung jedoch ebenso für den Artenschutz – abzulehnen, da er zu abwegigen Ergebnissen führt. So können bspw. geringe Beeinträchtigungen eines prioritären Lebensraumtyps durchaus weniger schwer wiegen als sehr großflächige Beeinträchtigungen eines nicht prioritären Lebensraumtyps. Auch die Beeinträchtigung eines einzelnen prioritären Lebensraumtyps kann weniger schwer wiegen als bspw. die Beeinträchtigung vieler verschiedener nicht prioritärer Lebensraumtypen. Bei einer konsequenten Anwendung der Rechtsprechung wäre jeweils die Alternative zu wählen, die die nicht prioritären Lebensraumtypen beeinträchtigt, ohne dabei den Umfang der Beeinträchtigungen oder die Anzahl der betroffenen Lebensraumtypen zu berücksichtigen. Vergegenwärtigt man sich derartige Beispiele, wird deutlich, dass dieser Ansatz im Widerspruch zu den Zielsetzungen der

---

34 Vgl. ausführlicher *Wulfert* (o. Fn. 30), S. 155 ff.
35 Vgl. *Fellenberg* (o. Fn. 22), § 7 Rn. 151, der den aus der Rechtsprechung im Rahmen der Abweichung entwickelten Ansatz der Grobanalyse auch auf den Artenschutz überträgt und dementsprechend eine Differenzierung nach dem Gefährdungsstatus oder Erhaltungszustand von Arten für sinnvoll hält, eine weitere Differenzierung bspw. hinsichtlich der Zahl der betroffenen Arten oder Individuen müsse hingegen nicht erfolgen.

Richtlinie steht, die eine größtmögliche Schonung der Schutzgüter fordert.[36]

4. Sicherung des Erhaltungszustandes der Populationen

Gerade diese dritte Tatbestandsvoraussetzung wird durch unbestimmte Rechtsbegriffe geprägt, die naturschutzfachlich zu definieren sind. Nach der Rechtsprechung des BVerwG ist im Rahmen der Ausnahme – anders als beim Störungstatbestand des § 44 Abs. 1 Nr. 2 BNatSchG – nicht der Erhaltungszustand des von dem Vorhaben unmittelbar betroffenen lokalen Vorkommens maßgebend. Erforderlich ist vielmehr eine gebietsbezogene Gesamtbetrachtung, die neben der betroffenen lokalen Population auch die anderen (Teil-)Populationen der Art in ihrem natürlichen Verbreitungsgebiet in den Blick nimmt. Entscheidend ist, ob die Gesamtheit der Populationen in ihrem natürlichen Verbreitungsgebiet, das über das Plangebiet hinausreicht, als lebensfähiges Element erhalten bleibt. Für die Beurteilung, ob dies zutrifft, ist der Behörde ein Beurteilungsspielraum eingeräumt.[37] Diese durch das BVerwG formulierten Anforderungen sind schwierig zu fassen und müssen für die Anwendung in der Praxis naturschutzfachlich weiter ausgeführt werden.

Jedoch bestehen auch in der naturschutzfachlichen Diskussion derzeit sehr unterschiedliche Auffassungen, wie der Bezugsraum für die Beurteilung, ob eine Verschlechterung des Erhaltungszustandes der Populationen einer Art vorliegt, zu wählen ist. Insoweit werden das natürliche Verbreitungsgebiet, die biogeografische Region innerhalb der Mitgliedstaaten oder innerhalb eines Mitgliedstaates, die Metapopulation sowie die lokale Population als Bezugsraum angesprochen (vgl. nachfolgende vereinfachende Abbildung, in der die Bandbreite der unterschiedlichen Bezugsräume deutlich wird).[38]

Es liegt auf der Hand, dass die Frage des Bezugsraums entscheidenden Einfluss auf das Ergebnis der Beurteilung hat: Je größer

---

36 Vgl. ausführlicher *Wulfert* (o. Fn. 30), S. 164 ff.
37 St. Rspr., vgl. nur BVerwGE 146, 145 Rn. 135 und BVerwGE 148, 373 Rn. 130.
38 Vor allem bei der Abgrenzung des natürlichen Verbreitungsgebietes ist zu berücksichtigen, dass sich dies artspezifisch sehr unterschiedlich darstellt.

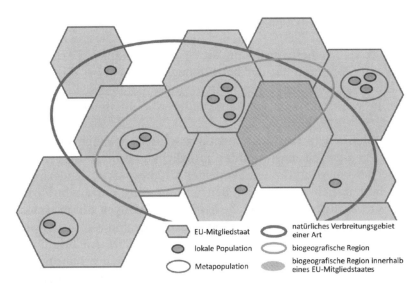

Mögliche Bezugsräume für die Beurteilung der Verschlechterung des Erhaltungszustandes der Populationen einer Art

der Bezugsraum gewählt wird, desto eher kann eine Verschlechterung ausgeschlossen werden, denn einzelne Vorhaben haben i.d.R. eher kleinräumige Auswirkungen und bewirken keine Verschlechterung innerhalb eines großen Raumes.

Der Wortlaut des Art. 16 Abs. 1 FFH-Richtlinie ist insoweit klarer als die Umsetzung im BNatSchG. Denn die Formulierung („Populationen der betroffenen Art in ihrem natürlichen Verbreitungsgebiet ...") deutet darauf hin, dass jede einzelne betroffene Population innerhalb des natürlichen Verbreitungsgebietes zu betrachten ist. Sofern als Bezugsraum das natürliche Verbreitungsgebiet der Art hätte vorgesehen werden sollen, wäre es ausreichend gewesen, in der Formulierung auf den Erhaltungszustand der Art Bezug zu nehmen. Dies lässt daher den Schluss zu, dass die Betrachtung auf die einzelnen Populationen gerichtet werden sollte. Auch die EU-Kommission legt in ihrem bereits erwähnten Leitfaden[39] dar, dass eine angemessene Bewertung der Auswirkungen einer spezifischen Ausnahme in vielen Fällen – wenn nicht in den meisten – auf einer niedrigeren Ebene als der biogeografischen Region statt-

39 *EU-Kommission* (o. Fn. 20).

finden muss, um ökologisch aussagekräftig zu sein: „Als eine nützliche Ebene bietet sich dabei die (lokale) Population an"[40]. Bestätigt werde „diese Auslegung durch den Wortlaut von Artikel 16, der auf ‚Populationen der betroffenen Art' verweise[41]. Mit Blick auf den Entwurf der FFH-Richtlinie vom 16.08.1988 sowie die Berner Konvention lassen sich keine anderen Schlussfolgerungen ziehen.[42]

Schließlich spricht auch aus naturschutzfachlicher Sicht einiges gegen den Bezugsraum des natürlichen Verbreitungsgebietes bzw. der biogeografischen Ebene des Mitgliedstaates. Andernfalls bliebe nämlich u.U. bei der Beurteilung eines einzelnen Vorhabens unberücksichtigt, welche Beeinträchtigungen durch andere Vorhaben in der gleichen biogeografischen Region verursacht werden[43]. So sind Fälle denkbar, in denen sich die Beeinträchtigungen durch ein einzelnes Vorhaben zwar nicht auf den Erhaltungszustand der Art in der biogeografischen Region auswirken; mehrere solcher Vorhaben könnten jedoch ggf. eine deutliche Verschlechterung des Erhaltungszustandes hervorrufen. Dies würde den Zielsetzungen der Richtlinie nicht entsprechen. Zudem stellen sich im Zusammenhang mit der Betrachtung großer Bezugsräume rein planungspraktische Probleme, da im Zuge der Ausnahme die Frage zu beantworten wäre, welches Ausmaß die vorhabenbedingten Beeinträchtigungen entfalten müssten, damit sie sich auf der Ebene der biogeografischen Region widerspiegeln bzw. welche Bedeutung die betroffene Population für den Erhaltungszustand auf biogeografischer Ebene hat. Diese Frage, die auch aus der Sicht des BVerwG in erster Linie naturschutzfachlich beantwortet werden muss (vgl. oben), ist aus fachlicher Sicht ausschließlich auf der Grundlage von Populationsmodellen bzw. Populationsgefährdungsanalysen zu beantworten, für die jedoch umfangreiche Daten über den Bestand (bspw. aktuelle Verbreitung, Bestandsent-

---

40   *EU-Kommission* (o. Fn. 20), S. 68.
41   *EU-Kommission* (o. Fn. 20), S. 68.
42   Vgl. genauer *Wulfert* (o. Fn. 30), S. 263 ff.
43   Vgl. auch *Runge/Simon/Widdig*, Rahmenbedingungen für die Wirksamkeit von Maßnahmen des Artenschutzes bei Infrastrukturvorhaben, F & E-Vorhaben im Rahmen des Umweltforschungsplanes des Bundesministeriums für Umwelt, Naturschutz und Reaktorsicherheit im Auftrag des Bundesamtes für Naturschutz – FKZ 3507 82 080 (2010), S. 35.

wicklung, aktuelle Gefährdungsursachen), zur Populationsbiologie und -genetik (bspw. Migrationsverhalten, genetische Populationsstruktur), den Raumanspruch sowie Habitatqualitäten und -dynamik erhoben werden müssen.[44] Die Erarbeitung solcher Modelle setzt intensive Forschungsarbeiten voraus, die einem einzelnen Vorhabenträger unter Berücksichtigung des Verhältnismäßigkeitsgrundsatzes nicht zugemutet werden können[45]. Die zentrale Schwierigkeit bei der Betrachtung eines übergeordneten Bezugsraumes ist daher in fehlenden Datengrundlagen zu sehen. Demgegenüber können bei dem vorgeschlagenen Bezugsraum die Auswirkungen auf die betroffene Population bzw. die betroffenen Populationen auf der Grundlage der vorgenommenen Bestandserfassungen oder Abfragen zu örtlich vorliegenden Datengrundlagen auf einer fachlich validen Basis vorgenommen werden.

Da die Bezugsebene der biogeografischen Region aus planungspraktischen sowie aus naturschutzfachlichen Gründen, aber auch vor dem Hintergrund der Zielsetzungen der FFH-Richtlinie nicht überzeugt, stellt sich die Frage nach einer weiteren Ebene, die der lokalen Population – die bereits bei der Bewertung des Störungstatbestandes zugrunde zu legen ist – übergeordnet werden kann. Aus naturschutzfachlicher Sicht bietet sich eine Differenzierung zwischen der lokalen Population im Rahmen des Störungsverbotes und einer Gruppe von Populationen im Sinne einer Metapopulation im Rahmen der Ausnahme an. Auch hier ist jedoch der planungspraktische Aspekt in den Blick zu nehmen, da auch die Erfassung von Metapopulationen mit hohem Aufwand verbunden ist. So sind bspw. mehrjährige Untersuchungen erforderlich, um die Dynamik der Metapopulation zu erfassen.[46] Insbesondere für Arten mit großen Aktionsräumen oder für ziehende, wandernde Arten (bspw. Großsäuger wie die Wildkatze) ergibt sich daher ein erhöhter Erfassungsaufwand, der im Rahmen konkreter Vorhaben kaum geleistet werden kann. Für Arten mit begrenzten Aktionsräumen (bspw. Tagfalter- oder Amphibienarten) besteht allerdings

---

44 *Amler/Bahl/Henle*, Populationsbiologie in der Naturschutzpraxis: Isolation, Flächenbedarf und Biotopansprüche von Pflanzen und Tieren (1999), S. 93.
45 Vgl. BVerwGE 134, 308 Rn. 37.
46 *Settele*, Metapopulationsanalyse auf Rasterdatenbasis: Möglichkeiten des Modelleinsatzes und der Ergebnisumsetzung im Landschaftsmaßstab am Beispiel von Tagfaltern (1998), S. 16.

die Möglichkeit, auf der Grundlage vorhabenbezogener oder vorliegender Bestandserfassungen mit Analogieschlüssen zu arbeiten. So kann bspw. bei der Erfassung verschiedener Laichgewässer, die sich innerhalb des artspezifischen Aktionsraumes befinden, auf eine Metapopulation geschlossen werden, auch wenn diese aus populationsbiologischer Sicht nicht eindeutig nachgewiesen ist. Auch die EU-Kommission verweist in ihrem Leitfaden im Zusammenhang mit den Ausnahmeregelungen auf die Metapopulation und nimmt gleichzeitig eine artspezifische Differenzierung vor, indem sie darauf hinweist, dass im Rahmen der Ausnahme bei der Tötung von Arten, die große Lebensräume beanspruchen (bspw. Großraubtiere), auf Populationsebene zu bewerten sei, während die Auswirkungen der Zerstörung einer Fortpflanzungsstätte in einem relativ fragmentierten Amphibienhabitat besser vor Ort oder auf Ebene der Metapopulation bewertet werden sollten.[47] Ob im Rahmen der Ausnahme auf den Ansatz der Metapopulation zurückgegriffen werden kann, ist daher artspezifisch sowie auf der Grundlage vorliegender Datengrundlagen bzw. Bestandserfassungen im Einzelfall zu entscheiden. Solange diesbezüglich keine vollständigeren Datengrundlagen vorliegen, ist zu empfehlen, als Bezugsraum die Ebene der betroffenen Population bzw. Populationen zugrunde zu legen, da ein Rückgriff auf übergeordneten Ebenen aufgrund der vorangegangenen Ausführungen nicht im Sinne der Richtlinie zu sein scheint und auch aus naturschutzfachlichen Gründen ausgeschlossen werden muss.

Darüber hinaus besteht die Möglichkeit, sogenannte FCS-Maßnahmen bzw. populationsstützende Maßnahmen zu ergreifen, die eine Verschlechterung des Erhaltungszustandes vermeiden. Die Berücksichtigung dieser Maßnahmen stellt in der Praxis derzeit eine geeignete Methode dar, um die Ausnahmevoraussetzungen darzulegen, ohne eine Beurteilung der Verschlechterung des Erhaltungszustandes vornehmen bzw. sich mit dem erforderlichen Bezugsraum der Bewertung auseinandersetzen zu müssen. Denn es werden vorsorglich Maßnahmen ergriffen, so dass man mit Gewissheit sagen kann, dass eine Verschlechterung des Erhaltungszustandes ausgeschlossen werden kann.

---

47 *EU-Kommission* (o. Fn. 20), S. 68.

Mit Blick auf diese Vorgehensweise stellt sich die Frage, ob die Diskussion über die Abgrenzung des Bezugsraumes eher eine theoretische bleibt. Ein Rückgriff auf FCS-Maßnahmen erscheint zumindest aus planungspraktischer Sicht durchaus sinnvoll, da umfangreiche Beurteilungen und Prognosen und damit unnötige Kosten erspart bleiben. Die Frage nach der Abgrenzung des Bezugsraumes erlangt jedoch aufgrund zunehmender Schwierigkeiten, geeignete Maßnahmenflächen zu finden, eine besondere Relevanz. So ist im Rahmen der Genehmigungspraxis deutlich spürbar, dass die Erforderlichkeit von Maßnahmen stärker begründet werden muss und rein vorsorgliche Maßnahmen auf immer weniger Zustimmung stoßen.

III. Bedeutung von Standards und Konventionen

1. Ausgangslage

Wie aufgezeigt erfordern viele der im Artenschutz maßgeblichen rechtlichen Fragestellungen ökologische Bewertungen und Einschätzungen, für die nähere normkonkretisierende Maßstäbe fehlen. Anders als in anderen Bereichen des Umweltrechts, wie etwa dem Bundesimmissionsschutzgesetz mit seinen zahlreichen Durchführungsverordnungen und weiteren Verwaltungsvorschriften (TA Luft, TA Lärm), hat der Normgeber im Bereich des Artenschutzes bislang weder selbst noch durch Einschaltung und Beauftragung fachkundiger Gremien Vorgaben für den Rechtsanwender aufgestellt. Dieser ist daher auf – außerrechtliche – Erkenntnisse der ökologischen Wissenschaft und Praxis angewiesen. Deren Erkenntnisstand ist aber in weiten Bereichen der Ökologie ebenfalls noch nicht so weit entwickelt, dass sie dem Rechtsanwender verlässliche Antworten liefern können. Vielfach handelt es sich um Erkenntnisse von Fachgutachtern aus Anlass anderer Projekte, die jeweils als Beleg für die eigene Einschätzung zitiert werden. Hinzu treten einzelne breiter angelegte Forschungsprojekte. Standardisierungsversuche, wie z.B. die des Bundesamtes für Naturschutz (BfN) zu den Fachkonventionen bei der FFH-Verträglichkeitsprüfung (*Lambrecht/Trautner*, Juni 2007), die die Billigung staatlicher Fachgremien (z.B. der LANA – Bund/Länder-Arbeitsgemeinschaft Naturschutz, Landschaftspflege und Erholung) gefunden haben, sind noch selten. Bei zahlreichen Fragestellungen steht – jeweils vertretbar – naturschutzfachliche Einschätzung gegen naturschutzfachliche Einschätzung, ohne dass sich eine gesicherte Erkenntnislage und anerkannte Standards herauskristallisiert hätten.[48]

Die zitierte Passage aus dem Urteil zur Ortsumgehung Bad Oeynhausen aus dem Jahre 2008 diente damals zur Begründung der naturschutzfachlichen Einschätzungsprärogative. Um diese soll es in diesem Beitrag nicht gehen, sondern um die damit allerdings eng zusammenhängende Frage der normkonkretisierenden Maßstäbe. An dem im Urteil beschriebenen Befund hat sich inzwischen einiges geändert:

Zwar fehlen normkonkretisierende Regelungen im Arten-, aber auch im Gebietsschutz weiterhin völlig. Ob und in welchem Umfang sich die Zahl der Fachkonventionen erhöht hat, hängt von dem Begriffsverständnis ab. Deutlich zugenommen hat in jedem Fall der Umfang der sonstigen „außerrechtlichen Erkenntnisse". Die Zahl einschlägiger Leitfäden, Arbeitshilfen, Handreichungen, Merkblätter, Auslegungshinweise zeigt zwar in beeindruckender Weise den Stand der Forschung; die Menge an Material ist aber selbst für Fachleute kaum noch überschaubar.

Zu der im Zitat schon erwähnten Fachkonvention von *Lambrecht & Trautner* ist jedenfalls – nach einer langen Phase, in der das Dokument nur als Entwurf und damit für die Gerichtspraxis nur als schwer verwertbare „graue Literatur" zur Verfügung stand – die Fachkonvention zur Untersuchung und Bewertung von straßenverkehrsbedingten Nährstoffeinträgen in empfindliche Biotope hinzugekommen.[49] Bei beiden Dokumenten wird in der Regel der Begriff Fachkonvention benutzt, ohne dass dies näher begründet

---

48   BVerwGE 131, 274 Rn. 64.
49   BMVBS (Bundesministerium für Verkehr, Bau und Stadtentwicklung), Untersuchung und Bewertung von straßenverkehrsbedingten Nährstoffeinträgen in empfindliche Biotope. *Balla S., Uhl, R., Schlutow A., Lorentz H., Förster M., Becker C., Scheuschner Th., Kiebel A., Herzog W., Düring I., Lüttmann J., Müller-Pfannenstiel K.:* Endbericht zum FE-Vorhaben 84.0102/2009 im Auftrag der Bundesanstalt für Straßenwesen.= Forschung Straßenbau und Straßenverkehrstechnik. Heft 1099 der Reihe „Forschung Straßenbau und Straßenverkehrstechnik" (2013).

wird. Nach Einschätzung der Autorinnen sollte eine Fachkonvention die folgenden Voraussetzungen erfüllen:
- **Entwicklung** im Rahmen von Forschungsvorhaben einer neutralen/unabhängigen Stelle (BfN, UBA, BMUB, bzw. entsprechende Stellen auf Landesebene: Landesministerien oder bspw. LANUV, LfU, NLWKN) oder Expertengruppen (bspw. LAG-VSW),
- **Abstimmung** mit den für den jeweiligen Bereich verfügbaren Experten (Forschungsbegleitkreise)/zumindest Beteiligung,
- **Etablierung** durch breite Anerkennung und Anwendung in Wissenschaft und/oder Praxis, ggf. Anerkennung durch Rechtsprechung.

Mit Blick auf diese Anforderungen stellen z.b. auch die folgenden Unterlagen Fachkonventionen dar:
- LANA (2009): Hinweise zu zentralen unbestimmten Rechtsbegriffen des Bundesnaturschutzgesetzes,
- Bundesamt für Naturschutz (2014): FFH-VP-Info: Fachinformationssystem zur FFH-Verträglichkeitsprüfung, Stand „23. Juli 2014", www.ffh-vp-info.de,
- LAG VSW (2015): Abstandsempfehlungen für Windenergieanlagen zu bedeutsamen Vogellebensräumen sowie Brutplätzen ausgewählter Vogelarten,
- Albrecht, K., Hör, T., Henning, F.W., Töpfer-Hofmann, G., & Grünfelder, C. (2013): Leistungsbeschreibungen für faunistische Untersuchungen im Zusammenhang mit landschaftsplanerischen Fachbeiträgen und Artenschutzbeitrag,
- Garniel, A., Mierwald, U. & Ojowski, U. (2010): Arbeitshilfe Vögel und Straßenverkehr,
- Runge, H., Simon, M. & Widdig, T. (2010): Rahmenbedingungen für die Wirksamkeit von Maßnahmen des Artenschutzes bei Infrastrukturvorhaben,
- FGSV (2008): Merkblatt zur Anlage von Querungshilfen für Tiere und zur Vernetzung von Lebensräumen an Straßen (MAQ).

Auch im Bereich der sonstigen „außerrechtlichen Erkenntnisse" hat sich eine Menge getan. So wurden im Rahmen des Forschungsvorhabens „Standardisierungspotenzial im Bereich der arten- und gebietsschutzrechtlichen Prüfung" ca. 145 einschlägige Dokumente ausgewertet. Erfasst wurden sowohl Leitfäden und Handlungsempfehlungen von Zulassungs- oder Fachbehörden auf EU-, Bundes- oder Landesebene als auch Fachkonventionen, Forschungs- und Entwicklungsvorhaben sowie einschlägige fachwissenschaftliche Veröffentlichungen.[50] Auch wenn die Liste für den Gebiets- und Artenschutz annähernd vollständig sein mag, ist für viele Vorhaben inzwischen auch verstärkt der Gewässerschutz in mehr oder weniger formalisierter Weise zu prüfen.[51] Da auch hierzu normkonkretisierende Regelungen mit Rechtsnormcharakter fehlen, muss man eine Vielzahl weiterer Dokumente hinzunehmen, darunter die sog. CIS-Guidance Documents, bei denen es sich um Empfehlungen und Mitteilungen des Netzwerks der EU – Wasserdirektoren handelt; ihnen kommt eine erhebliche Steuerungskraft zu, da die Kommission sie im allgemeinen in Vertragsverletzungsverfahren berücksichtigt.[52] Des Weiteren muss der Katalog um die einschlägigen Leitfäden zur naturschutzrechtlichen Eingriffsregelung ergänzt werden; hierzu existieren ebenfalls zahlreiche Unterlagen der Bundesländer mit Verordnungen, Leitfäden, Erlassen sowie Forschungsvorhaben.

2. Bewertung

Fachkonventionen sind grundsätzlich zu begrüßen. Sie können für Rechtsanwender und Gerichte zu einer deutlichen Entlastung führen und bestenfalls behördliche Beurteilungsspielräume überflüssig machen.[53]

Selbst wenn solche Fachkonventionen vorliegen, ist es allerdings keineswegs ausgemacht, dass sie in jedem Punkt einer gerichtlichen Prüfung standhalten. Dies hat zuletzt das Urteil des

---

50 *Wulfert/Lau/Widdig/Müller-Pfannenstiel/Mengel*, Standardisierungspotenzial im Bereich der arten- und gebietsschutzrechtlichen Prüfung, FuE-Vorhaben im Rahmen des Umweltforschungsplanes des Bundesministeriums für Umwelt, Naturschutz und Reaktorsicherheit im Auftrag des Bundesamtes für Naturschutz – FKZ 3512 82 2100 (2015), S. 10.

51 Vgl. hierzu etwa BVerwG, Urt. v. 28.04.2016 – 9 A 9.15 –, NVwZ 2016, 1710 Rn. 32 ff.

52 Durner, in: Landmann/Rohmer, Umweltrecht, Stand: Februar 2016, Vorbemerkungen zu §§ 27–31 WHG Rn. 9 f.

53 Vgl. *Storost*, UPR 2015, 47 (49).

OVG Münster vom 16.06.2016 zum Trianel-Kraftwerk in Lünen gezeigt. Dort wird die Fachkonvention zum Stickstoff – im Urteil als BASt-Bericht abgekürzt – zwar insoweit bestätigt, als sie „im Grundsatz aktuell die besten wissenschaftlichen Erkenntnisse zu dem Konzept der Critical Loads und zu der Ermittlung der Belastungsgrenzen für geschützte Lebensraumtypen enthält".[54] Auch folgt das Gericht der Konvention hinsichtlich der Annahme einer näher bezeichneten Bagatellschwelle. Um „auf der sicheren Seite zu liegen", sei allerdings – in Abweichung von der Konvention – das Abschneidekriterium im Regelfall auf 0,5 % des Critical Loads des jeweils in Betracht kommenden empfindlichsten Lebensraumtyps bzw. 1/6 der entsprechenden 3 %-Bagatellschwelle festzusetzen. Nur so sei hinreichend gewährleistet, dass die Einwirkungen mehrerer Anlagen angemessen erfasst werden.[55] Unabhängig davon, ob das Urteil rechtskräftig wird – beim BVerwG ist eine Nichtzulassungsbeschwerde anhängig[56] – und ob es im Ergebnis zu kaum noch zu bewältigenden Auswirkungen führt, weil der Untersuchungsraum unverhältnismäßig vergrößert werden muss, zeigt es jedenfalls das Dilemma, in dem sich die Gerichte im Umgang mit dem europäischen Naturschutzrecht befinden. Sie sollen ihrer Rechtsprechung die besten verfügbaren wissenschaftlichen Erkenntnisse zugrunde legen, so verlangt es der EuGH. Dies entbindet sie aber wohl – selbst bei Vorliegen einer Fachkonvention – nicht davon, diese Erkenntnisse auf ihre Plausibilität und vor allem auf ihre Übereinstimmung mit den rechtlichen Vorgaben zu überprüfen. In diesem Zusammenhang soll der Vollständigkeit halber erwähnt werden, dass der vom OVG Münster beanstandete Teilbereich der Stickstoff-Konvention Fragen der Kumulationsprüfung betraf, für die ihrerseits noch keine „gesamthafte" Fachkonvention besteht. Gerade dem Thema „Ermittlung und Bewertung kumulativer Beeinträchtigungen in der FFH-VP" kommt auch nach dem bereits erwähnten Forschungsvorhaben „Standardisierungspotenzial im Bereich der arten- und gebietsschutzrechtlichen Prüfung" die zweithöchste Priorität bei der Frage zu, bei

---

54 OVG Münster, Urt. v. 16.06.2016 – 8 D 99/13.AK –, juris Rn. 535.
55 OVG Münster, ebd., Rn. 602 ff.
56 Az.: 7 B 15.16.

welchen Themen besonderer Standardisierungsbedarf besteht.[57] Dass das OVG Münster ausgerechnet an diesem Punkt nachgehakt hat, ist vor diesem Hintergrund also wenig überraschend. Man kann den vorstehenden Erwägungen allerdings auch kritisch gegenüberstehen. Betont man nämlich stärker, dass Fachkonventionen gerade auch pragmatische Festlegungen der Fachwelt beinhalten (sollen), um hierdurch komplexe Fragestellungen in der Vorhabenprüfung handhabbar zu machen, dann erscheint es in gewisser Weise widersinnig, dass ein Gericht eine solche Fachkonvention nicht nur als unplausibel bewertet, sondern sogar eine eigene Schwelle definiert, die wiederum nicht nur von der Fachkonvention, sondern auch von anderen zur Thematik vertretenen Auffassungen abweicht und damit nicht fachlich begründet ist.[58]

Mit Blick auf die sonstigen „außerrechtlichen Erkenntnissen" zeichnet sich eine stetige Zunahme an sonstigen Leitfäden, Auslegungshinweisen usw. ab, denen sämtlich (jedenfalls für die Gerichte) keinerlei Bindungswirkung zukommt. Zwar ist positiv festzuhalten, dass inzwischen zu etlichen Fragen übereinstimmende Auffassungen der naturschutzfachlichen Experten vorliegen, etwa für die Interpretation der unbestimmten Rechtsbegriffe der Verbotstatbestände, den Begriff der Fortpflanzungs- und Ruhestätte, die Anforderungen an CEF-Maßnahmen und die Benennung artspezifisch geeigneter CEF-Maßnahmen. Ob die Ausführungen in den unterschiedlichen Dokumenten tatsächlich übereinstimmen, lässt sich allerdings oft nur mit Mühe und nicht immer zweifelsfrei feststellen. Gerade die Entwicklung hin zu immer mehr Länder-Leitfäden, mögen sie auch teilweise zu übereinstimmenden Ergebnissen kommen, wirft Fragen auf. Abgesehen davon, dass die Erstellung einer Vielzahl paralleler Unterlagen unnötig Ressourcen verschwendet, wird die Orientierung für Rechtsanwender und Gerichte zunehmend schwieriger. Während Behörden sich – soweit vorhanden – auf die Leitfäden ihrer Bundesländer stützen müssen, dürfte für die Gerichte ein Blick über die Landesgrenzen angeraten sein, um festzustellen, ob dort möglicherweise aktuellere Erkennt-

---

57 Vgl. *Wulfert/Lau/Widdig/Müller-Pfannenstiel/Mengel* (o. Fn. 40), S. 159 f.
58 Im vorliegenden Fall ging es um die Auffassung des LANUV (Landesamt für Natur, Umwelt und Verbraucherschutz NRW), vgl. OVG Münster, Urt. v. 16. 06. 2016 – 8 D 99/13.AK –, juris Rn. 566.

nisse vorliegen. Welchen Stellenwert haben daneben die verschiedenen Auslegungsleitfäden der EU-Kommission? Bestenfalls wurden sie in die genannten Leitfäden der Bundesländer eingearbeitet; gesichert ist dies jedoch nicht. Wie ist es zu erklären, dass die Windenergieerlasse in verschiedenen Bundesländern unterschiedliche artenschutzrechtliche Vorgaben für die Tabu- und Prüfbereiche vorsehen? Hängt dies mit rechtspolitischen Bewertungen zusammen, die bei den „besten wissenschaftlichen Erkenntnissen" außen vor bleiben müssten, oder lassen sich hierfür tatsächlich landesspezifische naturschutzfachliche Gründe anführen? Für letzteres könnte etwa eine besondere Gefährdungssituation der Art oder eine besondere Landesverantwortung sprechen. Auch ist es denkbar, dass abweichende Regelungen mit den regional unterschiedlichen Naturräumen zusammenhängen. Dies sollte möglichst transparent gemacht werden, was derzeit nicht stets der Fall zu sein scheint. Die Liste der Anwendungsprobleme lässt sich beliebig fortsetzen. So wurde etwa vor kurzem ein bislang als „etabliert" geltender Leitfaden, die Arbeitshilfe „Fledermäuse und Straßenverkehr", hinsichtlich der zugunsten der Fledermäuse festgesetzten Schutzmaßnahmen vom OVG Lüneburg als „nicht als wissenschaftlich hinreichend gesichert eingestuft"[59]; auch insoweit ist noch eine Nichtzulassungsbeschwerde beim Bundesverwaltungsgericht anhängig.[60] Das BVerwG wiederum hat dieselbe Arbeitshilfe – in Kenntnis der Entscheidung des OVG Lüneburg – in einer anderen Entscheidung weiter angewandt.[61]

3. Abhilfemöglichkeiten

Wie kann Abhilfe geschaffen werden? Im „Innovationsforum Planungsbeschleunigung" des Bundesverkehrsministeriums (eine Art Expertenkommission), in der zwei Arbeitsgruppen (Optimierung von Planungsverfahren und Naturschutz) gebildet wurden, werden hierzu verschiedene Vorschläge diskutiert. Der Ausgangspunkt der dortigen Diskussion ist vergleichbar: Es wird ebenfalls

---

59 OVG Lüneburg, Urt. v. 22. 04. 2016 – 7 KS 35/12 –, juris – Rn. 336 ff.
60 Az.: 9 B 44.16.
61 BVerwG, Urt. v. 28. 04. 2016 – 9 A 9.15 –, NVwZ 2016, 1710 Rn. 145 ff.

beklagt, dass die Leitfäden und Handlungsempfehlungen mitunter nicht gerichtsfest sind; auch wird in Frage gestellt, dass im Zuge der Rechtsprechung zu Einzelprojekten wichtige *naturschutzfachliche* Fragen durch Juristen entschieden werden. Die Vorschläge der Kommission decken ein breites Spektrum ab und reichen von der Entwicklung einer geeigneten Wissensplattform zur zielgerichteten Sammlung, Digitalisierung und Auswertung vorhandener Untersuchungen, Monitoringberichten usw. bis hin zur Bestellung eines Sachverständigenrates, der Handlungsempfehlungen für umweltbezogene Fragestellungen erarbeiten und im Planfeststellungs- sowie im Gerichtsverfahren zur Klärung umweltbezogener Streitfragen herangezogen werden kann. Dabei nimmt der letzte Vorschlag ausdrücklich Bezug auf die Forderung der Abteilung Öffentliches Recht des Deutschen Juristentags 2016 zur Einrichtung einer staatlichen Gutachtenstelle für Umweltschutz.[62] Die Einzelheiten können hier nicht dargestellt werden. Der Abschlussbericht der Kommission wird für das Frühjahr 2017 erwartet.

Aus der Sicht der Autorinnen sind diese Forderungen überwiegend gut nachvollziehbar. Es muss verstärkt darüber nachgedacht werden, wie das europäische Naturschutzrecht für Behörden und Gerichte rechtssicherer gestaltet werden kann. Dabei sollte auch überlegt werden, ob es nicht an der Zeit ist, dass der Gesetzgeber normative Vorgaben macht. Ein erster vernünftiger Ansatz wäre eine Bundeskompensationsverordnung; die entsprechende Ermächtigungsgrundlage hierfür enthält § 15 Abs. 7 BNatSchG. Bedauerlicherweise sind die Bemühungen zum Erlass einer derartigen Verordnung im Bundesrat am Widerstand einiger Bundesländer gescheitert. Auch über die Bundeskompensationsordnung hinaus könnten Rechtsverordnungen – zumindest Verwaltungsvorschriften – sinnvoll sein, wenngleich gerade im Bereich des Ar-

---

62 Beschluss 21.a) lautet: Durch Bundesgesetz sollte eine staatliche Gutachtenstelle für Umweltschutz auf Bundesebene eingerichtet werden, die institutionell unabhängig ist und deren Mitglieder sachlich unabhängig sowie auf die Wahrung des Gemeinwohls besonders verpflichtet sind. Die Gutachtenstelle kann entweder sachverständige Gutachten mit gesetzlich erhöhter Validität selbst erstatten oder in Auftrag geben oder die methodische Validität anderer Sachverständigengutachten attestieren. Der Beschluss wurde angenommen 22:12:7.

tenschutzes normative Vorgaben schwierig sind. Denn hier muss im Gegensatz zu den technischen Bereichen/Normen wie bspw. im Immissionsschutz stets der Einzelfall geprüft werden. Eine Art abschließende „TA Artenschutz" ist also – auch aufgrund der Vielfalt der Einzelthemen – völlig undenkbar. Vorstellbar und sinnvoll ist jedoch eine bundeseinheitliche Regelung zu bestimmten Themen. Diese könnten auch dazu genutzt werden, der Behörde klar definierte Beurteilungsspielräume einzuräumen[63]. So könnten in einem ersten Schritt neben den erwähnten Kompensationsfragen etwa die Anforderungen an Fachkonventionen näher geregelt werden. Auch hierdurch würde die Anwendungspraxis schon erheblich erleichtert, da den Fachkonventionen ein größeres Gewicht zukäme. Dabei darf allerdings nicht verkannt werden, dass bundeseinheitliche Regelungen immer auch politisch beeinflusst sind und daher die rein fachwissenschaftlichen Standards zu „verwässern" drohen. Die Einigung ist zudem schwierig, wie das Beispiel der Bundeskompensationsverordnung gezeigt hat. Solange der Gesetzgeber untätig bleibt, müssen Behörden und Gerichte weiter mit dem unbefriedigenden Zustand zurechtkommen.

IV. Zusammenfassende Thesen

Das zum Tötungsverbot entwickelte Signifikanzerfordernis sollte beibehalten werden. Es stellt eine sinnvolle Beschränkung des Tötungstatbestandes dar, um sachwidrige Ergebnisse zu vermeiden. Zur Erhöhung der Planungssicherheit für den Rechtsanwender sollten die zur Beurteilung erforderlichen naturschutzfachlichen Parameter in den von der Rechtsprechung zum Signifikanzerfordernis entwickelten Kriterienkatalog aufgenommen werden.

Sowohl unter Berücksichtigung der Zielsetzungen der FFH-Richtlinie als auch aus naturschutzfachlicher Sicht ist eine Berücksichtigung differenzierter naturschutzfachlicher Kriterien für einen qualifizierten Vergleich im Rahmen der Ausnahme zwingend erforderlich, um die Alternative mit den geringsten Be-

---

63 Vgl. *Bick*, NuR 2016, 73 (74 ff.).

einträchtigungen auf die artenschutzrechtlichen Schutzgüter zu ermitteln. Für die Beurteilung der Verschlechterung des Erhaltungszustandes der Populationen der Art ist der Bezugsraum der Metapopulation zu betrachten, sofern die Datengrundlagen sowie die Autökologie der betroffenen Arten dies zulassen. Ist der Rückgriff auf die Metapopulation nicht möglich, ist aus Gründen der Rechtssicherheit sowie aus planungspraktischen Erwägungen auf die Ebene der betroffenen Population bzw. Populationen abzustellen.

Das europäische Naturschutzrecht muss für Behörden und Gerichte dringend rechtssicherer gestaltet werden. Bundeseinheitliche Vorgaben sind sinnvoll, auch wenn sie gerade im Artenschutz wegen der stets gebotenen Einzelfallprüfung schwer zu formulieren sind. Dabei ist darauf zu achten, dass die besten wissenschaftlichen Erkenntnisse nicht durch politische Einflussnahme „verwässert" werden. Erste Ansätze für normative Vorgaben könnten die längst überfällige Bundeskompensationsverordnung sowie Regelungen zur Vereinheitlichung von Fachkonventionen sein.

Arbeitskreise

Arbeitskreis A

Diskussionszusammenfassung: Immissionsschutzrecht

Dr. *Susan Krohn*
Bundesministerium für Umwelt, Naturschutz,
Bau und Reaktorsicherheit, Bonn

I. Einleitung

Die 40. Fachtagung der Gesellschaft für Umweltrecht hatte sich als Jubiläumsveranstaltung zum Ziel gesetzt, einen näheren Blick auf die Entwicklung des Immissionsschutzrechts in den vergangenen Jahrzehnten zu werfen und die aktuellen Herausforderungen dieses Rechtsgebiets eingehend zu beleuchten. Mit den gehaltvollen Vorträgen von Prof. Dr. *Schink* und Prof. Dr. *Reidt* war ein umfassender Überblick über die vielfältigen Errungenschaften des Immissionsschutzrechts gegeben worden. Die Präsentationen ließen keinen Zweifel daran, dass das Bundes-Immissionsschutzgesetz (BImSchG) in Sachen Luftreinhaltung erhebliche Erfolge für sich verbuchen kann. Insbesondere der weitreichende Geltungsanspruch des Gesetzes, seine dynamischen Betreiberpflichten sowie sein ausdifferenziertes Instrumentarium zur Vermeidung und Verminderung schädlicher Umwelteinwirkungen haben dem BImSchG eine große Wirkungskraft verliehen. Die bestehenden Probleme im Bereich der Luftreinhaltung und des Lärmschutzes boten gleichwohl Anlass zu der Frage, ob das Immissionsschutzrecht auch für die Bewältigung der aktuellen ökologischen Herausforderungen die erforderliche Problemlösungskapazität aufweist.

Die Leistungsfähigkeit des BImSchG bildete den Schwerpunkt der Diskussion. Die Teilnehmer des Arbeitskreises befassten sich dabei zum einen mit der übergreifenden Fragestellung der Regelungsqualität des Gesetzes. Zum anderen griffen sie aktuelle umweltpolitische Themen mit hohem Handlungsbedarf auf. Sie erörterten dabei konkret, welchen Betrag das BImSchG zu einer Steigerung der Energieeffizienz von Industrieanlagen, zu einem anspruchsvollen Verkehrsimmissionsschutz sowie zu einem verbesserten Lärmschutz leisten kann. Zu Beginn des Austausches widmete sich der Arbeitskreis jedoch zunächst der Bedeutung von Irrelevanzschwellen.

II. Irrelevanzschwellen der TA Luft und TA Lärm

Vor dem Hintergrund der Darstellungen von Prof. Dr. *Reidt* zu § 16 BImSchG wurde im Arbeitskreis der Bezugsgegenstand der Irrelevanzschwellen nach den Technischen Anleitungen (TA) Luft und Lärm bei Änderungsgenehmigungen thematisiert. Das BVerwG hatte in seiner Entscheidung zum Großkraftwerk Mannheim (Urt. v. 24. 10. 2013 – 7 C 36/11) im Hinblick auf die Irrelevanzschwelle nach Ziffer 4.2.2. der TA Luft die Rechtsauffassung vertreten, dass bei der Ermittlung der durch das Vorhaben zu erwartenden Zusatzbelastung grundsätzlich allein auf den Immissionsbeitrag der von der Änderung betroffenen Anlagenteile oder Verfahrensschritte abzustellen sei. Prof. Dr. *Reidt* unterstützte diese Sichtweise mit dem Hinweis auf den Regelungsansatz der Änderungsgenehmigung. Den Prüfungsgegenstand dieser Genehmigung bilde immer nur die Änderung selbst. Es sei daher konsequent, lediglich die Immissionsbeiträge des Änderungsvorhabens und nicht die der gesamten Anlage an den Irrelevanzschwellen heranzuziehen. Diese Auffassung blieb nicht unwidersprochen. Prof. Dr. *Hansmann* gab zu bedenken, dass nach der Grundpflicht des § 5 Abs. 1 Nr. 1 BImSchG sicherzustellen sei, dass die Anlage als ganze keine schädlichen Umwelteinwirkungen hervorrufe. Stelle man allein auf die Immissionen des Änderungsvorhabens ab, könnten mehrfache Anlagenerweiterungen mit für sich gesehen irrelevanten Immissionsbeiträgen selbst dann genehmigt werden, wenn die Immissionen der Gesamtanlage eine erhebliche Überschreitung des maßgeblichen Immissionswertes verursachen. Dies wäre mit dem durch das BImSchG geforderten Schutz vor schädlichen Umwelteinwirkungen nicht vereinbar. Unterschiedlich bewertet wurde die Planung des Bundesministeriums für Umwelt, Naturschutz, Bau und Reaktorsicherheit, die Irrelevanzschwellen der TA Luft zukünftig an die Gesamtemissionen der Anlage anzuknüpfen. Während Teilnehmer aus den Umweltverwaltungen einen derartigen Schritt begrüßten, erntete er von Vertretern aus dem Kreise der Industrieverbände Kritik.

III. Leistungsfähigkeit des BImSchG

Den zentralen Diskussionspunkt bildete die Frage der Leistungsfähigkeit des BImSchG.

1. Regelungsqualität des Gesetzes

Verschiedene Teilnehmer des Arbeitskreises brachten anhand von Beispielen Bedenken hinsichtlich der Klarheit und Vollziehbarkeit der gesetzlichen Regelungen des BImSchG zum Ausdruck. So bescheinigte ein Wortbeitrag den Vorschriften über Biokraftstoffe nach den §§ 37a ff. BImSchG eine schwere Durchdringbarkeit. Auch die Vorgaben zur Umsetzung der Schlussfolgerungen über beste verfügbare Techniken nach der Industrieemissions-Richtlinie[1] (insb. §§ 7 Abs. 1a und b, § 12 Abs. 1a und b, 17 Abs. 2 a und b 48 Abs. 1a und b BImSchG) wurden als zu komplex beanstandet. Kritik eines Teilnehmers fand ferner die Art der Umsetzung von europarechtlichen Vorgaben zur Öffentlichkeitsbeteiligung. Hier würden zur Erfüllung der einschlägigen Regelungen des Europarechts teilweise eigens neue Trägerverfahren für die Beteiligung der Öffentlichkeit mit neuen materiellen Pflichten geschaffen (so nun § 23b BImSchG).

Übereinstimmung schien hinsichtlich der Folgen der als schwer zugänglich empfundenen Regelungen zu herrschen. Sie hätten deutlich negative Auswirkungen auf die Entscheidungskraft des Vollzuges. Teilnehmer aus dem Kreise der Wirtschaftsverbände

---

1 Richtlinie 2010/75/EU des Europäischen Parlaments und des Rates v. 24.11.2010 über Industrieemissionen.

und Unternehmen äußerten in diesem Zusammenhang ihre Besorgnis über die zunehmende Zahl von Forderungen der Genehmigungsbehörden nach Vorlage von Sachverständigengutachten durch die Anlagenbetreiber. Dies sei ein deutlicher Indikator für die Zurückhaltung der Vollzugsbehörden bei der Bewertung von Sachverhalten.

Bemerkenswerterweise handelte es sich bei den als wenig vollzugsfähig kritisierten Regelungen unisono um Vorgaben zur Umsetzung des Europarechts. Dies zeugte nach allgemeiner Meinung der Diskussionsteilnehmer eindrucksvoll von den Schwierigkeiten des Normgebers mit der Transformation europarechtlicher Vorgaben in das nationale Recht.

Diese Schwierigkeiten begründeten einige Wortbeiträge damit, dass sich das Europarecht als zu wenig kongruent mit dem deutschen Recht erweise. Andere hingegen sahen die Diskrepanzen zwischen dem nationalen und supranationalen Recht als unvermeidbare Folge des europäischen Harmonisierungsprozesses an, der durch die verschiedenen Rechtstraditionen der EU-Mitgliedstaaten beeinflusst werde. Einklang schien darüber zu herrschen, dass die Umsetzung europarechtlicher Vorschriften häufig durch ihre Beschaffenheit selbst erschwert werde. Unterschiedliche Vorstellungen unter den Mitgliedstaaten würden vielfach durch schwer operationalisierbare Formelkompromisse überdeckt. Zusätzlich könne die Ausgestaltung der Verhandlungsprozesse inhaltliche oder systematische Brüche in den europäischen Rechtsakten nach sich ziehen. Aufgrund des politischen Gebots der „Eins-zu-Eins"-Umsetzung des Europarechts in Deutschland bestehe die Gefahr, dass derartige Unklarheiten und Inkonsistenzen Eingang in das nationale Recht fänden.

Einige Diskutanten verwiesen darauf, dass die Bestimmung des europäischen Referenzniveaus für eine „Eins-zu-Eins"-Umsetzung angesichts der Befundaufnahme zur Regelungsqualität ein durchaus anspruchsvolles Unterfangen darstellen könne. Allgemein gehaltene, unbestimmte Richtlinienvorgaben müssten im Lichte europäischer Leitvorgaben interpretiert werden. Ein Vertreter aus dem Bundesumweltministerium merkte allerdings an, dass sich die Debatte um die Transformation des EU-Rechts „eins zu eins" in der Rechtssetzungspraxis immer weniger am unionsrechtlich

Gewollten orientiere. Sie werde zunehmend im Sinne eines möglichst niedrigen Anspruchsniveaus geführt, bei dem die Sachgerechtigkeit des Umsetzungskonzepts und seine Europarechtskonformität aus dem Blick zu geraten drohe.

Überwiegend bestand Konsens, dass sich eine „Eins-zu-Eins"-Umsetzung europäischer Vorgaben nicht in einem schlichten Abschreiben von Richtlinientext erschöpfen dürfe. Der Gesetzgeber habe bei der Umsetzung des Unionsrechts einen Gestaltungsauftrag wahrzunehmen. Dieser sei nach Auffassung der Teilnehmer möglichst auch dazu zu nutzen, Inkonsistenzen und Brüche des Europarechts zu überbrücken. Mit einer reinen Wiedergabe des Richtlinientextes würden bestehende Unklarheiten lediglich an den Vollzug weitergereicht. Dort erschweren sie Entscheidungsprozesse auch zulasten der Anlagenbetreiber. Nach Meinung eines Diskussionsteilnehmers hat der normative Rückzug des Gesetzgebers bei der Umsetzung von Europarecht Bestrebungen Auftrieb verliehen, fehlende gesetzliche Konkretisierungen durch Verwaltungsvorschriften oder Vollzugshinweise quasi auszugleichen. Diese seien bereits derart vielzählig, dass die Wirtschaft kaum noch sachgerecht auf ihre Inhalte reagieren könne. Ein Wortbeitrag warb unterdessen für Verständnis für die Wiederholung von Richtlinientext in nationalen Regelungen. Diese Vorgehensweise sei vielfach von dem nachvollziehbaren Bestreben getragen, einen unangreifbaren Nachweis für die Umsetzung des Europarechts zu erbringen. Vom Richtlinienwortlaut abweichende Formulierungen liefen deutlich größere Gefahr, durch die EU-Kommission und den Europäischen Gerichtshof beanstandet zu werden.

2. Ausgewählte Themenfelder: Energieeffizienz, Verkehrsimmissionsschutz, Lärmschutz

Anschließend diskutierte der Arbeitskreis mit den Themen Energieeffizienz, Verkehrsimmissionsschutz und Lärmschutz verschiedene Felder, in denen aktuell umweltpolitischer Handlungsbedarf besteht.

a) Energieeffizienz

Beleuchtet wurde zunächst der mögliche Beitrag des Immissionsschutzrechts zur Energiewende und zum Klimaschutz. Sowohl nach dem Klimaaktionsprogramm 2020 als auch dem Nationalen Aktionsplan Energieeffizienz soll die Betreibergrundpflicht zur sparsamen und effizienten Verwendung von Energie nach § 5 Abs. 1 Nr. 4 BImSchG Gegenstand einer fortlaufenden Überprüfung sein. Es wurde von den Teilnehmern herausgearbeitet, dass das derzeitige Immissionsschutzrecht diese Grundpflicht nur punktuell näher ausgestaltet hat. So statuiert § 12 der 13.BImSchV eine Pflicht zur Durchführung von Maßnahmen der Kraft-Wärme-Kopplung bei Großfeuerungsanlagen. § 13 der 17.BImSchV gebietet bei Abfallverbrennungsanlagen eine Nutzung von Abwärme. Zudem wurden für das Verfahren zur Genehmigung bestimmter Feuerungsanlagen mit der Kosten-Nutzen-Vergleich-Verordnung Vorschriften für die Bewertung eines Einsatzes von hocheffizienter Kraft-Wärme-Kopplung oder einer Verwendung von industrieller Abwärme geschaffen. Im Hinblick auf eine mögliche weitere Konkretisierung der energieeffizienzbezogenen Betreibergrundpflicht erinnerte Dr. *Rebentisch* an den Entwurf für eine Wärmenutzungsverordnung aus dem Jahr 1991. Dieser war auf eine Vorgängerregelung des jetzigen § 5 Abs. 1 Nr. 4 BImSchG gestützt worden. Der Regelungsvorschlag sah unter anderem Maßnahmen zur Verminderung des spezifischen Nutzenergiebedarfs von Anlagen sowie zur Verbesserung ihrer Wirkungs- und Nutzungsgrade vor. Auch wenn der Erlass der Wärmenutzungsverordnung seinerzeit nicht weiterverfolgt worden sei, beinhalte ihr Entwurf wertvolle Anregungen für eine weitere Operationalisierung der Pflicht zur sparsamen und effizienten Energieverwendung. Im Übrigen gelangte der Arbeitskreis zu der Auffassung, dass der Anlagenbegriff des BImSchG einem Gebot zur Verwendung von Abwärme außerhalb der eigenen Anlage nicht entgegenstünde. Wie bereits die Abfallgrundpflicht des § 5 Abs. 1 Nr. 3 BImSchG verdeutliche, könne sich die Pflichtenstellung des Betreibers auch auf bestimmte Sachverhalte „jenseits des Zaunes des Anlagengrundstücks" erstrecken.

Verschiedene Wortbeiträge brachten das ungelöste Spannungsverhältnis zwischen den energieeffizienzbezogenen Vorgaben des

Immissionsschutzrechts und der Vorschrift des § 5 Abs. 2 S. 2 BImSchG zum Ausdruck. Danach dürfen bei Anlagen nach dem Treibhausgas-Emissionshandels-Gesetz (TEHG) zur Erfüllung der Pflicht zur effizienten Verwendung von Energie im Hinblick auf prozessbedingte Kohlendioxidemissionen keine Anforderungen begründet werden, die über das TEHG hinausgehen. Verschiedene Teilnehmer hoben hervor, dass sowohl für die Verwendung von Abwärme als auch für den Einsatz der Kraft-Wärme-Kopplung Förderungsmöglichkeiten und somit indirekte Steuerungsmechanismen existieren. Für einen wirkungsvollen, aufeinander abgestimmten „Instrumentenmix" zur Steigerung der Energieeffizienz von Industrieanlagen bedürfe es daher noch weiterer Anstrengungen. Angemerkt wurde schließlich mit Blick auf die vorherige Diskussion, dass die Regelung des § 5 Abs. 2 S. 2 BImSchG entgegen der ansonsten üblichen Praxis über eine „Eins-zu-Eins"-Umsetzung des Europarechts hinausgehe.

Einen zusätzlichen Diskussionspunkt bildete die Frage, ob eine immissionsschutzrechtlich verortete, verbindliche Bedarfsplanung für Energieerzeugungsanlagen ein sachgerechtes Mittel zur Erreichung von klima- und energiepolitischen Zielsetzungen bilden könne. Ein solches Instrument wurde mit verschiedenen Gründen einhellig abgelehnt. Einige hoben die Bedeutung des Stroms als Wirtschaftsgut hervor und erachteten eine Bedarfsplanung bereits als unzulässigen Eingriff in die wirtschaftliche Betätigungsfreiheit. Andere betonten zwar das Potential der Bedarfsplanung im Hinblick auf eine länderübergreifende Koordinierung der Anstrengungen beim Umbau der Energieerzeugung. Sie räumten aber ein, dass ein solches Planungsinstrument ohne nachträgliche Befristungen von Anlagengenehmigungen nicht auskäme. Es werfe damit auch entschädigungsrechtliche Fragestellungen auf. Das Immissionsschutzrecht jedenfalls sehe nachträgliche Anlagenbefristungen nicht vor und würde mit Entschädigungsfragen zudem überfrachtet werden.

b) Verkehrsimmissionsschutz

Ein aktuelles Urteils des VG Düsseldorf (Urt. v. 13.09.2016 – 3 K 7695/15) wurde in der anschließenden Diskussion zum Anlass genommen, um die Leistungsfähigkeit des Verkehrsimmissionsschutzes zu beleuchten. In der vorstehend genannten Entscheidung hatte das Gericht den Luftreinhalteplan Düsseldorf für unzureichend erachtet, da in ihm keine differenzierte Auseinandersetzung mit dem Immissionsbeitrag von Dieselfahrzeugen erfolgt sei. Da der Schadstoffausstoß dieser Fahrzeuge überproportional zur Überschreitung des Immissionswertes für Stickstoffdioxid beitrage, hätten Fahrverbote für derartige Kfz als besonders effektive Maßnahmen in Betracht gezogen werden müssen. Nach Auffassung einiger Teilnehmer des Arbeitskreises verdeutlichen gerichtliche Entscheidungen wie diejenige des VG Düsseldorf, dass die Luftreinhalteplanung zunehmend als ein Surrogat für eine unzureichende Verkehrspolitik herhalten müsse. Rechtliche Bedenken gegenüber dem Ansatz, Verkehrsverbote für Diesel-Kfz mittels einer Luftreinhalteplanung vorzugeben, wurden aus dem Arbeitskreis indes nicht geäußert. Prof. Dr. *Jarass* kritisierte, dass das verkehrsbezogene Immissionsschutzrecht zu stark bei den Instrumenten des Verkehrsrechts Anleihen nehme. Dies begründe erhebliche Wirkungsgrenzen; denn das Verkehrsrecht habe mit der Gewährleistung der Sicherheit und Leichtigkeit des Verkehrs eine andere Zielsetzung als das Immissionsschutzrecht. Zudem sei im geltenden Verkehrsimmissionsschutz die Schifffahrt nicht adressiert, die zu einem nicht unerheblichen Teil zum Ausstoß von Luftschadstoffen beitrage. Angesichts des derzeitigen und zukünftigen Emissionsbeitrags des Verkehrs sprachen sich verschiedene Teilnehmer des Arbeitskreises dafür aus, den Verkehrsimmissionsschutz zu ertüchtigen. Die Regulierung des Schutzes vor verkehrsbezogenen Immissionen wurde zudem als ein lohnenswertes Themenfeld für eine gesonderte und vertiefte Befassung durch eine Tagung der Gesellschaft für Umweltrecht angesehen.

c) Lärmschutz

Zum Abschluss der Diskussion widmete sich der Teilnehmerkreis Fragen des Lärmschutzes. Dabei wurde das bestehende Lärmschutzsystem des BImSchG als ergänzungsbedürftig erachtet. Kritik erntete das bereits anderweitig vielfach beklagte Fehlen einer konsequenten akzeptorbezogenen Gesamtlärmbetrachtung. Das Lärmschutzrecht sei weitgehend quellenbezogen ausgestaltet und durch eine Segmentierung der einzelnen Lärmquellen geprägt, die nur in bestimmten Bereichen über den Anlagenbezug hinausgehe. Ein wirkungsvoller Lärmschutz stehe aber nicht nur vor rechtlichen Hürden, sondern auch vor tatsächlichen. Gerade die dringend notwendigen Maßnahmen zur Lärmsanierung seien ohne hinreichende Finanzmittel und ein abgestimmtes Vorgehen gegen verschiedene Lärmquellen nicht erfolgreich durchführbar. An beidem würde es in der Praxis aber vielfach mangeln.

Kontrovers wurde schließlich diskutiert, ob die zunehmende Urbanisierung und die zum Zwecke einer Reduktion der Flächeninanspruchnahme gewollte Innenentwicklung von Städten gewisse Modifikationen des Lärmschutzes erfordern. Aktuell wird von der Bundesregierung mit den Novellen des Städtebaurechts und der Technischen Anleitung Lärm eine Lockerung bestehender Immissionsstandards zugunsten einer Verdichtung von Innenstadtlagen vorbereitet. Danach soll mit dem so genannten „urbanen Gebiet" eine neue Baugebietskategorie vorgesehen werden, für die verminderte Anforderungen an den Lärmschutz gelten sollen. Es wurde die Frage aufgeworfen, ob darüber hinaus nicht auch dem passiven Lärmschutz zukünftig eine stärkere Rolle beigemessen werden müsse. Gegen einen solchen Ansatz führten Stimmen aus dem Arbeitskreis das Verursacherprinzip als prägenden Grundsatz des Immissionsschutzes ins Feld. Die Vermeidung schädlicher Umwelteinwirkungen verlange nach dem BImSchG bereits eine Reduktion von Emissionen an ihrer Quelle und nicht erst eine Begrenzung ihrer Auswirkungen beim Betroffenen. Andere wiesen darauf hin, dass das BImSchG passiven Schallschutz im Bereich des Verkehrslärmschutzes bereits heute für zulässig erachte. Ob er auch beim Gewerbelärm zur Anwendung kommen könne, sei letztlich eine Frage der Zumutbarkeit.

IV. Fazit

Die Diskussion verdeutlichte, dass auch nach vierzig Jahren Immissionsschutzrecht noch viel zu tun bleibt. Damit das BImSchG einen wirkungsvollen Beitrag zur Lösung aktueller Umweltprobleme leisten kann, ist sein Gestaltungsrahmen auszuschöpfen, teilweise aber auch zu erweitern. Den im Immissionsschutzrecht Tätigen – sei es in der Gesetzgebung, im Vollzug oder in der Justiz, sei es in den Unternehmen oder Verbänden – dürfte damit auch in den nächsten Jahrzehnten der Diskussionsstoff nicht ausgehen.

Arbeitskreis B

Diskussionszusammenfassung: Artenschutzrecht in der Vorhabenzulassung

Rüdiger Nebelsieck, LL.M.,
Fachanwalt für Verwaltungsrecht

I. Tötungstatbestand gem. § 44 Abs. 1 Nr. 1 BNatSchG

Einen deutlichen Schwerpunkt in der Diskussion zum Tötungstatbestand nahm erwartungsgemäß das vom Bundesverwaltungsgericht entwickelte Kriterium der „Signifikanz" ein, dessen grundsätzliche Berechtigung von der Mehrzahl der Diskussionsteilnehmer nicht in Frage gestellt worden ist.

Durchaus kritisch ist zur Entwicklung des Signifikanzkriteriums aber angemerkt worden, dass es sich in den Richtlinienvorgaben aus Art. 12 FFH-Richtlinie und aus Art. 9 Vogelschutzrichtlinie nicht finde. Daher stehe eigentlich ein Klärungsbedarf durch den dazu berufenen EuGH noch im Raum. Anknüpfend an eine entsprechende Äußerung im Vortrag von Frau Dr. *Bick* fragte ein Teilnehmer, ob es wirklich sein könne, dass eine Vorlagepflicht angesichts mehrjähriger Spruchpraxis des BVerwG wirklich „verjähren" könne. Frau Dr. *Bick* stellte dazu klar, dass sich ihre Ausführungen im Vortrag nicht auf die Rechtslage bezogen, sondern nur ihre persönliche Einschätzung zu Ausdruck gebracht hätten, dass die Neigung des Gerichts zu eine Vorlage eher gering sein könnte."

Ein weiterer Teilnehmer merkte zur Anwendung des Signifikanzkriteriums grundsätzlich an, dass seine Anwendung insbesondere bei sogenannten „Allerweltsvogelarten" nach seiner Erfahrung oft fehlerhaft erfolge und den nötigen Individuenbezug vermissen lasse. Das führe dazu, dass bei einigen dieser Arten die Beeinträchtigungen in ihrer Gesamtheit so erheblich seien, dass diese sich auch auf Populationsebene schon spürbar negativ bemerkbar machten. Als Beispiel wurden Tötungen von derzeit noch häufigen Greifvogelarten wie dem Bussard in der Konfliktlage zu Windparks benannt.

Einigkeit mit den Referentinnen bestand denn auch darin, dass die Kriterien einer Signifikanzbewertung einer deutlichen Fortentwicklung und Konturierung bedürfen und dass dabei der Individuenbezug der Prüfung nicht aus dem Blick geraten darf.

Keine Einigkeit bestand – wohl erwartungsgemäß – dazu, wie eine solche Fortentwicklung der Signifikanzkriterien gelingen kann und an welchen Vergleichsparametern die Prüfung auszurichten ist. Das erscheint zuvorderst deshalb wenig verwunderlich, weil das Kriterium in der FFH- Richtlinie und der Vogelschutzrichtlinie selbst nicht angelegt ist und nach dem Vortrag von Frau Dr. *Bick* dogmatisch lediglich aus dem Verhältnismäßigkeitsgrundsatz abgeleitet werden kann. Naturgemäß schwer fällt es daher, rechtssichere und fachlich belastbare Kriterien zu entwickeln.

Hinsichtlich der bisher vom BVerwG zugrunde gelegten Kriterien kritisierten einige Teilnehmer, dass diese nicht durchgängig stringent angewendet würden. Während in einigen Entscheidungen vergleichend auf das Tötungsrisiko eines Individuums der geschützten Arten abgestellt werde, welches im Rahmen des „allgemeinen Naturgeschehens" stets bestehe, spreche das BVerwG in anderen Entscheidungen von einem Risikobereich, der mit einem Verkehrsweg im Naturraum immer verbunden sei. Beide Maßstäbe wichen erkennbar voneinander ab, und für einen Vergleich mit den Gefahren eines „durchschnittlichen" Infrastrukturprojekts" fehle ein tragfähiger Anknüpfungspunkt.

Konträr blieb die Diskussion auch zu der Frage, ob eine Prüfung der Signifikanz nicht allein auf statistisch und fachlich tragfähiger Erkenntnisgrundlage gelingen könne, die häufig aber praktisch noch fehle. Diese Forderung sah sich dem Gegeneinwand einer mathematischen Scheingenauigkeit ausgesetzt. Die Referentin Dr. *Bick* sprach sich dafür aus, eine fachlich nachvollziehbare verbal argumentative Begründung ausreichen zu lassen.

Durchaus kontrovers diskutiert wurde zudem der in der Studie von Bernotat und Dierschke entwickelte und vom Mitverfasser Bernotat auch in der Diskussion persönlich erläuterte Mortalitätsindex (vgl. http://www.gavia-ecoresearch.de/ref/pdf/Bernotat_Dierschke_2016.pdf). Insoweit stand weniger die Frage im Fokus, ob es aus rein fachlicher Sicht nötig und sinnvoll ist, einen solchen Index zu entwickeln, sondern vielmehr die Frage, ob über den Index nicht letztlich populationsbezogene Wertungselemente in die Signifikanzbewertung Einfluss finden, die auf der noch rein individuenbezogenen Tatbestandsebene des § 44 Abs. 1 BNatSchG unionsrechtlich keinen Platz finden können. In diesem Zusammenhang stand die Frage im Raum, ob es rechtlich tragfähig wäre, über den Mortalitätsindex und den in ihn integrierten Populationsbezug bei indviduenbezogen gleich hohem Anstieg der Tötungsrisiken die Tötungen z.b. des Luchses anders zu bewerten als die einer Libelle oder Tötungen eines Rotkehlchens anders als die eines Rotmilans.

II. Ausnahmeregelung in § 45 Abs. 7 BNatSchG

Zu den Ausnahmetatbeständen des § 45 Abs. 7 BNatSchG wurde zunächst der Hinweis der Referentin Dr. *Bick* aufgegriffen, dass es nach dem Urteil des EuGH vom 26.01.2012 gegen Polen (C-192/11) nahe liege, dass die Norm auf Beeinträchtigungen von Vögeln nach Maßgabe des Art. 9 Abs. 1 der Vogelschutzrichtlinie allenfalls nach einer nochmaligen und weitergehenden Klärung durch den EuGH uneingeschränkt Anwendung finden könne. Insoweit wiesen Teilnehmer kritisch darauf hin, dass das Problem auch nach Bekanntwerden des Polen-Urteils von einigen Gerichten bereits ohne Vorlage an den EuGH im Sinne der Ausnahmefähigkeit entschieden worden sei.

Hinsichtlich des Tatbestandsmerkmals zwingender Gründe des überwiegenden öffentlichen Interesses wurde von einem Teilnehmer dargelegt, dass die Voraussetzung auch bei primär privatnützigen Vorhaben zur Anwendung kommen könne, wenn diese mittelbar zugleich ein öffentliches Interesse verfolgten. Als Beispiel wurde die Errichtung von Windparks benannt. Das blieb in der Diskussion ohne Widerspruch.

Zur Ausnahmevoraussetzung der vorzugswürdigen Alternative wurde die zweite These der Referentinnen kritisch diskutiert. Diese forderte eine Berücksichtigung differenzierter naturschutzfachlicher Kriterien, um einen qualifizierten Vergleich der artenschutzrechtlichen Beeinträchtigungsintensität vornehmen zu können und war von einigen Teilnehmern dahingehend verstanden worden, es solle nur noch auf artenschutzrechtliche Kriterien ankommen. Dieser Kritik begegnete die Referentin *Wulfert* mit der Klarstellung, dass sich die Formulierung der zweiten These nur auf den Vergleich der artenschutzrechtlichen Beeinträchtigungen beziehe und damit keineswegs eine Aussage zur Beachtlichkeit naturschutzexterner Verhältnismäßigkeitserwägungen verbunden sei.

Verschiedene Beiträge der Teilnehmer zur Ausnahmeprüfung stellten generell das Verhältnis von Tatbestands- und Ausnahmeprüfung in Frage und plädierten für eine aus ihrer Perspektive jeweils ausgewogene Anwendung beider Prüfschritte. An der geltenden Rechtslage werden sich die Verwaltung und Gerichte ungeachtet der Plausibilität der jeweils angeführten Argumente indes auszurichten haben.

III. Rolle von Fachkonventionen

Am Sonnabend wurde der Arbeitskreis zu dem Themenkreis der Rolle von Fachkonventionen in der gerichtlichen Kontrolle von artenschutzrechtlichen Verwaltungsentscheidungen fortgesetzt. Dabei lag der Fokus der Diskussion auf dem Spannungsverhältnis zwischen der nötigen Richtigkeitsgewähr im Einzelfall und der durch Konventionen gerade bezweckten Arbeitserleichterung.

Am Beispiel der im Vortrag erwähnten und von einigen Teilnehmern offenbar kritisch gesehenen Trianel-Entscheidung des OVG Münster vom 16.06.2016 zu den sog. Abschneidekriterien bei Stickstoffeinträgen (8 D-99/13 AK, juris) wurden sodann die Grenzen der Bezugnahmemöglichkeiten auf Fachkonventionen diskutiert. Der an der diskutierten Entscheidung beteiligte Vorsitzende

Richter am OVG, Prof. Dr. *Seibert*, erläuterte die Hintergründe der Entscheidung dahingehend, dass es im Streitfall gerade an einheitlichen und widerspruchsfreien Fachkonventionen gefehlt und das Gericht daher versucht habe, die Widersprüche der Konventionen in deren Logik aufzulösen. Vorgeschlagen wurde, zur Minimierung derartiger Widersprüche eine allgemeine Gutachterbehörde zu schaffen. Die Referentin Dr. *Bick* äußerte in diesem Zusammenhang Zweifel, ob angesichts einer von ihr beobachteten „Lagerbildung" in den Reihen der Fachgutachter die ebenfalls vorgeschlagene Auswahl von „Obergutachtern" gelingen könne.

Keinen Widerspruch erfuhr die sowohl von der Referentin Dr. *Bick* als auch von Prof. Dr. *Seibert* geäußerte Erwartung an die Konventionsbildung dergestalt, dass diese eine pluralistische Besetzung der Gremien, deren Unabhängigkeit und eine Transparenz der Entstehung sowie die Nachvollziehbarkeit der Ergebnisse erfordere.

Zweifel wurden von mehreren Teilnehmern zur Frage geäußert, ob der für eine Konventionsbildung erforderliche Konsens in den oft sehr streitigen Fachfragen realistisch erreichbar sei und sich daher Fachkonventionen letztlich als ein Instrument erwiesen, deren Legitimationskraft zu gering sei und deren Anwendung durch die Verwaltung eine zu hohe Rechtsunsicherheit in sich berge.

Folgerichtig wurde der Ruf nach einer höheren Durchsetzungskraft fachlicher Regelwerke laut, und die Diskussion nahm die Frage in den Blick, ob eine erhöhte Rechtssicherheit über Verordnungen oder jedenfalls über den Erlass normkonkretisierender Verwaltungsvorschriften, etwa einer TA Fledermaus, erreichbar sei.

Auch dagegen wurden jedoch gewichtige Argumente vorgetragen. So wurde hinsichtlich einer konkreten Steuerung über Verordnungen in Frage gestellt, ob deren Erlass zum einen politisch realistisch und zum anderen hinreichend offen für die nötige Einzelfallrichtigkeit wäre. Und hinsichtlich einer insoweit als weniger problematisch eingestuften Verwaltungsvorschrift wurde von einem Teilnehmer plausibel in Erinnerung gerufen, dass der EuGH bereits mehrfach einer Umsetzung von Unionsrecht über nicht außenrechtsverbindliche Verwaltungsvorschriften eine Absage erteilt hat.

IV. Werkstattbericht BMUB

Anknüpfend an die Diskussion zur Ergänzung der normativen Steuerung des besonderen Artenschutzrechts gab Ministerialrat Dr. *Stefan Lütkes* aus dem BMUB einen kurzen Einblick in die gesetzgeberischen Aktivitäten zur Änderung des § 44 Abs. 5 BNatSchG. So berichtete er, dass geplant sei, das von der Rechtsprechung entwickelte Signifikanzkriterium auch im Gesetz zu verankern und zudem die bisher umstrittene Frage zur artenschutzrechtlichen Beurteilung des Einfangens geschützter Tiere zum Zwecke einer artenschutzrechtlich veranlassten Umsiedlung gesetzlich zu regeln (vgl. dazu inzwischen den Referentenentwurf des Ministeriums für Umwelt, Naturschutz, Bau und Reaktorsicherheit vom 01. 12. 2016).

Übersicht über die Rechtsprechung des Bundesverwaltungsgerichts zum Umweltrecht

Prof. Dr. Dr. h.c. *Klaus Rennert*,
Präsident des Bundesverwaltungsgerichts, Leipzig

Meine sehr verehrten Damen und Herren,

das Programm Ihrer Tagung verspricht für die folgende halbe oder dreiviertel Stunde eine Rechtsprechungsübersicht. Das klingt nach der Breite hin recht umfassend, dafür in die Tiefe hinein eher nach Oberfläche. Ich will es dennoch versuchen. Damit ich Sie nicht allzu sehr langweile, will ich dem Überblick nach der Sandwich-Methode ein paar Bemerkungen institutioneller Art voranstellen und ein paar Bemerkungen nachfolgen lassen, die sich mit einigen übergreifenden Fragen etwas genauer befassen. Bei alledem konzentriere ich mich auf die zurückliegenden zwei Jahre; das entspricht, wie ich mir habe sagen lassen, den Gepflogenheiten.

I. Das Umweltrecht im Bundesverwaltungsgericht

Beginnen wir mit ein paar institutionellen Bemerkungen. Das Bundesverwaltungsgericht zählt, wie Sie vielleicht wissen, 55 Mitglieder, davon – unter Einschluss von Präsident und Vizepräsident – 11 Senatsvorsitzende und 44 Berichterstatter. Es gliederte sich in 10 Revisionssenate, 2 Wehrdienstsenate und den sog. F-Senat. Die Revisionssenate waren nicht ausschließlich mit Revisionen sowie vorbereitenden Revisionszulassungsverfahren befasst, sondern in unterschiedlichem Umfang auch mit erstinstanzlichen Klage- und einstweiligen Rechtsschutzverfahren. So liegt es auch im Umweltrecht; erstinstanzliche Sachen betreffen hier Infrastrukturvorhaben für Bundesstraßen, Schienenwege, Wasserstraßen und Fernstromleitungen. Daneben gibt es Revisionen aus denselben Materien und zusätzlich aus allen möglichen anderen Gebieten, namentlich etwa aus dem Baurecht, dem Immissionsschutzrecht oder aus dem Luftverkehrsrecht.

Mit Umweltsachen sind im Bundesverwaltungsgericht traditionell drei Senate befasst: der 4. Senat mit seinen Stammmaterien des Baurechts, des Natur- und Landschaftsschutzrechts und des Luftverkehrsrechts; der 7. Senat, dem traditionell das Recht der Anlagengenehmigungen, namentlich also das Immissionsschutz- und Atomrecht, sowie das Wasser-, das Abwasser- und das Abfallrecht obliegen; sowie der 9. Senat, der für das Straßenplanungsrecht verantwortlich zeichnet. Bei der Geschäftsverteilung gab es im Berichtszeitraum zwei Neuerungen. Zum einen wurden dem 4. Senat die zu erwartenden Sachen aus dem Recht der Anlage von Fernstromleitungen zugewiesen. Zum anderen hat der 3. Senat die Eisenbahnsachen übernommen. Damit hat das Gericht einen vierten Planungssenat etabliert. Das geschah, um den 7. Senat zu entlasten, der mit den wasserrechtlichen Großverfahren zur Weser- und zur Elbvertiefung mehr als genug zu tun hatte und hat. Dass dabei auch eine Rolle gespielt hätte, dass mit Herrn *Kley* und nach dessen Ausscheiden mit Frau Dr. *Philipp* ausgewiesene Planungsrechtler den Vorsitz im 3. Senat führten, ist ein unbestätigtes Gerücht, welches auch ich unbestätigt lasse.

Die Geschäftsbelastung des Gerichts hat nach dem historischen Tiefstand des Jahres 2014 in den beiden Folgejahren jeweils wieder zugenommen, bezogen auf die R-Senate im Jahr 2015 um 8,3 % und in den ersten drei Quartalen des Jahres 2016 gar um 16,3 %. Das betrifft auch erstinstanzliche Klagverfahren in Umweltsachen. Wurden 2014 noch 22 derartige Klagen erhoben, so waren es 2015 51 und in den ersten drei Quartalen 2016 35. Diese absoluten Zahlen klingen überschaubar; doch darf nicht übersehen werden, dass gerade diese Sachen besonders arbeitsaufwendig sind. Die diesbezüglichen Spitzenreiter – das Weser- und das Elbeverfahren – beschäftigen den 7. Senat seit nunmehr vier Jahren, mit Eilbeschlüssen, Hinweisbeschlüssen, Vorabentscheidungsersuchen an den Europäischen Gerichtshof sowie einem Planergänzungsverfahren zur Elbe; es ist bemerkenswert und verdient hohe Anerkennung, dass der Senat sich gleichwohl noch um seine anderen Rechtsgebiete kümmern konnte und sich zum Bergrecht, zum Abfall- sowie zum Immissionsschutzrecht geäußert hat, vom Informationsfreiheitsrecht zu schweigen.

In der rechtspolitischen Diskussion wird immer wieder erwogen, die erstinstanzlichen Zuständigkeiten des Bundesverwaltungsgerichts zugunsten der Oberverwaltungsgerichte zu reduzieren. Das halte auch ich für angebracht, zumal das Bundesverwaltungsgericht angesichts des nach wie vor recht hohen Arbeitsanteils für die erstinstanzlichen Sachen seinen Charakter als Rechtsmittelgericht tendenziell einzubüßen droht. Davon möchte ich freilich die umweltrechtlichen Großverfahren um Infrastrukturvorhaben ausnehmen. Mit solchen Verfahren dürften zumal kleinere Oberverwaltungsgerichte oft überfordert sein, die es sich nicht leisten können, dass ein ganzer Senat über Monate hinweg mit einer einzigen Sache völlig ausgelastet wird.

II. Umweltrechtliche Verfahren

Die umweltrechtlichen Verfahren standen in den zurückliegenden zwei, drei Jahren besonders unter unionsrechtlichen Vorzeichen: In Luxemburg hingen die beiden Vorabentscheidungsersuchen unseres Hauses zur Weservertiefung und zur Waldschlösschen-Brücke; daneben hatte der Gerichtshof über die Vertragsverletzungsklage der Kommission wegen des Umwelt-Rechtsbehelfsgesetzes zu befinden, und eine weitere Klage wegen des Kraftwerks Moorburg kam noch hinzu.

Deshalb verharrten unsere vier Senate indes nicht im Wartestand. Der 9. Senat befasste sich mit weiteren Abschnitten im bundesdeutschen Autobahnatlas. Nachdem er im ersten Halbjahr 2014 die A 14 zwischen Colbitz und Dolle,[1] die A 49 bei Kassel[2] und die A 44 zwischen Ratingen und Velbert[3] traktiert hatte, wandte er

---

1 BVerwGE 149, 31, v. 08.01.2014.
2 BVerwGE 149, 289, v. 23.04.2014.
3 BVerwGE 150, 92, v. 25.06.2014.

sich freilich erst einmal seinen anderen Vorlieben für das Recht der Kommunalabgaben, insbesondere der Erschließungsbeiträge, und der Flurbereinigung zu. Erst Mitte dieses Jahres standen wieder ein paar Straßen auf dem Speisezettel: Nachdem der Gerichtshof die Vorlagefragen zur Waldschlösschen-Brücke beantwortet hatte,[4] sprach der Senat im Juli sein Urteil hierzu.[5] Zuvor hatte der Senat einen zurückverweisenden Beschluss zur Ortsumgehung Münster erlassen.[6] Ansonsten stand das Jahr 2016 im Zeichen des Elbtunnels für die A 20: Im April erging das Urteil über den schleswig-holsteinischen Teil des Tunnels[7] und vorgestern dasjenige über den niedersächsischen Teil.[8]

Der 7. Senat war, wie erwähnt, mit Verfahren des Gewässerausbaus mehr als ihm lieb war beschäftigt. Im Mittelpunkt standen die Klagen rund um die Vorhaben zur Vertiefung der Weser und der Elbe. Hier tauchten Fragen zur europäischen Wasserrahmen-Richtlinie auf, die der Senat im Weser-Verfahren dem Europäischen Gerichtshof vorlegte. Dessen Vorabentscheidung ist zwischenzeitlich ergangen[9] und wurde vom Senat bei seiner verfahrensabschließenden Entscheidung vom 11. August 2016 aufgegriffen – einem opus magnum mit 175 Randnummern.[10] Bemerkenswert ist aber etwas anderes. Der Senat entschloss sich bei beiden Flüssen zu der besonderen Verfahrensweise, die Verfahren nicht nur wegen der Vorabentscheidung zu den wasserrechtlichen Fragen auszusetzen, sondern zugleich alle anderen Einwände der Kläger in ausführlich begründeten Hinweisbeschlüssen zu beantworten.[11] Soweit die Rügen zurückgewiesen wurden, konnten die Kläger zwar nachlegen, und der Senat zog diesen ergänzenden Vortrag erneut in Rechnung; die der Zurückweisung

---

4 EuGH v. 14. 01. 2016, Waldschlösschen – Rs. C-399/14 –, NVwZ 2016, 595 = DVBl 2016, 566.
5 BVerwG v. 15. 07. 2016 – 9 C 3.16 –.
6 BVerwG v. 21. 06. 2016, NVwZ 2016, 1257 = DVBl 2016, 1121 m. Anm. *Stüer*.
7 BVerwG v. 28. 04. 2016 – 9 A 9.15 –, nebst einigen Parallelverfahren.
8 BVerwG 9 A 18.15 und 9 A 19.15, Verhandlungstermin war am 25./26. 10. 2016, Verkündungstermin am 10. 11. 2016. Die Entscheidung konnte hier noch nicht Berücksichtigung finden.
9 EuGH v. 01. 07. 2015, Weser-Vertiefung – Rs. C-461/13 –.
10 BVerwG v. 11. 08. 2016, Weser-Vertiefung – 7 A 1.15 und 7 A 20.11 –, juris.
11 BVerwG v. 22. 07. 2013, Weser-Vertiefung – 7 A 20.11 –, DVBl 2013, 1450, 1453; BVerwG v. 02. 10. 2014, Elb-Vertiefung – 7 A 14.12 –, DVBl 2015, 95.

zugrundeliegende Rechtsansicht des Senats wurde im abschließenden Weser-Urteil jedoch bestätigt. Soweit die Rügen im Hinweisbeschluss hingegen für begründet erklärt wurden, konnte die Behörde nachlegen; das tat sie im Elbeverfahren mit einem Planergänzungsbeschluss Ende März 2016, über den der Senat nun im Dezember verhandeln will.

Das Wasser- und das Gewässerausbaurecht beschäftigten den Senat auch anderweitig. Den einstweiligen Vollzug einer wasserrechtlichen Genehmigung für das Hamburger Kraftwerk Moorburg auszusetzen, hatte der Senat im September 2014 noch abgelehnt;[12] das Revisionsverfahren gegen das Urteil des OVG Hamburg vom 18. Januar 2013[13] wurde aber wiederholt ausgesetzt, zunächst wegen der Weser-Vorlage, sodann wegen eines Vertragsverletzungsverfahrens, das die Kommission im März 2016 gar nicht wegen des Wasserrechts, sondern wegen des Naturschutzrechts gegen Deutschland angestrengt hat, auf welches das Berufungsurteil gar nicht gestützt war. Im Februar 2015 bestätigte der Senat die stattgebenden Entscheidungen der Vorinstanzen zum Hafen Köln-Godorf; die Behörde hatte in dem wasserrechtlichen Planfeststellungsbeschluss zu Unrecht auch gleich die landseitigen Anlagen mit genehmigt.[14] Im Urteil vom 22. Oktober 2015 beschäftigte sich der Senat mit einem Wasserrückhaltebecken des Rheins bei Altrip[15] und in einem Beschluss vom November 2015 mit einem Trinkwasserschutzgebiet im sächsischen Lößnitztal.[16] Auch im Bergrecht musste er sich mit Wasser befassen. So erkannte der Senat im Dezember 2014, dass die Bergbehörde von dem Betreiber eines stillgelegten Bergwerks mit Recht verlangt, sich um austretendes Grubenwasser zu kümmern.[17] Ganz ohne Wasser ging es lediglich im Immissionsschutzrecht zu, als der 7. Senat im Juli 2015 entschied, dass es dem Betreiber einer Hähnchenmastanlage zumutbar sein kann, eine Abluftanlage zur Emissionsminderung aus Gründen des Nachbarschaftsschutzes zu betreiben,

---

12 BVerwG v. 16.09.2014, NVwZ 2015, 82.
13 OVG Hamburg v. 18.01.2013 – 5 E 11/08 –, NuR 2013, 727.
14 BVerwGE 151, 213 v. 19.02.2015.
15 BVerwG v. 22.10.2015, NVwZ 2016, 308.
16 BVerwG v. 26.11.2015, NVwZ 2016, 609.
17 BVerwGE 151, 156, v. 18.12.2014.

selbst wenn diese aus wirtschaftlichen Gründen noch nicht dem Stand der Technik entspricht.[18]

Auch der 4. Senat setzte sich mit der Luxemburger Rechtsprechung auseinander. Er allerdings kam dabei ganz ohne eigene Vorlage aus. Zum spezifischen Umweltrecht stand bei ihm der Luftverkehr im Vordergrund. Nur gelegentlich ging es dabei um Planfeststellungen oder Plangenehmigungen für Flughäfen oder deren Unterbleiben.[19] In mehreren Entscheidungen entwickelte der Senat hingegen seine Rechtsprechung zum Verhältnis derartiger Flughafengenehmigungen zu den Verordnungen über die Festlegung von Flugrouten – die sogenannten Flugverfahren – fort. Flugverfahren betreffen Verkehrsentscheidungen und keine baulichen Anlagen, weshalb keine UVP-Pflicht bestehe – mit der Folge, dass eine Verbandsklagemöglichkeit nicht nach dem Umweltrechtsbehelfsgesetz, sondern nur nach Naturschutzrecht eröffnet sei, mit entsprechend schmalerem Prüfungsspektrum.[20] Gelegentlich befasste sich der 4. Senat auch wieder mit Windenergieanlagen;[21] und im Januar 2016 erging das erste große Urteil zu einer Fernstromleitung, die – wie so manches – daran scheiterte, dass dem Schutz von Vögeln nicht genügend Aufmerksamkeit geschenkt worden war.[22]

Schließlich hat der 3. Senat im Mai 2016 sein erstes größeres Urteil im Schienenwege-Planungsrecht erlassen und in einem Revisionsverfahren – anders als die Vorinstanz – den Planfeststellungsbeschluss für die Verbindungsspange Sullingen für rechtswidrig und nicht vollziehbar erklärt.[23]

Insgesamt hatten die Klagen von Umweltverbänden, im Falle des 3. Senats auch die eines privaten Eisenbahnunternehmens, in einer erheblichen Zahl von Fällen Erfolg. Freilich muss man dies sogleich relativieren. Zum einen greifen längst nicht alle erhobe-

---

18 BVerwGE 152, 319, v. 23.07.2015.
19 BVerwGE 151, 138, v. 18.12.2014 – Flughafen Köln-Bonn.
20 BVerwGE 149, 17, v. 19.12.2013; E 150, 114 v. 26.06.2014 sowie E 150, 286 und E 150, 294 v. 12.11.2014 – Wannsee-Route; DVBl 2015, 636 v. 18.12.2014 – Müggelsee-Route;
21 BVerwGE 152, 372, v. 18.08.2015.
22 BVerwG v. 21.01.2016, DVBl 2016, 785 = NVwZ 2016, 844, zur Aufnahme in BVerwGE vorgesehen.
23 BVerwG v. 25.05.2016, DVBl 2016, 1391, zur Aufnahme in BVerwGE vorgesehen.

nen Einzelrügen durch; die überwiegende Zahl wird zurückgewiesen. Zum anderen haben die Rügen, welche durchdringen, soweit ich sehe, in keinem einzigen Fall zur Aufhebung des Planfeststellungsbeschlusses geführt. Das Bundesverwaltungsgericht hat vielmehr durchweg von § 75 Abs. 1a S. 2 VwVfG Gebrauch gemacht und der Behörde die Möglichkeit eröffnet, die festgestellten Fehler in einem ergänzenden Verfahren zu reparieren. Das geschah im Falle der Weservertiefung sogar für den Flussabschnitt zwischen den Häfen Brake und Bremen, obwohl eine Reparatur der beanstandeten Abwägung nach den Monita des Gerichts in diesem Abschnitt nur schwer vorstellbar erscheint.[24] Zugrunde liegt dem der Grundsatz des möglichsten Planerhalts; der Plan wird nicht aufgehoben, solange es nicht ausgeschlossen erscheint, die Fehler zu beheben, ohne die Gesamtplanung in Frage zu stellen. Damit muss die Behörde nicht ganz von vorne anfangen; der Planfeststellungsbeschluss ist gegenüber anderen Betroffenen bestandskräftig; die zurückgewiesenen Einwände und Rügen sind rechtskräftig verbeschieden; das ergänzende Verfahren beschränkt sich auf die festgestellten Fehler[25] und steht obendrein nicht selten unter detaillierten „Segelanleitungen" des Gerichts, wie besonders für die Waldschlösschen-Brücke.[26]

III. Einzelne Rechtsprechungslinien

Dass nunmehr vier Senate am Umweltrecht stricken, verleiht der Frage nach der Einheitlichkeit der Rechtsprechung zusätzliches Gewicht. Zwar bearbeiten die Senate unterschiedliche Sachgebiete; es gibt aber durchaus Überschneidungen, jedenfalls im Verfahrensrecht, aber auch etwa im Natur- und Artenschutzrecht. Tatsächlich gibt es hier und da Differenzen, aber bislang keine offenen Divergenzen; der Große Senat des Hauses wurde auch im Berichtszeitraum nicht bemüht, und bei unionsrechtlich überformten Fragen sitzt der Große Senat in Luxemburg. Werfen wir

---

24   BVerwG v. 11. 08. 2016 – 7 A 1.15 und 7 A 20.11 –, Rn. 128 ff., 174.
25   Vgl. insb. BVerwGE 149, 31 – A 14 – v. 08. 01. 2014 Ls. 3.
26   BVerwG v. 15. 07. 2016 – 9 C 3.16 –, Rn. 52 ff.

unter diesem Aspekt einen Blick auf einzelne Überschneidungsbereiche:

1. Verbandsklage

Bekanntlich zwingt Art. 9 Abs. 2 der Aarhus-Konvention die Mitgliedstaaten dazu, im Anwendungsbereich der UVP- und der IE-Richtlinie die Verbandsklage zuzulassen. Dem Wortlaut nach sollen die Verbände in Mitgliedstaaten mit subjektivem Rechtsschutzsystem so behandelt werden, als würden sie subjektive Rechte geltend machen. Der Versuch Deutschlands, die Klagebefugnis der Verbände auf die Geltendmachung subjektiver Rechte Dritter zu beschränken, ist aber in Luxemburg gescheitert;[27] die Verbände sind nicht Sachwalter subjektiver Rechte, die deren Träger selbst nicht geltend machen, sondern Sachwalter des öffentlichen Interesses an der Beachtung des Umweltrechts der Union.

Das gilt, wie gesagt, im Anwendungsbereich der UVP- und der IE-Richtlinie. Gilt es auch bei sonstigem Umweltrecht? Der 7. Senat hatte am 05.09.2013 vor der Frage gestanden, ob Art. 9 Abs. 3 der Aarhus-Konvention[28] dazu zwingt, Verbänden auch die Klage gegen einen Luftreinhalteplan zu gestatten. Er hatte den Weg über die Öffnungsklausel des § 42 Abs. 2 VwGO versperrt gesehen und in seiner Not deshalb zu § 42 Abs. 2 VwGO selbst gegriffen: Die Verbände hätten, so seine Erkenntnis, ein eigenes subjektives Recht darauf, fremde Umweltrechte „prokuratorisch" einzuklagen. Es war ein wenig unklar, an wessen fremde Umweltrechte der 7. Senat dabei gedacht hatte: an subjektive Rechte Dritter oder an das objektive Recht? Die Argumentation nahm ihren Ausgang beim Beispiel eines Unternehmers, der die subjektiven Rechte seiner Arbeitnehmer an deren Statt wahrnehme, was eher an die „prokuratorische" Wahrnehmung von Individualrechten Dritter denken lässt; sie mündete dann aber in der These, dass die Umweltverbände selbst von Umweltvorhaben „betroffene Öffent-

---

27 EuGH v. 12.05.2011, Trianel, Slg. 2011, I-3673.
28 Dazu EuGH v. 08.03.2011, Slowakischer Braunbär, Slg. 2011, I-1255.

lichkeit" seien und sich deshalb „die öffentlichen Belange des Umweltschutzes zum eigenen Anliegen (sollten) machen können".[29]
Der 7. Senat hat seine Rechtsprechung im Berichtszeitraum, soweit ersichtlich, nicht fortgeführt, wohl aber der 4. Senat. Wie erwähnt, entwickelte er seine Rechtsprechung zu den Flugrouten-Festlegungen und deren Verhältnis zur Flughafenplanung fort. Anlass hierzu boten im Dezember 2013 die sog. Südabkurvung für den Flughafen Leipzig-Halle,[30] im Juni und November 2014 die sog. Wannsee-Route für den Irgendwann-Einmal-Flughafen Berlin-Brandenburg[31] und im Dezember 2014 die sog. Müggelsee-Route für denselben Flughafen.[32] Soweit Umweltverbände geklagt hatten, gelangte der Senat zu einer differenzierten Klage- und einer dementsprechend differenzierten Rügebefugnis: Weil die Flugrouten-Festsetzung nicht UVP-pflichtig sei, scheide eine Verbandsklage nach dem Umwelt-Rechtsbehelfsgesetz aus; statthaft sei die Klage nach dem Naturschutzgesetz des Bundes, aber thematisch auf Naturschutzrecht beschränkt; und nach allgemeinem Prozessrecht komme nur die Geltendmachung eigener Beteiligungsrechte in Betracht.[33]

Nun hatte der jeweils klagende Verband sowohl gegen die Wannsee-Route als auch gegen die Müggelsee-Route vorgebracht, der zu erwartende Fluglärm sei mit einem Lärmaktionsplan unvereinbar, den die überflogenen Gemeinden für ihr jeweiliges Gebiet aufgestellt hatten. Grundlage der Lärmaktionspläne ist § 47d Abs. 2 BImSchG, der seinerseits die Umgebungslärm-Richtlinie der Europäischen Union umsetzt. Der 4. Senat sah sich also in ähnlicher Lage wie zuvor der 7. Senat: zwar jenseits des UVP-Gesetzes, damit auch außerhalb des Umwelt-Rechtsbehelfsgesetzes, aber auf unionsrechtlich normiertem Terrain. Der 4. Senat lehnte aber eine Klagebefugnis des Verbandes ab. Eine Anwendungsmöglichkeit für die Öffnungsklausel des § 42 Abs. 2 VwGO sah auch er nicht: Nationales Recht sah eine Verbandsklage außerhalb des

---

29 BVerwGE 147, 312, v. 05.09.2013, Rn. 45 f., 47 ff., 49.
30 BVerwGE 149, 17, v. 19.12.2013.
31 BVerwGE 150, 114, v. 26.06.2014 (Kläger: natürliche Personen), BVerwGE 150, 286 v. 12.11.2014 (Kläger: Gemeinde) und BVerwGE 150, 294 v. 12.11.2014 (Kläger: Umweltverband).
32 BVerwG v. 18.12.2014, DVBl 2015, 636.
33 Am deutlichsten im Müggelsee-Urteil v. 18.12.2014, DVBl 2015, 636.

Umwelt-Rechtsbehelfsgesetzes nicht vor und ließ auch keine Lücke, die im Wege einer Analogie hätte geschlossen werden können; insofern ganz wie der 7. Senat. Den Kunstgriff einer „prokuratorischen" Klagebefugnis als eigenes subjektives Recht des Verbandes wollte der 4. Senat aber ersichtlich nicht nachvollziehen. Er wollte freilich auch nicht den Großen Senat anrufen. Also tat er, was man in solcher Lage tut: Er fand einen Unterschied in der jeweiligen Fallgestaltung. Er verstand den 7. Senat dahin, dass dieser dem Luftreinhalteplan zugleich individualschützende Intention beilegte und dem Verband die Befugnis zuerkennen wollte, die subjektiven Rechte dieser Drittbegünstigten „prokuratorisch" vor Gericht geltend zu machen, und rückte deshalb in seinen eigenen Urteilen die Frage in den Mittelpunkt, ob der Lärmaktionsplan ebenfalls eine derartige individualschützende Intention verfolge. Diese Frage verneinte er; auch die europäische Umgebungslärm-Richtlinie setze rein objektives Recht und verleihe keine subjektiven Rechte. Eine „prokuratorische" Klagebefugnis für rein objektives Recht komme aber nicht in Betracht; das habe auch der 7. Senat nicht angenommen.[34]

Die Idee einer „prokuratorischen" Verbandsklage nicht auf objektive Belange der Allgemeinheit zu beziehen, ist in sich stimmig; anderes liefe auf eine Popularklage hinaus. Die „prokuratorische" Verbandsklage ist eben keine „altruistische" Verbandsklage. Allerdings feiert damit die alte Fassung des Umwelt-Rechtsbehelfsgesetzes fröhliche Urständ', die der Europäische Gerichtshof für den Anwendungsbereich des UVP-Gesetzes gerade verworfen hatte: die Verbandsklage nur zur Durchsetzung von Unionsrecht mit subjektiv-rechtlicher Schutzintention. Der Knoten dürfte sich demnächst lösen, wenn die anstehende Novelle des Umwelt-Rechtsbehelfsgesetzes die altruistische Verbandsklage auf das gesamte unionsgeprägte Umweltrecht erweitert.

---

[34] BVerwGE 150, 294, v. 12.11.2014, Rn. 20 ff.; BVerwG v. 18.12.2014, DVBl 2015, 636 Rn. 55 ff. – Im Urteil BVerwGE 152, 10 v. 01.04.2015 (Colbitz-Letzliner Heide) entschied der 4. Senat noch, dass Art. 9 Abs. 3 AK nicht verlangt, einen Umweltverband im FFH-Verfahren (nicht erst bei einer Abweichungsentscheidung, sondern schon) bei der Verträglichkeitsprüfung zu beteiligen.

2. Relative und absolute Verfahrensfehler

Mitunter nimmt die Rezeption des Unionsrechts verschlungene Wege. Eine solche Rezeption der besonderen Art betrifft die Folgen von Fehlern im Verwaltungsverfahren, namentlich die Folgen einer unterbliebenen oder fehlerhaften Umweltverträglichkeitsprüfung.

Bekanntlich unterscheidet das deutsche Recht – und nicht nur das deutsche Recht – zwischen absoluten Verfahrensfehlern, welche die getroffene Sachentscheidung unrettbar rechtswidrig machen, und relativen Verfahrensfehlern, die diese Wirkung nur dann haben, wenn sie sich auf die Sachentscheidung ausgewirkt haben können. Ebenso bekanntlich hatte das Umwelt-Rechtsbehelfsgesetz in seiner ursprünglichen Fassung angeordnet, dass das völlige Fehlen einer vorgeschriebenen UVP einen absoluten Verfahrensfehler darstellt. Das Umwelt-Rechtsbehelfsgesetz hatte aber zu der Frage geschwiegen, was zu gelten hat, wenn die UVP zwar durchgeführt wurde, aber fehlerhaft. Das warf zwei Fragen auf, die der EuGH auf Vorlage des 7. Senats[35] im Altrip-Urteil vom 07.11.2013 beantwortete: Auch Fehler bei der Durchführung einer UVP sind Fehler. Und: Sie sind dann unbeachtlich, wenn sie nachweislich für den Ausgang des Verfahrens nicht kausal waren; doch liegt die Beweislast hierfür bei der Behörde.[36]

Erfreulicherweise gibt diese Judikatur exakt die deutsche Rechtslage wieder. Denn Fehler bei der Durchführung einer UVP-Prüfung sind nach § 46 VwVfG durchaus nicht unbeachtlich. Und: Es handelt sich zwar nicht um absolute Verfahrensfehler, sondern nur um relative; doch scheidet die Fehlerfolge der Rechtswidrigkeit nur dann aus, wenn offensichtlich ist, dass die Verletzung die Entscheidung in der Sache nicht beeinflusst hat. Das Gesetz formuliert das auch als Ausnahme von der Regel, für deren Vorliegen nach allgemeinen Regeln die Behörde die Beweislast trägt. Leider war das in der Rechtsprechung – auch in derjenigen des Bundesverwaltungsgerichts – im Laufe der Jahre und Jahrzehnte etwas verwischt worden; der Begriff der „Offensichtlichkeit" verlor etwas von seinem Evidenzbezug, und die Rechtsprechung erfand

---

35 BVerwG v. 20.01.2012 – 7 C 20.11 –, NVwZ 2012, 448.
36 EuGH v. 07.11.2013, Altrip – Rs. C-72/13 –, NVwZ 2014, 49.

Vortrags- und Substantiierungspflichten des Bürgers. Das veranlasste die Kommission zur Vertragsverletzungsklage und den Europäischen Gerichtshof im Oktober 2015 dazu, § 46 VwVfG für unzulänglich zu erklären, weil die Vorschrift hinsichtlich der Frage der Beweislast nicht klar genug sei.[37]

Damit stehen wir vor dem Problem, ob das Gesetz geändert werden muss, wenn es zwar klar, aber die dazu ergangene Rechtsprechung unklar ist. Wie klärt man ein klares Gesetz? Der Gesetzgeber hat sich zu helfen gewusst. Er hat das Umwelt-Rechtsbehelfsgesetz um einen Verweis auf § 46 VwVfG ergänzt und obendrein einen Satz angefügt, der die Beweisbelastung der Behörde klarstellt. Das war schon vor dem letzten EuGH-Urteil in die Wege geleitet worden und hatte sich mit diesem gekreuzt. Man darf gespannt sein, ob das Rückwirkungen auf die Handhabung des § 46 VwVfG im Übrigen hat. Vielleicht kommt ja jemand auf die Idee und möchte insofern den Gegenschluss ziehen: Klarstellung für Fälle mit UVP-Pflicht, klarstellungslose Unklarheit für alle anderen.

Das Bundesverwaltungsgericht jedenfalls hat die Klarstellung rasch aufgegriffen. Der 4. Senat ging im Januar 2016 im Uckermark-Urteil voran. Er stellte als den Zweck der neuen Regelung heraus, es solle sichergestellt werden, dass § 46 VwVfG künftig richtig, nämlich in Übereinstimmung mit den Grundsätzen angewandt werde, die der Europäische Gerichtshof im Altrip-Urteil aufgestellt hat, namentlich hinsichtlich der materiellen Beweislast. Der Senat konnte sich dabei die Bemerkung nicht verkneifen, dass eigentlich alles beim Alten geblieben ist: § 46 VwVfG ist für relative Verfahrensfehler „weiterhin maßgeblich"; das Gericht ist wie bisher zur Erforschung des Sachverhalts von Amts wegen verpflichtet, was sich im vorliegenden Zusammenhang darauf bezieht, ob es offensichtlich ist, dass der Verfahrensfehler die angegriffene Entscheidung in der Sache nicht beeinflusst hat; und jede Unaufklärbarkeit des Sachverhalts geht zu Lasten der Behörde.[38] Allenfalls die Klarstellung hinsichtlich der Beweislast wird als Neuerung angesehen. Der eigentliche Akzent der Entscheidung

---

37 EuGH v. 15.10.2015, Kommission/Deutschland – Rs. C-137/14 –, NJW 2015, 3495 = NVwZ 2015, 1665 = DVBl 2015, 1514.
38 BVerwG v. 16.01.2016, Uckermark-Leitung, DVBl 2016, 785 = NVwZ 2016, 844 (Rn. 37 ff.).

dürfte aber darin liegen, dass der Prüfung der Kausalität ein konkreter Kausalitätsbegriff zugrunde zu legen sei, wie er auch die bisherige Rechtsprechung schon immer geprägt habe. Der 9. Senat hat sich all dem weitgehend wörtlich angeschlossen,[39] und auch der 7. Senat hat es zustimmend aufgegriffen und ausdrücklich bemerkt, dass dies der schon vor der Änderung des Umwelt-Rechtsbehelfsgesetzes geltenden Rechtslage entspreche.[40]

Größeren Neuigkeitswert besitzt die Ausweitung der absoluten Verfahrensfehler, welche das erwähnte Gesetz zur Änderung des Umwelt-Rechtsbehelfsgesetzes gebracht hat, namentlich die Frage, wann ein unbenannter Verfahrensfehler nach seiner Art und Schwere mit den zuvor benannten Verfahrensmängeln vergleichbar ist. Hierzu hat der 9. Senat eher beiläufig entschieden, es liege auf der Hand (und bedürfe deshalb nicht erst der Klärung in einem Revisionsverfahren), dass diese Schwelle auch erst durch das Zusammenwirken mehrerer Fehler überschritten werden könne, die jeder für sich von geringerem Gewicht sei. Defensiv hat er aber sogleich hinzugefügt, dass dies stets eine Frage des Einzelfalls sei, die sich einer allgemeinen Klärung entziehe.[41]

3. Materielle Präklusion

Der Europäische Gerichtshof hat mit dem schon erwähnten Urteil vom 15. Oktober 2015 auch die materielle Präklusion im Bereich des Umweltrechts für unvereinbar mit dem Unionsrecht erklärt, und dies mit dürren Worten. Das Urteil hat nachdrückliche Kritik hervorgerufen, einerseits in methodischer Hinsicht, weil der Gerichtshof sich so gut wie gar nicht mit den Gründen für dieses Rechtsinstitut auseinandersetzt, andererseits in sachlicher Hinsicht, weil das Rechtsinstitut Bestandteil des Verwaltungsverfahrens der Mitgliedstaaten ist, in das der Gerichtshof nur hineinregieren darf, wenn die Mindestanforderungen der Äquivalenz und der Effektivität unterschritten sind; das aber hätte allenfalls zu ge-

---

39 BVerwG v. 21.06.2016, Ortsumgehung Münster – 9 B 65.15 –, DVBl 2016, 1121 = NVwZ 2016, 1257.
40 BVerwG v. 11.08.2016, Weser-Vertiefung – 7 A 1.15 und 7 A 20.11 –, Rn. 40 ff.
41 BVerwG v. 21.06.2016, Ortsumgehung Münster – 9 B 65.15 –, DVBl 2016, 1121 = NVwZ 2016, 1257 (Rn. 8).

wissen Randkorrekturen bei den Vortragsfristen geführt, aber keinesfalls zu einer Totalverwerfung. Weil die Kritik nicht nur aus Deutschland kommt, könnte sich eigentlich der Unionsgesetzgeber einmal veranlasst sehen, den Gerichtshof zu korrigieren.

Bis dahin aber ist man gespannt, wie die nationale Rechtsprechung reagiert. Dabei verdienen die spezifischen Zwecke besondere Aufmerksamkeit, die mit der materiellen Präklusion verfolgt wurden und werden. Zum einen soll die Planfeststellungsbehörde so in den Stand versetzt werden, in Kenntnis des gesamten Sachverhalts – unter Einschluss möglichst sämtlicher Einwendungen – über das Vorhaben zu entscheiden; das fördert die Vollständigkeit und Richtigkeit der Behördenentscheidung. Zum zweiten soll der Charakter der verwaltungsgerichtlichen Kontrolle als einer nachherigen Kontrolle gewahrt werden; das Gericht soll die ergangene Behördenentscheidung nachprüfen, aber möglichst nicht selbst erstmals zu neuem Sachverhalt Stellung nehmen müssen. Der Behörde steht die erste Gemeinwohlformulierung zu; das dient der Gewaltenteilung. Zum dritten schließlich soll das gerichtliche Verfahren entlastet, der Streitstoff fixiert werden, so dass das Gericht den Rechtsstreit bewältigen kann und nicht ständig neuem Vortrag nachgehen muss; das sichert die Funktionsfähigkeit der Gerichtsbarkeit. Diese Zwecke haben sich als solche ja nicht erledigt. Wie trägt die Rechtsprechung ihnen künftig Rechnung?

Der 3. Senat hat sich im Urteil vom 25.05.2016 über die Bahn-Verbindungsspange Sulingen mit der Präklusionsvorschrift des § 73 Abs. 4 S. 3 VwVfG befasst; doch trägt er zu unserer Frage wenig bei. So hat er die Präklusionsvorschrift in Ansehung eines erst mit der Klage erhobenen Einwandes, der die UVP-Pflicht betraf, unter Hinweis auf das EuGH-Urteil ohne weiteres außer Anwendung gelassen.[42] In Ansehung eines anderen Einwandes, bei dem jedenfalls die Umweltverträglichkeitsprüfung nicht im Vordergrund stand, hat er die Anwendbarkeit der Präklusionsvorschrift hingegen offen gelassen, aber ebenfalls ohne zu ihrem Sinn und Zweck näher Stellung zu nehmen. Das war auch nicht veranlasst. Der Planfeststellungsbeschluss hatte die Neugestaltung eines Schienenwegstückes genehmigt, wobei unter anderem ein bislang erreichbarer Bahnhof vom Schienennetz abgehängt werden

---

42 BVerwG v. 25.05.2016, DVBl 2016, 1391 Rn. 29.

sollte. Ein privates Eisenbahnunternehmen rügte erst mit der Klage, es hätte zuvor ein gesondertes Stilllegungsverfahren durchgeführt werden müssen; dann hätte es selbst sich darum beworben, das abgehängte Schienenteilstück zu übernehmen. Das Berufungsgericht hatte das klagende Eisenbahnunternehmen mit diesem Vortrag präkludiert gesehen. Dem ist der 3. Senat nicht gefolgt; das komplette Fehlen eines vorgeschriebenen Verwaltungsverfahrens sei von vornherein keine präklusionsfähige Einwendung.[43]

Heikler war schon das Urteil des 9. Senats zur Waldschlösschen-Brücke. Hier hatte die Vorinstanz mit etlichen Präklusionen gearbeitet. Davon merkt man dem Revisionsurteil nichts an. Ganz unabhängig davon stand bei diesem Rechtsstreit aber eines der Hauptanliegen inmitten, dem auch die materielle Präklusion dienen soll, nämlich die zeitliche Reihenfolge von Sachverhaltsklärung, Behördenentscheidung und gerichtlicher Überprüfung zu sichern. Diesem Anliegen dient nicht nur die materielle Präklusion; ihm dient auch, dass der gerichtlichen Überprüfung die Sachlage zum Zeitpunkt der Behördenentscheidung zugrundezulegen ist. Grob gesprochen, betrifft die materielle Präklusion nachträglichen Vortrag zu älteren Tatsachen, die Fixierung der maßgeblichen Sachlage hingegen den Vortrag neuer Tatsachen. Das Waldschlösschen-Verfahren warf nun die Frage auf, ob hieran ohne weiteres festgehalten werden kann. Art. 6 Abs. 3 der FFH-Richtlinie schreibt nämlich zwar eine Verträglichkeitsprüfung vor der Vorhabengenehmigung vor, was die gewünschte Reihenfolge wahrt. Abs. 2 derselben Vorschrift gebietet aber ganz allgemein, dass die Mitgliedstaaten die geeigneten Maßnahmen treffen, um Verschlechterungen der Lage in Schutzgebieten zu vermeiden. Gehört dazu auch ein Nachfassen nach der Vorhabengenehmigung? Der Gerichtshof hat diese Frage jedenfalls für solche Fälle bejaht, in denen die Genehmigung ergangen war, noch bevor das fragliche Gebiet unter Schutz gestellt wurde; faktisch hat er eine Nachholung der Verträglichkeitsprüfung gefordert, solange mit der Realisierung des Vorhabens nicht begonnen wurde.[44] Das hat der

---

43 Ebenda Rn. 25.
44 EuGH v. 14.01.2016, Waldschlösschen-Brücke (Grüne Liga Sachsen) – Rs. C-399/14 –, NVwZ 2016, 595.

9. Senat aufgegriffen. Er hat dabei aber dem Gedanken der Fixierung der maßgeblichen Sachlage so weit wie möglich noch Rechnung getragen. Er hat als Grundsatz festgehalten: Beschränkt sich das ergänzende Verfahren darauf, einen punktuellen Fehler der früheren Entscheidung zu heilen, so bleibt der Zeitpunkt des ersten Planfeststellungsbeschlusses maßgeblich. Nur wenn die Behörde ihre Entscheidung im ergänzenden Verfahren auf veränderte Umstände stützt und eine Neubewertung vornimmt, ist der Zeitpunkt der Aktualisierung maßgeblich. Wäre eine nachholende Verträglichkeitsprüfung vor Baubeginn nötig und wurde sie unterlassen, so liegt dieser Sonderfall vor. Das erlaubt dann auch, statt Prognosen Realitäten anzusetzen und etwaige Vorteile aus der zwischenzeitlichen Planausführung zu berücksichtigen.[45] Aus der Planung ex ante wird dann Planung ex post. Es wäre freilich wünschenswert, dass sich eine solche Konstellation so schnell nicht wiederholt.

Meine Damen und Herren: Ich habe die Diskussion in Ihren beiden Arbeitskreisen jetzt lange genug unterbrochen. Sie wollen sich den Fein- und Besonderheiten des Immissionsschutzrechts und des Artenschutzrechts weiter widmen. Dazu wünsche ich Ihnen gutes Gelingen und danke für Ihre Aufmerksamkeit.

---

[45] BVerwG v. 15.07.2016 – 9 C 3.16 –, Rn. 42 ff. Bedeutsam ist, dass damit auch Nachteile aus einem denkbaren Rückbau Berücksichtigung finden können.

GfU-Forum

Michaela Ecker
Vorsitzende Richterin am Verwaltungsgericht, Freiburg

Zum wiederholten Male übernahm *Michaela Ecker*, Vorsitzende Richterin am Verwaltungsgericht Freiburg und stellvertretende Vorsitzende der Gesellschaft für Umweltrecht, sowohl die Begrüßung der Teilnehmer als auch die Moderation des GfU-Forums.

Meine sehr geehrten Damen und Herren,

im Namen des Vorstandes der Gesellschaft für Umweltrecht begrüße ich Sie ganz herzlich zum diesjährigen GfU-Forum. Im vergangenen Jahr hatte ich mich schon in meinen einführenden Worten auf die Klimakonferenz in Paris bezogen und meiner Hoffnung Ausdruck verliehen, dass es dort zu einem erfolgreichen Abschluss eines Klimaabkommens kommende werde. Und nun – jedenfalls vor einer Woche – hätte ich frohen Mutes auf dieses wegweisende Abkommen verweisen können. In meiner örtlichen Zeitung, der in Freiburg erscheinenden Badischen Zeitung vom Montag dieser Woche ist noch davon die Rede, dass „in der internationalen Klimapolitik eine neue Ära begonnen" habe und dass „Dank der Blitzratifikation des Pariser Abkommens durch die USA, China, Indien, die EU und viele andere Länder" das Abkommen am vergangenen Freitag in Kraft getreten ist. Heute, nach dem Ausgang der Präsidentschaftswahl in den USA bin ich skeptisch. Denn der designierte Präsident der USA ist bekannt als Klimaskeptiker, er leugnet den Klimawandel und hat versprochen, im Falle seiner Wahl das Abkommen aufzukündigen. Auch wenn der Vertrag wohl vorsieht, dass man ihn 3 Jahre lang nicht verlassen kann, dürfte die Umsetzung der Klimaschutzziele äußerst schwierig werden.

Wie schwierig es ist, die in dem Abkommen anvisierten Ziele zu erreichen, zeigen ja auch die Widerstände in unserem Land gegenüber dem Klimaschutzplan unserer Bundesumweltministerin *Barbara Hendricks*, mit dem sie zum Gipfel nach Marrakesch reisen wollte. Ihr eigener Parteifreund, Wirtschaftsminister *Gabriel*, hat ihren Plan zunächst gestoppt.

Nichts destotrotz feiern wir mit unserer diesjährigen Jahrestagung ein Jubiläum und freuen wir uns über jeden kleinen Schritt, den wir in Richtung Klimaschutz und zum Erhalt unserer Lebensgrundlagen gehen werden. Ein kleiner Beitrag, dem Umweltrecht und dem Interesse an der Umwelt mehr Gewicht zu verleihen, ist auch das alljährlich stattfindende Forum der Gesellschaft für Umweltrecht, das der nachfolgenden Generation, den jungen Umweltjuristinnen und -juristen gewidmet ist.

Ich freue mich, Ihnen auch dieses Jahr wieder zwei junge, am Umweltrecht interessierte Kollegen vorstellen zu können, die – grob gesagt – zu wichtigen Themen referieren werden: Dem Gelingen der Energiewende und dem Erhalt der Artenvielfalt.

Dr. *Tom Pleiner*, der erste Referent des heutigen Abends, ist vielen von Ihnen bereits bekannt, denn er hat mehrfach bei unseren Jahrestagungen unserem Geschäftsführer Herrn *Reclam* hilfreich bei der Organisation zur Seite gestanden. Er hat an der Humboldt Universität in Berlin von Oktober 2006 bis September 2011 Rechtswissenschaft studiert. Im Anschluss an das erste juristische Staatsexamen nahm er sodann seine Promotion in Angriff bei Prof. *Martin Kment* an der Universität Augsburg, die er im November 2015 sehr erfolgreich abschloss. Seither absolviert er sein Referendariat in Berlin.

Im Sommer dieses Jahres erhielt Dr. *Tom Pleiner* mit zwei anderen Preisträgern den Deutschen Studienpreis des Jahres 2016. In einem Bericht über die Preisverleihung wird das Ergebnis seiner Dissertation so zitiert: „Das Recht muss der Überplanung des großen Bestandes alter Leitungen konsequent den Vorzug geben gegenüber dem Bau von neuen Trassen". In seinem heutigen Vortrag mit dem Thema „Überplanung von Infrastruktur am Beispiel energiewirtschaftlicher Streckenplanungen – Umfeld und Umweltbelange in der Energiewende" wird er uns nun diese Thesen erläutern.

Der zweite Referent Herr *Thomas Ebben* hat an der gleichen Universität wie ich, nämlich an der Albert-Ludwigs-Universität in Freiburg, von 2002 bis 2007 studiert. Danach absolvierte er bis 2009 das Referendariat am Oberlandesgericht in Koblenz, dem noch ein Masterstudium an der Universität Auckland, Neuseeland, im Bereich des Umweltrechts folgte. Ab 2003 bis 2007 war er parallel zu seinem Studium als wissenschaftliche Hilfskraft tätig, zunächst am Institut für Ausländisches und Internationales Privatrecht, dann am Institut für Rechtsgeschichte und geschichtliche Rechtsvergleichung der Albert-Ludwigs-Universität. Auch in Neuseeland wirkte er im Jahre 2010 als wissenschaftliche Hilfskraft. Seit 2011 ist er Referent im Bundesministerium für Umwelt, Naturschutz, Bau und Reaktorsicherheit und dort im Wesentlichen zuständig für Angelegenheiten des Nagoya-Protokolls sowie Grundsatzfragen des nationalen, europäischen und internationalen Naturschutzes, immer in der Naturschutzabteilung, zunächst im internationalen Referat und jetzt im Rechtsreferat. Mit seinem heutigen Vortrag zum Thema „Das Nagoya-Protokoll und seine Umsetzung in der EU und Deutschland – Hintergründe und mögliche Folgen für die Rechtspraxis" wird er uns diesen völkerrechtlichen Vertrag näher bringen. Ich bin gespannt auf das Referat.

Diskussion

In der Diskussion standen beim Thema von Dr. *Pleiner* und der These, dass der Überplanung des Bestandes alter Leitungen ein Vorrang einzuräumen sei, folgende Fragen im Raum: Wie sieht es mit Bestandsschutz aus, genießen auch erheblich aufgerüstete und modernisierte Leitungen Bestandsschutz, können sich Anwohner unter dem Gesichtspunkt einer Vorbelastung nur beschränkt gegen solchermaßen aufgerüstete Alt-Leitungen wehren und stellt das Hinzufügen neuer zusätzlicher „Seile" an vorhandenen Masten einen neuen Eingriff in Eigentumsrechte dar? All diese Fragen wurden kontrovers diskutiert. Mit erheblichen Widerständen der Bevölkerung wegen zu geringer Abstände zur Wohnbebauung sei zu rechnen. Einigkeit bestand darin, dass selbstverständlich die Grenzwerte der 26. BImSchV einzuhalten sind.

Die Diskussionsrunde zum Nagoya-Protokoll eröffnete das langjährige Vorstandsmitglied der Gesellschaft für Umweltrecht Prof. *Bothe* mit einem kurzen Statement. Er freue sich, dass auf der Jahrestagung auch einmal ein völkerrechtliches Thema behandelt werde. Das Nagoya-Protokoll zeige einen extremen Altruismus. Die Bundesrepublik kümmere sich um die Sorgen eines fernen Landes. Er charakterisierte sehr anschaulich einen „Bio-Piraten" als netten jungen Forscher, der im Urwald mit den Indianerkinder spielt. Nach seiner Rückkehr geht er zu einer deutschen oder internationalen Firma und erzählt, was er von den Indianerkindern erfahren hat. Die jeweilige Firma beantragt sodann ein Patent. Aus diesen Gründen seien die USA sehr reserviert gegenüber dem Nagoya-Protokoll. Ihn interessiere, ob es bereits erste Erfahrungen mit der Umsetzung und Kontrolle des Nagoya-Protokolls gebe. Der Referent wollte den „extremen Altruismus" nicht bestätigen. Vielmehr gebe es einen internationalen Austausch und bilaterale Zusammenarbeit. Das Feed-Back auf das Nagoya-Protokoll sei sehr unterschiedlich. Botanische Gärten handelten bereits entsprechend dessen Vorgaben. In anderen Sektoren fehlten Umsetzungserfahrungen. Kontrollen gebe es noch nicht, es handle sich derzeit um einen niederschwelligen Vollzug einer Verordnung. Das Beispiel Brasilien, wo es ein komplexes Genehmigungsverfahren gebe, zeige, dass dort Forscher abwanderten.

Die Veranstaltung beendete die Moderatorin mit einem herzlichen Dankeschön an die beiden Referenten für ihre Mühe und an die Diskutanten für ihre Diskussionsbeiträge sowie dem Hinweis, dass im Anschluss bei einem Umtrunk mit Sekt, Mineralwasser und Häppchen Gelegenheit bestehe, sich zu den Themen des Abends weiter auszutauschen. Sie wies auf das Vorbereitungstreffen am kommenden Tag hin und merkte an, dass das Treffen in diesem Jahr von Frau Dr. *Philipp* wahrgenommen werde, da sie selbst verhindert sei. Außerdem machte sie auf die Möglichkeit aufmerksam, sich bis Ende 2016 schriftlich für das Forum 2017 zu bewerben, mit einem Lebenslauf und etwa einer Seite Vorstellung des Themas, damit der Vorstand in der ersten Sitzung des neuen Jahres entscheiden könne.

Überplanung von Infrastruktur am Beispiel energiewirtschaftlicher Streckenplanungen*

Dr. Tom Pleiner, Berlin

I. Einleitung

Die Existenz unseres Staates basiert auf der sicheren Versorgung seiner Bürger mit Energie.[1] Mit diesem Superlativ bewertete der Europäische Gerichtshof die Energieversorgung in seiner Campus Oil Entscheidung schon in den Achtziger Jahren.[2] Dort, wo keine Energie erzeugt wird, muss der Strom erst von den Erzeugungsanlagen hin geleitet werden. Das kann nur gelingen, wenn Stromleitungen ausreichend dimensioniert und richtig verteilt im Land bestehen. Auf die dazu nötige Infrastruktur konnten wir uns bislang fast immer verlassen.[3] Flächendeckende Stromausfälle kennen wir allenfalls aus dem Kino.

---

* Der Beitrag beruht in aktualisierter und erweiterter Form auf dem Vortrag des Verfassers im Rahmen des Jungen Forums der Gesellschaft für Umweltrecht e.V. im Bundesverwaltungsgericht am 10.11.2016. Der Vortrag beruht auf der 2015 an der Universität Augsburg eingereichten Dissertation „Überplanung von Infrastruktur. Untersuchung am Beispiel energiewirtschaftlicher Streckenplanungen unter besonderer Berücksichtigung der Leitungsbündelung" von Dr. Tom Pleiner, die im November 2016 mit dem Deutschen Studienpreis (Erster Preis) ausgezeichnet wurde. Es gilt das gesprochene Wort. Der Beitrag ist auf dem Stand vom 31.12.2016.
1 BVerfG, Beschl. v. 11.10.1994 – 2 BvR 633/86 –, BVerfGE 91, 186, 206 – Kohlepfennig: „*Das Interesse an einer Stromversorgung ist heute so allgemein wie das Interesse am täglichen Brot.*" Zur Aufgabenwahrnehmung im Bereich der Energieversorgung: *Schmidt-Preuß*, in: Isensee/Kirchhof (Hrsg.), Hdb. des Staatsrechts, Bd. IV, 3. Aufl. 2006, § 93, S. 922 ff.
2 EuGH, Urt. v. 10.07.1984 – Rs. 72/83 –, Slg. 1984, I-2727 Tz. 34 – Campus Oil.
3 Einen Überblick über größere Stromausfälle in Deutschland geben: *Moser*, Versorgungssicherheit im liberalisierten Energiemarkt, 2007, S. 57 ff.

Diese Sicherheit gerät zunehmend ins Wanken.[4] Eine Ursache sind die Erneuerbaren Energien: Wind- und Solarenergieanlagen verbreiten sich rasant. Nachfrage und Erzeugung liegen jedoch häufig ein Deutschland weit auseinander. Die Leitungen dazwischen sind aber vielerorts noch nicht gebaut. Hier fand der dritte Schritt vor dem zweiten statt. Als erstes hätte es aber der juristischen Grundlagen bedurft, um die Energiewende und den Netzausbau zu schaffen. Erst im Jahr 2011 wurde dies verstärkt in Form eines Netzausbaubeschleunigungsgesetzes[5] angegangen. Allerdings kann dieses allenfalls die Spitze des Eisbergs bewältigen helfen. Denn es gilt nur für wenige besonders komplexe Vorhaben.[6] Viel dringender ist hingegen die Frage, was mit den zwei Millionen Kilometern Leitungen geschehen soll, die bereits seit vielen Jahrzehnten bestehen. Über einhundert regionale Planungsregionen bestehen in Deutschland, die zu diesem Netzausbau schon Festlegungen getroffen haben können, etwa konkret, um Freiflächen für künftige Generationen zu schützen. Der sich daraus ergebende Planbestand nimmt fast unüberschaubaren Umfang an und war bislang in dieser Hinsicht noch nicht wissenschaftlich systematisiert.[7]

Den Ausgangspunkt für die dringend notwendige Überarbeitung unseres Stromnetzes bildet, dass wir ein (noch) funktionierendes Leitungsnetz haben. Dessen oberirdische Freileitungen bieten enormes Potenzial dafür, ohne große neue Eingriffe mehr Kapazität schaffen zu können.[8] Strikte Bündelung heißt die Prä-

---

4 Im Jahr 2010 konnten bereits insgesamt 89 GWh Strom aus Windenergieanlagen nicht in das Netz eingespeist werden, weil die Netzbetreiber die Anlagen zur Gewährleistung der Netzstabilität vom Netz nehmen mussten, Handelsblatt v. 30.01.2012, S. 52. Die Menge ‚verlorener' Energie lag für das Jahr 2011 bereits bei 150 GWh, Handelsblatt v. 30.01.2012, S. 52.
5 Gesetz über Maßnahmen zur Beschleunigung des Netzausbaus Elektrizitätsnetze, Netzausbaubeschleunigungsgesetz Übertragungsnetz vom 28.07.2011, BGBl. I, S. 1690, zuletzt geändert durch das Gesetz zur Einführung von Ausschreibungen für Strom aus erneuerbaren Energien und zu weiteren Änderungen des Rechts der erneuerbaren Energien v. 13.10.2016, BGBl. I, S. 2258.
6 Siehe den eingeschränkten Anwendungsbereich des Gesetzes in § 2 Abs. 1 NABEG.
7 Siehe aber die Auswertung der Regionalpläne der Länder Bayern, Hessen, Mecklenburg-Vorpommern, Nordrhein-Westfalen, Sachsen, Schleswig-Holstein und Thüringen bei *Pleiner*, Überplanung von Infrastruktur, 2016, S. 258 ff.
8 *Lecheler*, in: Hecker/u.a. (Hrsg.), Jahrbuch des Umwelt- und Technikrechts, 2011, S. 179.

misse der Zukunft. Wie das Netz selbst braucht indes auch das Planungsrecht Weiterentwicklung. Es muss eine flexible Planung erlauben und fördern. Angesichts des wechselhaften Umfeldes können wir planungsrechtliche Annahmen nicht mehr auf einhundert Jahre in Form von Stromleitungen festbetonieren. Besser wäre es, für künftige Innovationen Raum zu lassen. Jeder hofft schließlich, dass in den nächsten Dekaden deutlich bessere Möglichkeiten der Energieerzeugung oder -speicherung zur Verfügung stehen.

II. Schwierigkeiten und Herausforderungen beim Netzausbau

Die Energiewende steht unter der Bedingung des Netzausbaus. Die Fitness unseres Stromleitungsnetzes bestimmt letztlich darüber, ob Deutschland seine ambitionierten Klimaschutzziele erreichen kann. Gemäß § 1 Abs. 2 S. 1 EEG[9] sollen die Erneuerbaren bis zum Jahr 2050 einen Anteil von 80 % haben.[10] Wenn das Gesetz selbst bloß heiße Luft ist, dann spüren wir diese künftig auch im Klima. Dass sich die Ziele jedoch als kühler Gedanke erweisen, kann nur mit einer Überplanung unseres Stromnetzes gelingen.

Mit Blick auf die Stromleitungen fällt nämlich auf: Während die enormen Innovationen der Energiewende bei der Erzeugung in Form von Wind- und Solarenergieanlagen zu sehen sind, die überall wie Pilze aus dem Boden sprießen, sehen die Stromleitungen immer noch aus wie zu Uromas Zeiten.[11] Die Bedrohung der Energieversorgung durch solche antiken Leitungen stellt eine Gefahr

---

9 Gesetz für den Ausbau erneuerbarer Energien v. 21.07.2014, BGBl. I, S. 1066, zuletzt geändert durch das Gesetz zur Einführung von Ausschreibungen für Strom aus erneuerbaren Energien und zu weiteren Änderungen des Rechts der erneuerbaren Energien v. 13.10.2016, BGBl. I, S. 2258.

10 Mit Verweis auf die Klimaschutz- und Energieziele der Europäischen Union: Kommission, Grünbuch Hin zu einem sicheren, nachhaltigen und wettbewerbsfähigen europäischen Energienetz, KOM(2008) 782 end., S. 15. *Appel*, UPR 2011, 406, 415.

11 Zu einer Ausnahme „*Besonders schlanke, speziell für Wohngebiete konzipierte Leitungsmaste*": OVG Saarbrücken, Urt. v. 31.03.1992 – 7 M 2/89 –, Rn. 27 (zit. n. juris).

dar. Diese hat sich etwa im Jahr 2005 im Münsterland konkretisiert: Veraltete Strommasten knickten unter der winterlichen Schneelast zusammen.[12] Auch deshalb drängt beim Netzausbau die Zeit: Einerseits verbreiten sich die Erneuerbaren immer rasanter. Die Bundesregierung musste inzwischen sogar Entschleunigung verabreden.[13] Gleichzeitig hinkt das Netz hinterher: Im Jahr 2016 werden die Erwartungen erneut weit hinter der Planung zurückbleiben – und dass, wo ein Gesetz namens Netzausbaubeschleunigungsgesetz bereits seit fünf Jahren in Kraft ist.[14]

Die Aufgabe könnte größer oder besser gesagt länger nicht sein: Konkret geht es um Anlagen einer Länge von etwa zwei Millionen Kilometern.[15] Angesichts von etwa „nur" 13.000 km Autobahn[16] dürfte es sich bei den Stromleitungen im Vergleich um die Komplexeste aller Infrastrukturen handeln. Warum sind wir dann in so großen Schwierigkeiten, wenn Netzausbau und Energieversorgung so überragend wichtig sind? Der Klimaschutz durch erneuerbare Energien kann selbst zur Umweltbelastung werden. Um ein Beispiel herauszugreifen: Hunderttausende Fledermäuse sterben jedes Jahr wenn sie, häufig nur auf der Durchreise, mit Stromlei-

---

12 Der in vielen Freileitungsmasten verbaute Thomasstahl entspricht aufgrund der von dem hohen Stickstoffgehalt ausgehenden Risiken nicht mehr den heutigen technischen Anforderungen. Materialprüfungen des Netzbetreibers belegten, dass die Bruchfestigkeit älterer Strommasten bis zu 40 % unter den Sollwerten lag. Im Jahr 2005 sind mehr als 82 große Masten des Betreibers RWE unter der winterlichen Schneelast im Münsterland abgeknickt, was einen erheblichen Stromausfall zur Folge hatte. Siehe die Beschreibung der Vorfälle: LG Essen, Urt. v. 04.05.2007 – 3 O 48/06 –, NJW 2007, 3787 f. Siehe ebd. auch eine Auflistung der seit 1956 beschädigten Masten.
13 Siehe die Beschlüsse der Bundesregierung zur örtlichen Begrenzung des Zubaus der Erneuerbaren Energien v. 08.06.2016, abrufbar unter: https://www.bmwi.de/DE/Themen/Energie/Erneuerbare-Energien/eeg-2017-wettbewerbliche-verguetung.html (abrufbar am 31.12.2016).
14 „Von den 2009 geplanten 1.876 Kilometern neuer Leitungen haben wir Ende 2015 gerade 558 geschafft – das ist enttäuschend", Präsident der Bundesnetzagentur, Jochen Homann, http://www.zeit.de/wirtschaft/2015-12/energiewende-bundesnetzagentur-stromnetz-ausbau (abrufbar am 31.12.2016). Früher bereits ders., in: Frankfurter Allgemeine Zeitung v. 26.03.2012, S. 15. Jarass, L./Obermair, Welchen Netzumbau erfordert die Energiewende, 2012, S. 219.
15 Kumulierte Zahlen aus BT-Drs. 17/6073 S. 18. Mit leicht abweichenden Angaben noch: BT-Drs. 16/10491 S. 9.
16 Siehe etwa: Beckers/Klatt/Kühling/Bäuml, Bundesfernstraßenfinanzierung, 2011, S. 4.

tungen oder Windenergieanlagen zusammenstoßen.[17] Die Tiere erfahren am eigenen Leib, dass der Bestand und der Betrieb von Infrastruktur in vielerlei Hinsicht ihr Umfeld und die Umwelt belasten. Erst jüngst hat das Bundesverwaltungsgericht die sogenannte Uckermark-Leitung für rechtswidrig und nicht vollziehbar erklärt.[18] In der mündlichen Verhandlung wurde deutlich, dass vor allem die Nachweise zum Vogelschutz nicht hinreichend für den Sonderfall der Überplanung waren.[19]

Daher kommt es auch, dass Anwohner und Umweltverbände sowohl gegen „Monstertrassen" als auch gegen kleine Leitungsvorhaben protestieren. Diese wollen ihr Umfeld und die Umwelt vor Inanspruchnahme schützen. Dabei darf nicht übersehen werden, dass die Energiewende nur gelingen kann, wenn sie auf einem gesamtgesellschaftlichen Konsens aufbaut. Die bloße Mitsprache der Bevölkerung wird jedenfalls immer dann an ihre Grenzen stoßen, wenn sich ein Vorhaben örtlich konkretisiert und zulasten Einzelner geht.

Um das zu verdeutlichen: Wer von einem Leitungsvorhaben betroffen ist, kann mitunter bis zu sieben Mal eingeladen sein, seine privaten Einwendungen vorzubringen.[20] Am Ende ist aber gesetzlich in § 1 S. 3 NABEG festgelegt, dass das öffentliche Interesse an den Stromleitungen überragend ist. Wie ernüchternd für Anlieger! Gerade die letzten Kritiker einer Leitung wird man auf diese Weise nicht mit ins Boot holen können. Dies stellt aber eine der zentralen Herausforderungen dar, um überhaupt noch Großvorhaben der Energiewende erfolgreich durchführen zu können.

---

17 *Voigt/Lehnert/Petersons/Adorf/Bach*, European Journal of Wildlife Research 2015, 213ff.
18 BVerwG, Urt. v. 21.01.2016 – 4 A 5/14 –, BVerwGE 154, 73 ff.
19 BVerwG, Urt. v. 21.01.2016 – 4 A 5/14 –, BVerwGE 154, 73 ff., Rn. 56 ff. (zit. n. juris).
20 *Durner*, Öffentlichkeitsbeteiligung und demokratische Legitimation im Energie- und Infrastrukturrecht, Vortrag im Rahmen des Kolloquiums anlässlich der Verabschiedung von Prof. *Erbguth* am 11.09.2014 in Rostock.

III. Staatliche Transformationsverantwortung trotz privatwirtschaftlicher Akteure

Das Stichwort „*erfolgreich*" führt zum Setting des Netzausbaus. Was heißt eigentlich Erfolg des Netzausbaus? Erfolg kann nur bei Versorgungssicherheit angenommen werden. Darüber hinaus ist es angezeigt, einen noch strengeren Maßstab anzulegen und weiter zu fordern, dass der Netzausbau in Gänze erst dann als erfolgreich angesehen werden kann, wenn gleichzeitig keine unnötigen Leitungen gebaut werden. Doch für wie viele Jahrzehnte muss sicher feststehen, dass eine Leitung gebraucht wird, damit diese nicht unnötig ist? Den relevanten Maßstab legen öffentlich-rechtliche Normen fest. Der Blick auf die Gesamtheit der Normen bestätigt: Dem Staat fällt die zentrale Verantwortung für die Transformation des Energieleitungsnetzes zu.[21]

Immerhin diese Kontrolle hat der Staat behalten. Die Arbeit selbst lässt der Staat nämlich andere erledigen – in Form von privatwirtschaftlich agierenden Netzbetreibern.[22] Dass der Staat seine Bürger nicht selbst mit Energie versorgt ist seit Langem als zulässig anerkannt.[23] Jedoch muss er die letzte Kontrolle behalten und unter Umständen sogar weiter eingreifen.[24]

Dies übernehmen umfangreiche energierechtliche Regelungen und Zielvorgaben. Diese müssen die privatwirtschaftlichen Akteure im Rahmen von Planungs- und Zulassungsverfahren auf mehreren Ebenen einhalten. Diese Regelungen stellen sozusagen den Maschinenraum dar, in dem festgelegt wird, welche Leitung wo gebaut werden darf. Vorhaben müssen mit Blick auf alle berühr-

---

21 Zur Staatsaufgabe Energieversorgung: *Wesener*, Energieversorgung und Energieversorgungskonzepte, 1986, S. 92 ff.
22 *Schirmer/Seiferth*, ZUR 2013, 515, 516.
23 Zur staatlichen Infrastrukturverantwortung im Leitungsbau: *Weyer*, ZNER 2009, 210, 211. Vgl. auch: *Hermes*, in: Hendler/Marburger/Reiff/Schröder (Hrsg.), Energieversorgung und Umweltschutz, 2010, S. 91, erste Regulierungsaufgabe: Netzanschluss- und Netzzugangsregulierung, zweite Regulierungsaufgabe: Netzausbau- und Netzbetriebsregulierung. Grundlegend: *Matthiesen*, Die staatliche Einwirkung zur Sicherung der Energieversorgung und ihre Grenzen, 1986, S. 104 ff.
24 Zur Verantwortung des Staates bei der Energieversorgung: *Schmidt-Preuß*, in: Isensee/Kirchhof (Hrsg.), Hdb. des Staatsrechts, Bd. IV, 3. Aufl. 2006, § 93, S. 944 f.

ten Belange möglichst schonend verwirklicht werden, was mit Hilfe einer Abwägung festgestellt wird. Anders als in anderen Ländern ist in Deutschland also nicht grundsätzlich der billigste Grund und Boden für Energieleitungen zu nutzen. Stattdessen ist es wie häufig kompliziert: Bislang regulierte man vor allem den Wettbewerb.[25] Das hat sich radikal geändert. Aus Anlass der Energiewende hat der deutsche Gesetzgeber die Umfeld- und Umweltbelange für Energieleitungen neu justiert. Neues Prinzip ist eine Umweltregulierung. Das Energierecht soll neuerdings auch dazu beitragen, Konflikte zu minimieren, den Netzausbau zu beschleunigen, zur europäischen Vernetzung beizutragen und – darauf stellt dieser Vortrag im Folgenden besonders ab – die Umwelt zu schützen.

Das Energierecht befindet sich damit an der Schwelle zu einer neuen Phase der *„Rekonfiguration der Netze"*.[26] Gleichzeitig ist der Wandel in der Erzeugung schon vollzogen. Gerade hier sind die Parameter äußerst volatil. Das haben der überstürzt eingeleitete abermalige Atomausstieg gezeigt, aber auch das Vorantreiben von Solar- und Windenergie und die Zukunft der konventionellen Kraftwerke in einem bislang nicht zu Ende gedachten Strommarkt.

IV. Vereinfachungen durch flexiblere Netzplanung

In diesem Karussell von Energiewende, Überalterung und europäischer Vernetzung ist es immer schwerer zu verantworten, komplexe Stromleitungen zu bauen, die einen sicheren Bedarf für die nächsten einhundert Jahre decken werden. Um die Wechselhaftigkeit der Parameter zu adressieren hat eine flexiblere Anlagenplanung höchste Zukunftsrelevanz. Die Leitungsplanung muss auf die technologieoffene Energieerzeugung reagieren.

---

25 *Britz*, in: Fehling/Ruffert (Hrsg.), Regulierungsrecht, 2009, S. 448 ff. *Muras*, in: Zajdler (Hrsg.), EU Energy Law, 2012, S. 91. Siehe zum Anspruch auf Netzzugang auch: *Kment*, ZVglRWiss 2013, 123, 128 ff.; *Burgi*, JZ 2013, 745, 752.

26 Vgl. Vorschlag für eine Richtlinie des Europäischen Parlaments und des Rates über Maßnahmen zur Gewährleistung der Sicherheit der Elektrizitätsversorgung und von Infrastrukturinvestitionen v. 10.12.2003, KOM 2003 (740) end., S. 2.

Grundsätzlich müssen fachplanerische Vorhaben im Zeitpunkt der Planfeststellung die erforderliche Planrechtfertigung aufweisen.[27] Für die hier anzustellende Prognose der weiteren Entwicklung ist aber anerkannt, dass künftige Kapazitätsmängel nicht erst abgewartet werden müssen, bevor notwendige Erweiterungen baulich umgesetzt werden dürfen. Stattdessen muss das System stets so gestaltet sein, dass dauerhaft ein sicherer Netzbetrieb gewährleistet werden kann.[28] Um der Gefahr unsicherer bzw. überhöhter Prognosen zu begegnen, sieht das Konzept der Überplanung für einen erfolgreichen Netzausbau daher vor, dass Leitungsanlagen nicht stets sämtliche Anforderungen direkt erfüllen müssen, sondern stellenweise nur eine *„ready-to"* Konfiguration hergestellt wird. Spätere Erweiterungen werden früh vorausgeplant. Zu gut deutsch: Man kann sich mit dem Netzausbau etwas mehr Zeit lassen, ohne aber die Entwicklung zu verschlafen.

Freileitungen etwa erlauben es, später schnell weitere Leiterseile aufzuhängen ohne neue Masten zu bauen. Teilweise reicht vorerst vielleicht ein Leiterseiltemperaturmonitoring aus.[29] Gleiches gilt für Leerrohre bei Erdkabeln. Indem Anlagen entsprechend technisch vorbereitet gestaltet werden und die Zulassungsentscheidung dies notwendigerweise bereits berücksichtigt, kann ein späterer Bedarf für eine Erweiterung vorausgeplant werden. Hier besteht in technischer Hinsicht sicher noch Forschungsbedarf, vor allem hinsichtlich der Möglichkeiten, wie eine Art Baukastensystem einer flexiblen Entwicklung Rechnung tragen kann.

Auch auf der juristischen Ebene besteht Entwicklungsbedarf: Das Bundesverwaltungsgericht wendet gegenwärtig den Maßstab des *„vernünftigen Gebotenseins"* an. Dieser ist sehr weit und lässt eben auch vage Vorausahnungen der Zukunft als Rechtfertigung ausreichen. Dies zeigt sich auch darin, dass nur äußerst selten Vorhaben tatsächlich einmal an einer fehlenden Planrechtfertigung gescheitert sind. Überdimensionierte Leitungen werden dagegen nur dann effektiver verhindert, wenn künftig eine Flexibilität der

---

27 OVG Saarbrücken, Urt. v. 31. 03. 1992 – 7 M 2/89 –, Rn. 73 (zit. n. juris).
28 Im konkreten Fall ging es um die Gestaltung einer Hochspannungsleitung, die zur Versorgung der Bewetterungsanlage eines Bergwerks mit Energie diente, OVG Saarbrücken, Urt. v. 31. 03. 1992 – 7 M 2/89 –, Rn. 84 (zit. n. juris).
29 Allgemeiner *„Leitungsmonitoring":* Leidinger, in: Posser/Faßbender (Hrsg.), Praxishandbuch Netzplanung und Netzausbau, 2013, Kap. 3 Rn. 310.

technischen Entwicklungsmöglichkeiten als zusätzlicher Belang in der Abwägung zu berücksichtigen ist.

V. Vereinfachungen durch Bündelung

Ein wesentlich schnellerer und einfacherer Netzausbau ist in Fällen möglich, in denen bestehende Leitungen modernisiert bzw. erforderlichenfalls erweitert werden und neue Vorhaben mit diesen gebündelt errichtet werden.[30] Gleichzeitig hilft der vorrangige Ausbau von Bestandsleitungen, dass künftige Generationen noch auf freie Flächen blicken können.[31] Diese gelten deshalb als besonders schutzwürdig. Um das zu erreichen gelten zahlreiche Besonderheiten:

In materiell-rechtlicher Hinsicht ist das Schutzniveau bereits mit Leitungen belegter Flächen niedriger.[32] So wiegt es deutlich weniger schwer wenn Leitungen direkt nebeneinander errichtet werden. Auch deshalb verspricht die Bündelung deutlich weniger Widerstand bei Anliegern als ein Neubau.

Das umweltrechtliche Prinzip der Vorbelastung setzt Flächen, die bereits mit Leitungen belastet sind, in ihrer weiteren Schutz-

---

30 Vgl. BVerwG, Urt. v. 15.09.1995 – 11 VR 16/95 –, NVwZ 1996, 396, 398; BVerwG, Beschl. v. 22.07.2010 – 7 VR 4/10 –, ZUR 2010, 533, 536; BVerwG, Beschl. v. 24.05.2012 – 7 VR 4/12 –, ZUR 2012, 499, 500. *Kuxenko*, Umweltverträgliche Energieversorgung, 2003, S. 145. Von der geringsten Belastung der Umwelt bei der Nutzung bestehender Trassenräume geht aus: *Willbrand*, in: Posser/Faßbender (Hrsg.), Praxishandbuch Netzplanung und Netzausbau, 2013, Kap. 4 Rn. 92, 96.

31 Schätzungen über den Bedarf an Flächen für Energieleitungen sind gegenwärtig nicht veröffentlicht. Studien über die Flächeninanspruchnahme von Erzeugungsanlagen führen Energieleitungen nicht mit auf: Agentur für erneuerbare Energien e.V., erneuerbare Energien 2020. Potenzialatlas Deutschland, 2010 (abrufbar unter: http://www.unendlich-viel-energie.de, zuletzt abgerufen: 17.11.2014); SRU, Wege zur 100 % erneuerbaren Stromversorgung, Sondergutachten 2011, S. 53. Einen Überblick über die Inspruchnahme neuer Flächen gibt: *Robl*, Das beschleunigte Verfahren für Bebauungspläne der Innenstadtentwicklung, 2010, S. 49 ff.

32 BVerwG, Urt. v. 28.10.1998 – 11 A 3/98 –, BVerwGE 107, 350; BVerwG, Beschl. v. 26.09.2013 – 4 VR 1/13 –, Ls. 2, UPR 2014, 106. OVG Lüneburg, Beschl. v. 03.12.2013 – 7 MS 4/13 –, Rn. 24 (zit. n. juris).

würdigkeit im Vergleich zu Freiflächen herab.[33] Muss in einem Gebiet künftig mehr Strom transportiert werden, sind eine Optimierung und Verstärkung einer bestehenden Leitung im Ergebnis vorzugswürdig vor einem Leitungsneubau. Die dabei zu berücksichtigenden Vorbelastungen müssen sich auch nicht aus Energieleitungen ergeben, auch Straßen oder Schienenwege kommen in Betracht. Darüber hinaus unterliegen auch Gebiete einer Vorbelastung, die durch Rechtsvorschriften angeordnet sind, wie etwa § 1 Abs. 5 BNatSchG[34]. Auch Planung, wie etwa die Regionalplanung, kann anordnen, dass vorbelastete Gebiete gegenüber bislang unbeanspruchten Gebieten vorrangig zu nutzen sind.[35]

Allerdings können Vorbelastungen nur schutzgutbezogen berücksichtigt werden, weswegen bei Energieleitungen vor allem optische Beeinträchtigungen zu berücksichtigen sind. Das oben angeführte Beispiel der Uckermark-Leitung führte anhand der Belastungen für Vögel bereits dazu aus. Neu hinzukommende Belastungen dürfen mit zu berücksichtigenden Vorbelastungen das zulässige Maß der Maximalbelastung nicht überschreiten.[36]

Da bei technischen Maßnahmen im Bestandsnetz die bestehende Trasse den Standort weitgehend vorgibt, ergeben sich zahlreiche Besonderheiten bei Überplanungen:

So gilt etwa der planerische Immissionsschutz gemäß § 50 BImSchG[37] nur eingeschränkt. Im Hinblick auf den Lärmschutz, den

---

33   Zu Vorbelastungen durch Energieleitungen: OVG Münster, Urt. v. 09.01.2004 – 11 D 116/02 –, Rn. 46 ff. (zit. n. juris); VGH München, Urt. v. 19.06.2012 – 22 A 11.40018, 22 A 11 40019 –, Rn. 32 (zit. n. juris); VGH München, Urt. v. 20.11. 2012 – 22 A 10.40041 –, Rn. 34 f. (zit. n. juris); OVG Lüneburg, Beschl. v. 03.12. c2013 – 7 MS 4/13 –, Rn. 24 (zit. n. juris).
34   Gesetz über Naturschutz und Landschaftspflege, Bundesnaturschutzgesetz v. 29.07.2009, BGBl. I, S. 2542, zuletzt geändert durch das Gesetz zur Einführung von Ausschreibungen für Strom aus erneuerbaren Energien und zu weiteren Änderungen des Rechts der erneuerbaren Energien v. 13.10.2016, BGBl. I, S. 2258.
35   Siehe etwa BVerwG, Urt. v. 11.07.2001 – 11 C 14/00 –, BVerwGE 114, 364.
36   BVerwG, Urt. v. 21.03.1996 – 4 C 5/95 –, BVerwGE 101, 1, 9 f.; BVerwG, Urt. v. 31.01.2001 – 11 A 6/00 –, NVwZ-RR 2001, 653, 655; BVerwG, Beschl. v. 10.11. 2009 – 9 B 28/09 –, NVwZ 2010, 319 f. OVG Münster, Urt. v. 06.09.2013 – 11 D 118/10.AK –, Rn. 118 (zit. n. juris).
37   Gesetz zum Schutz vor schädlichen Umwelteinwirkungen durch Luftverunreinigungen, Geräusche, Erschütterungen und ähnliche Vorgänge v. 17.05.2013, BGBl. I, S. 1274, zuletzt geändert durch das Gesetz zur Umsetzung der Richtlinie 2012/18/EU zur Beherrschung der Gefahren schwerer Unfälle mit gefähr-

Schutz vor elektromagnetischer Strahlung und den Natur- und Landschaftsschutz vermitteln hinzunehmende Vorbelastungen ein abgeschwächtes Schutzniveau. Vorhaben in bestehenden Trassen unterfallen bestimmten Anforderungen nicht, wie etwa hinsichtlich eines Überspannungsverbots für Wohnhäuser. Denn nach § 4 Abs. 3 S. 1 der 26. BImSchV[38] dürfen nur Leitungen auf neuen Trassen Gebäude oder Gebäudeteile nicht überspannen, die zum dauerhaften Aufenthalt von Menschen bestimmt sind. Bestandsleitungen sind also ausgenommen.

Ein Schwerpunkt der Anerkennung bestehender Trassen liegt in der Alternativenprüfung in dem Schritt eines Planungsverfahrens, in dem die verschiedenen Möglichkeiten der Realisierung beleuchtet werden müssen. Hier ist es durch die Rechtsprechung seit Langem anerkannt, dass es sich regelmäßig als Variante zur Verwirklichung aufdrängt, die bisherige Linienführung unverändert beizubehalten. Die Variation der beleuchteten Alternativen kann schon im frühen Stadium der Vorauswahl beschränkt werden. Dadurch kann bereits der Umfang der Ermittlung von Alternativen reduziert werden. Im nächsten Schritt verschlankt dies den Abwägungsprozess erheblich. Im Ergebnis ist die Nutzung bestehender Trassen im Rahmen der Alternativenprüfung besonders begründungssicher.

Jüngst hat der Gesetzgeber mit dem bislang unbekannten Tatbestandsmerkmal der *„neuen Trassen"* in mehreren Vorschriften deutlich gemacht, dass Leitungen in bestehenden Trassen erhalten werden sollen. Zahlreiche Regelungen privilegieren und erleichtern Maßnahmen im Bestand:

Die Netzbetreiber dürfen als Bauherren eines Leitungsvorhabens Zahlungen an Gemeinden zur Kompensation von Nachteilen leisten. Diese Kompensationszahlungen bleiben aber auf *neue Leitungstrassen* beschränkt. Denn nur dann gelten Zahlungen an Städ-

---

lichen Stoffen, zur Änderung und anschließenden Aufhebung der Richtlinie 96/82/EG des Rates v. 30. 11. 2016, BGBl. I, S. 2749.
38 Sechsundzwanzigste Verordnung zur Durchführung des Bundes-Immissionsschutzgesetzes, Verordnung über elektromagnetische Felder – 26. BImSchV v. 14. 08. 2013, BGBl. I, S. 3266, ber. S. 3942.

te oder Gemeinden nach Maßgabe von § 5 Abs. 4 StromNEV[39] gemäß § 11 Abs. 2 S. 1 Nr. 8b ARegV[40] als dauerhaft nicht beeinflussbare Kostenanteile. Nur als solche können diese in Form von Netzentgelten auf die Allgemeinheit umgelegt werden. Darin wird deutlich, dass die Nutzung bestehender Trassen grundsätzlich nur geringes Konfliktpotenzial zeigt. Deshalb kann auch kein Verhandlungsdruck in Richtung einer Geldleistung ausgelöst werden, wie ihn die ausdrückliche gesetzliche Anerkennung der durch Kompensationszahlungen entstehenden Kosten für neue Trassen schafft. Vorhabenträger können darin eine Verschlankung der Planung auf Bestandstrassen sehen. Gleichzeitig sinken dadurch die Kosten technischer Maßnahmen auf Bestandstrassen. Dies spricht als Belang der Preisgünstigkeit gemäß § 1 Abs. 1 EnWG[41] in einer Abwägung zusätzlich zulasten einer Trassierung auf bislang freien Flächen.

Bestehende Trassen sollen auch dadurch begünstigt werden, indem sie von neuen, weitreichenden Bestimmungen des Umweltschutzes ausgenommen sind, wie eben etwa gerade am Überspannungsverbot für Wohnhäuser dargestellt. Nur dadurch ist es möglich, Bestandsleitungen am Ende ihrer Lebensdauer durch neue Anlagen zu ersetzen, ohne die Linienführung aufwendig ändern zu müssen. Juristisch ist hier bedeutsam, wie lange das Vorliegen einer *neuen Trasse* abgelehnt werden kann. Häufig wird es nämlich zu sogenannten Ersatzneubauten kommen, bei denen eine alte Leitung vollständig rückgebaut und eine neue Leitung an gleicher Stelle errichtet wird. Dabei kommt es immer wieder zu (kleinräumigen) Abweichungen von der bisherigen Linienführung, die nach meinem Dafürhalten dann keine neue Trasse darstellen, wenn sie sich weiterhin in räumlicher Nähe halten. Die

---

39   Stromnetzentgeltverordnung v. 25.07.2005, BGBl. I, S. 2225, zuletzt geändert durch das Gesetz zur Erleichterung des Ausbaus digitaler Hochgeschwindigkeitsnetze (DigiNetzG) v. 04.11.2016, BGBl. I, S. 2473.
40   Anreizregulierungsverordnung v. 29.10.2007, BGBl. I, S. 2529, zuletzt geändert durch die Zweite Verordnung zur Änderung der Anreizregulierungsverordnung v. 14.09.2016, BGBl. I, S. 2147.
41   Gesetz über die Elektrizitäts- und Gasversorgung, Energiewirtschaftsgesetz v. 07.07.2005, BGBl. I, S. 1970, ber. I, S. 3621, zuletzt geändert durch das Gesetz zur Änderung von Vorschriften zur Bevorratung von Erdöl, zur Erhebung von Mineralöldaten und zur Umstellung auf hochkalorisches Erdgas v. 14.12.2016, BGBl. I, S. 2874.

durchzuführende Auslegung muss hier vor allem vom Schutzzweck her erfolgen.[42]

Dies gilt auch im Hinblick auf die immer lauter werdenden Rufe nach Erdverkabelung. Leitungen des Hochspannungsnetzes sind aber neuerdings im Regelfall nur dann als Erdkabel auszuführen, wenn sie auf *neuen Trassen* errichtet werden. Gemäß § 43h EnWG sind Leitungen mit 110 kV Betriebsspannung oder weniger als Erdkabel auszuführen. Eine nachträgliche ganzheitliche Umstellung des bestehenden Energieleitungsnetzes auf die Erdverkabelung ist de lege lata nicht vorgeschrieben. Damit müssen sich Varianten mit Erdverkabelung unter Berücksichtigung aller Belange gegen Freileitungslösungen durchsetzen, soweit bestehende Trassen betroffen sind.

Auch für die Verfahren gelten Entlastungen: Soweit bestehende Leitungen optimiert oder verstärkt werden sollen, kann dies in einem verschlankten und dadurch beschleunigten Verfahren zugelassen werden. Diese Vereinfachung kann sich in verkürzten Verfahrensfristen, reduzierten Verwaltungsgebühren und obsoleten Verfahrensschritten zeigen.

Eine direkte Reaktion auf die Energiewende stellt das Netzausbaubeschleunigungsgesetz dar, das ausgewählte Leitungen einer Sonderbehandlung unterwirft. Wenn Leitungen aus dessen Anwendungsbereich nicht in einer neuen, sondern in einer bestehenden Trasse errichtet werden, steht dafür gemäß § 11 ein vereinfachtes Verfahren der Bundesfachplanung offen. Dieses führt zu einer erheblichen Verfahrensverkürzung, es fallen reduzierte Verwaltungsgebühren an. Gleiches gilt für den Fall der Bündelung, wenn die neue Leitung unmittelbar neben der Trasse einer bestehenden Hoch- oder Höchstspannungsleitung geplant wird.

Auch im übrigen Zulassungsrecht findet sich dieses Prinzip wieder, wonach ein sonst notwendiges förmliches Verfahren durch ein besonders schlankes Anzeigeverfahren ersetzt werden darf, wenn bestehende Leitungen geändert und erweitert werden sollen. Denn gemäß § 43f EnWG und § 25 NABEG können unwesent-

---

42 Bündelungsgrenze: Der Wert von 200 m als Bündelungsgrenze mit relevanten Infrastrukturen ist aus der Veröffentlichung des Niedersächsischen Landkreistags „Hochspannungsleitungen und Naturschutz – Hinweise zur Anwendung der Eingriffsregelung beim Bau von Hoch- und Höchstspannungsfreileitungen und Erdkabeln", Stand: Januar 2011, entnommen.

liche Änderungen oder Erweiterungen ohne Planfeststellungsverfahren durch ein Anzeigeverfahren zugelassen werden.

Der Blick in die Praxis fällt hier oft noch ernüchternd aus: Aus Sorge um die tatsächliche Einschlägigkeit der Erleichterungen wird oft vorsorglich doch das vollständige Verfahren durchgeführt.[43] Die Erleichterung läuft so leer. Diese Sorge dürfte angesichts der neuen EuGH Rechtsprechung mit seiner besonders starken Betonung der Einhaltung von Verfahrensschritten erst Recht virulent werden.[44]

Vielversprechender ist unterdessen der Blick auf die Potenziale des tatsächlichen Bestandes: Bislang war es allgemein üblich, oberirdisch Freileitungen zu bauen. Erdkabel sind eine Erfindung der Neuzeit. Dadurch stehen umfangreiche Trassenräume für Erweiterungen zur Verfügung. Zudem ist allgemein bekannt, dass neue Großvorhaben auf bislang ungenutzten Flächen nur noch mit enormen zeitlichen Risiken verwirklicht werden können.

Die Bündelung bleibt jedoch selbst nicht ohne Nachteile. Im Vergleich zur Neuplanung kann die Einfügung in bestehende Trassen dazu führen, dass eine längere Wegstrecke zurückzulegen ist. Auch kann es erforderlich sein, erst die bestehende Altleitung zu erneuern bevor sie erweitert werden kann. Auch dadurch können sich höhere Kosten ergeben.

Wer die Leitungsvorhaben im Augsburger Umfeld näher beleuchtet, wird indes dann doch überrascht sein, wenn der dort verantwortliche Netzbetreiber davon spricht, dass es *„technisches Neuland [sei], was wir betreten"*[45] wenn nun die Überplanung bestehender Leitungen geprüft werde. Dies belegt einmal mehr, dass hier die Zeiten des prinzipiellen Neubaus noch nicht überkommen sind.

Wie man schon häufig sehen kann, wird die Bündelung dennoch bereits praktiziert. Um freie Flächen jedoch verbindlich zu schützen bedarf es entsprechender Vorschriften. Solche bestehen in sehr unterschiedlicher Intensität im Recht des Bundes und der Länder.

---

43 Ohms, in: Sauer/Schneller (Hrsg.), Beschleunigung von Planungsverfahren für Freileitungen, 2006, S. 48 f.
44 EuGH, Urt. v. 15. 10. 2015 – Rs. C-137/14 –, NJW 2015, 3495 ff.
45 Interview des Chefs der Betreibergesellschaft 50Hertz, *Boris Schucht*: https://heise.de/-2571277 (abrufbar am 31. 12. 2016).

Vor allem in den Ländern bestehen umfangreiche Vorgaben, aus denen Grundsätze für die Trassierung von Leitungen abgeleitet werden können. So gibt das Bayerische Landesentwicklungsprogramm in Nr. 7.1.3 der Anlage zu § 1 der Verordnung über das Landesentwicklungsprogramm als Grundsatz der Raumordnung vor, dass Infrastruktureinrichtungen in freien Landschaftsbereichen möglichst gebündelt werden sollen, um durch deren Mehrfachnutzung die Beanspruchung von Natur und Landschaft möglichst zu vermindern.[46] Der Regionalplan Nordhessen besagt, dass „*unter Beachtung des hohen Zieles der Versorgungssicherheit [...] Umbau und Ergänzung bestehender Höchst- und Hochspannungsfreileitungen Vorzug vor dem Leitungsneubau*"[47] haben. Zahlreiche Pläne enthalten das Bündelungsgebot jedoch nicht.[48]

Nur soweit Normen eine Bündelung von Infrastruktur vorsehen, ist diese als ein weiterer Belang in der eben angesprochenen Abwägung zu berücksichtigen. Zu klären ist dann, ob weitere Belastungen zulässig sind und etwa höhere Kosten gerechtfertigt.[49] Eine Bündelung werden jedenfalls aber die eben angesprochenen Fledermäuse danken, denn diese können sich an bestehende Hindernisse gewöhnen und ihre Flugrouten anpassen.

VI. Abschluss und Ausblick

Wer Bürgerbedenken und die Vorbringen von Umwelt- und Tierschutzverbänden ernst nehmen will, muss erkennen, dass bloße Beteiligung im Planungsprozess dem nicht helfen wird, der eine Stromleitung letztlich vor seine Terrasse bekommen soll. Diese Überzeugungsarbeit wird nur eine nach allen Möglichkeiten ausgelotete Überplanung leisten können.

---

46   Grundsatz der Raumordnung (G) 7.1.3. Erhalt freier Landschaftsbereiche aus Kapital 7 Freiraumstruktur des LEP Bayern v. 01.09.2013 (Inkrafttreten).
47   G 3 S. 2 des Kap. 5.2.1 Konventionelle Energieerzeugung des Regionalplans Nordhessen v. 15.03.2010 (Bekanntmachung).
48   Siehe die Übersicht bei: *Pleiner*, Überplanung von Infrastruktur, 2016, S. 258 ff.
49   *Schumacher/Schumacher*, in: Schumacher/Fischer-Hüftle (Hrsg.), BNatSchG, 2. Aufl. 2010, § 1 Rn. 163.

Die aufgezeigten Wege zur Vereinfachung und Beschleunigung des Netzausbaus sind bereits im geltenden Recht angelegt. Ableitung und Auslegung sind der kolossalen Anforderung jedoch nicht angemessen. Es bedarf einer stärkeren Verankerung der Überplanung indem die Besonderheiten des Umgangs mit bestehenden Leitungen und Trassen berücksichtigt werden.

Die Überplanung am Beispiel des Energienetzes ist lediglich ein erster Anwendungsfall. Weitere große Transformationsprozesse stehen bevor. Für diese muss die gesellschaftliche Verantwortung übernommen werden. Bereits heute ist etwa klar, dass selbstfahrende Autos in Zukunft auf anderen Straßen an andere Tankstellen fahren werden. Dies wird andere Anforderungen an die Infrastruktur stellen. Auch dazu muss sich das Planungsrecht stärker auf die Besonderheiten der Fortentwicklung von Bestandssystemen konzentrieren. Dies wird auch eine entschlossenere Forcierung der Elektromobilität danken.

Das Nagoya-Protokoll und seine Umsetzung in der EU und in Deutschland

Hintergründe und mögliche Folgen für die Rechtspraxis *

Thomas Ebben, LL.M., Bundesministerium für Umwelt, Naturschutz, Bau und Reaktorsicherheit, Bonn

Am 12.Oktober 2014 ist das Nagoya-Protokoll in Kraft getreten. Das Nagoya-Protokoll ist ein multilateraler völkerrechtlicher Vertrag, der den Zugang zu genetischen Ressourcen sowie die gerechte und ausgewogene Verteilung der Vorteile aus ihrer Nutzung regelt.[1] Ferner geregelt wird Traditionelles Wissen, das sich auf genetische Ressourcen bezieht. Deutschland ist seit dem 20. 07. 2016 Vertragspartei des Nagoya-Protokolls. Aus diesem Anlass möchte der vorliegende Beitrag das Nagoya-Protokoll und die es umsetzenden Rechtsakte vorstellen.

Zunächst sollen die völkerrechtlichen Grundlagen dargestellt werden (1.), insbesondere das Nagoya-Protokoll selbst, sein Inhalt und seine Genese (2.).

In einem zweiten Schritt soll sodann die europarechtliche Umsetzung des Nagoya-Protokolls beschrieben werden, insbesondere die Verordnung (EU) Nr. 511/2014 (3.).

Anschließend soll das hierzu ergangene Durchführungsgesetz beschrieben werden, welches den Vollzug des europäischen

---

* Der Verfasser ist Referent im Bundesministerium für Umwelt, Naturschutz, Bau und Reaktorsicherheit und dort unter anderem zuständig für die Umsetzung des Nagoya-Protokolls in internationales, europäisches und deutsches Recht. Der Beitrag gibt ausschließlich die persönliche Meinung des Verfassers wieder.

1 Der Text des Protokolls und weitere Informationen sind auf der Internetseite http://cbd.int/abs abrufbar.

Rechts ermöglicht. Dabei soll auch auf mögliche konkrete Umsetzungs- und Vollzugsmaßnahmen eingegangen werden (4).

1. Völkerrechtliche Grundlagen: Die CBD von 1992

Das Nagoya-Protokoll setzt völkerrechtliche Regeln für den Umgang mit genetischen Ressourcen sowie hierauf bezogenem traditionellem Wissen. Eine Vielzahl von Staaten machen seit geraumer Zeit eigene souveräne Rechte an diesen geltend.

Die Grundlagen hierfür reichen zurück bis in das Jahr 1962, als die Generalversammlung der Vereinten Nationen in ihrer Resolution 1803 (XVII)[2] das *„right of peoples and nations to permanent sovereignty over their natural wealth and resources"* erklärte. Im Zeitalter der Dekolonialisierung wurde auf diese Weise das Recht der soeben in die Unabhängigkeit entlassenen Staaten an ihren natürlichen Ressourcen und Bodenschätzen bekräftigt.

1992 setzten sich insbesondere zahlreiche Entwicklungsländer mit der Auffassung durch, dass sich diese souveränen Rechte auch auf das genetische Material erstrecken, das von den natürlichen Ressourcen beinhaltet wird. In dem auf der sogenannten Rio-Konferenz verabschiedeten Übereinkommen über die biologische Vielfalt (Convention on Biological Diversity, CBD) wurde geregelt, dass die souveränen Rechte der Staaten in Bezug auf ihre natürlichen Ressourcen auch die Befugnis umfasst, den Zugang zu sogenannten „genetischen Ressourcen" zu regulieren. Dies ist neben Schutz und nachhaltiger Nutzung von biologischer Vielfalt die dritte Säule der CBD.[3]

Artikel 1 der CBD regelt:

„The objectives of this Convention are the conservation of biological diversity, the sustainable use of its components and the fair and equitable sharing of the benefits arising out of the utilization of genetic resources."

Article 15 Abs. 1 der CBD konkretisiert dies wie folgt:

---

2   General Assembly resolution 1803 (XVII) of 14 December 1962, „Permanent sovereignty over natural resources"; dokumentiert beispielsweise auf der Internetseite http://legal.un.org/avl/ha/ga_1803/ga_1803.html.
3   Der Text des Übereinkommens ist abrufbar auf der Internetseite http://cbd.int.

„Recognizing the sovereign rights of States over their natural resources, the authority to determine access to genetic resources rests with the national governments and is subject to national legislation."

Dabei erfährt das zu Grunde liegende Konzept der „genetischen Ressource" als Regelungsgegenstand in Artikel 2 der CBD eine denkbar weite Definition:

„Genetic ressources" means genetic material of actual or potential value.

„Genetic material" means any material of plant, animal, microbial or other origin containing functional units of heredity.

Die CBD legt hiermit die Grundlage für ein internationales System zu Zugang und Vorteilsausgleich zu genetischen Ressourcen (Access and Benefit Sharing, ABS). Dahinter steckt in der Regel die folgende Interessenskonstellation: Biodiversitätsreiche Länder, häufig Entwicklungsländer, sollen den Zugang zu genetischen Ressourcen unter ihrer Souveränität erleichtern; „technologiereiche" Länder erhalten Zugang zu genetischen Ressourcen in diesen Ländern und verpflichten sich im Gegenzug, Maßnahmen zu ergreifen, um die Ergebnisse von Forschung und Entwicklung an diesen genetischen Ressourcen ausgewogen und gerecht mit dem Herkunftsland zu teilen. Einschlägige Fallkonstellationen sind beispielsweise die Entwicklung eines Medikaments aus einer tropischen Heilpflanze, die Entwicklung einer neuen Pflanzensorte unter Verwendung von neu entdeckten Wildpflanzensorten oder die Nutzung pflanzlicher Grundstoffe bei der Herstellung von Kosmetikprodukten.

Politische Gründe für die Anerkennung von nationalen Hoheitsrechten an genetischen Ressourcen waren dabei insbesondere:
- Ein steigendes Bewusstsein insbesondere unter den Entwicklungsländern, dass genetische Ressourcen in ihrem Hoheitsgebiet (als sogenanntes „Grünes Gold") werthaltig sind. Sie sind ein unverzichtbarer Grundstoff für Forschung und Entwicklung in zahlreichen Bereichen von Wirtschaft und Wissenschaft.
- Die Ergebnisse von Forschung und Entwicklung können häufig durch Geistige Eigentumsrechte geschützt werden, insbesondere durch Patent- und Sortenschutzrechte. Insbesondere in vielen Entwicklungsländern wird es als unbillig empfunden, dass zwar der Nutzer der genetischen Ressource, nicht aber ihr Herkunftsland an den hieraus resultierenden Erträgen beteiligt

wird. Es entsteht das Verlangen nach einem gerechten Vorteilsausgleich.
- Die Herkunftsländer verlangen insbesondere auch einen Ausgleich für die in-situ Erhaltung von biologischer Vielfalt. CBD und Nagoya-Protokoll wollen auch einen wirtschaftlichen Anreiz für die Erhaltung von Naturgütern setzen. Anders gewendet soll jeder Nutzer von genetischen Ressourcen, der von intakten Naturgütern profitiert (bspw. wissenschaftlich oder wirtschaftlich), auch einen Beitrag zum langfristigen Erhalt der biologischen Vielfalt leisten.

Von 2004 bis 2010 verhandelten die Vertragsparteien der CBD eine Konkretisierung der allgemeinen Prinzipien aus Artikel 15 der CBD. Dies mündete 2010 auf der zehnten Vertragsstaatenkonferenz der CBD in Japan in die Verabschiedung des Nagoya-Protokolls. Das Protokoll trat am 12.10.2014 in Kraft. Bis heute (Stand 01.03.2017) liegen 96 Ratifizierungen vor.[4] Deutschland ist zum 20.07.2016 Vertragspartei geworden.

2. Inhalt und Verpflichtungen des Nagoya-Protokolls

Das Nagoya-Protokoll regelt drei Teilbereiche: den Zugang zu genetischen Ressourcen (2.1), den ausgewogenen und gerechten Ausgleich der Vorteile aus ihrer Nutzung (2.2) und die Kontrolle der Nutzer von genetischen Ressourcen („Compliance", (2.3).[5]

2.1 Zugang zu genetischen Ressourcen

Das Nagoya-Protokoll setzt international vereinheitlichte Mindeststandards für den Zugang zu genetischen Ressourcen. Gemeint sind Regeln nach denen Forscher und Unternehmen in anderen Ländern biologisches Material zum Zwecke von Forschung und Entwicklung sammeln dürfen. Dabei gilt der Grundsatz, dass kein

---

4   Eine Übersicht der Vertragsparteien ist abrufbar unter https://www.cbd.int/abs/nagoya-protocol/signatories/default.shtml.
5   Eine detaillierte Übersicht über die Inhalte des Protokolls leistet beispielsweise der „IUCN Explanatory Guide to the Nagoya Protocol on Access and Benefit Sharing", der auf der Internetseite der IUCN abrufbar ist: http://cmsdata.iucn.org/downloads/an_explanatory_guide_to_the_nagoya_protocol.pdf.

Land Zugang zu seinen genetischen Ressourcen gewähren muss und dass kein Land den Zugang zu seinen genetischen Ressourcen beschränken muss. Zahlreiche Länder, vor allem in Nordeuropa, einschließlich Deutschland, verzichten weiterhin darauf, Zugangsregelungen für genetische Ressourcen in ihrem Hoheitsgebiet zu erlassen. Hingegen sehen zahlreiche Entwicklungsländer und zunehmend auch südeuropäische Länder strenge Regeln für den Zugang zu genetischen Ressourcen in ihrem Hoheitsgebiet vor. Wenn aber Zugangsregeln gelten, müssen diese die Anforderungen des Nagoya-Protokolls erfüllen. In der Sprache des Protokolls kann der Zugang zu genetischen Ressourcen von der Erteilung eines *Prior Informed Consents (PIC)* abhängig gemacht werden,[6] d.h. einer behördlichen Genehmigung im Einzelfall.

Diese internationalen Mindeststandards für den Zugang zu genetischen Ressourcen sind in den Artikeln 6 und 8 des Nagoya-Protokolls geregelt. Sie betreffen insbesondere Anforderungen im Hinblick auf Transparenz,[7] Gleichbehandlung,[8] Privilegierung von nicht-kommerzieller Grundlagenforschung,[9] Berücksichtigung internationalen medizinischen Notsituationen[10] und die besonderen Belange von Ernährung und Landwirtschaft[11].

Gleichzeitig schafft das Nagoya-Protokoll ein international anerkanntes Konformitätszertifikat, das die Rechtmäßigkeit des Zugangs bescheinigt.[12] Eingerichtet wird zudem ein Clearing House Mechanismus,[13] der es jedermann ermöglicht, sich über zuständige Ansprechpartner und einschlägige Zugangsbestimmungen in den jeweiligen Herkunftsländern zu informieren[14].

2.2 Vorteilsausgleich:

Das Nagoya-Protokoll verlangt, dass grundsätzlich Vorteile, die sich aus der Nutzung von genetischen Ressourcen und darauf bezoge-

6   Art. 6 Abs. 1 Nagoya-Protokoll.
7   Art. 6 Abs. 3 Buchst. a Nagoya-Protokoll.
8   Art. 6 Abs. 3 Buchst. b Nagoya-Protokoll.
9   Art. 8 Buchst. a Nagoya-Protokoll.
10 Art. 8 Buchst. b Nagoya-Protokoll.
11 Art. 8 Buchst. c Nagoya-Protokoll.
12 Art. 17 Abs. 3 und 4 Nagoya-Protokoll.
13 Art. 14, i.V.m. Artikel 6 Abs. 3 Buchst. e und Art. 13 Abs. 5 Nagoya-Protokoll.
14 Der Clearing House Mechanismus ist abrufbar unter http://absch.cbd.int.

nem traditionellem Wissen ergeben, ausgewogen und gerecht mit dem Herkunftsland geteilt werden.[15] Dieser Vorteilsausgleich findet auf privatvertraglicher Grundlage statt[16] und unterliegt mithin auch uneingeschränkt der Gestaltungshoheit der beteiligten Parteien, in der Regel also dem Herkunftsland der genetischen Ressource und dem Nutzer, der Zugang hierzu begehrt.

Gemeint sind dabei einerseits finanzielle Vorteile, wie beispielsweise Gewinnbeteiligungen, andererseits nicht-finanzielle Vorteile, wie beispielsweise die Mitteilung von Forschungsergebnissen. Eine indikative, nicht-abschließende Auflistung derartiger Vorteile findet sich im Anhang zum Nagoya-Protokoll. Die Herkunftsländer sind völkerrechtlich angehalten, Vorteile für die Erhaltung und nachhaltige Nutzung von biologischer Vielfalt zu verwenden.[17]

2.3 Compliance

Der dritte Regelungsbereich des Protokolls betrifft die Kontrolle der Nutzer von genetischen Ressourcen, in der Sprache des Protokolls: „Compliance". Dieser Bereich ist der einzige, der von der EU und Deutschland umgesetzt wird und ist daher aus deutscher Sicht besonders relevant.

Ausgangspunkt ist Artikel 15 Abs.1 Nagoya-Protokoll:
„*Each party shall take appropriate, effective and proportionate (...) measures to provide that genetic resources utilized within its jurisdiction have been accessed in accordance with Prior Informed Consent and that Mutually Agreed Terms have been established ...*"

Ergänzend hierzu verlangt Artikel 15 Abs. 2, dass die Vertragsparteien „*.... measures to address situations of non-compliance ...*" vorsehen müssen.

Eine parallele Verpflichtung enthält das Nagoya-Protokoll in seinem Artikel 16 für traditionelles Wissen, das sich auf genetische Ressourcen bezieht.

Artikel 17 Abs. 1 verlangt zudem, dass die Vertragsparteien zumindest eine Kontrollstelle (sog. „*checkpoint*") einrichten müssen, um die Verpflichtungen der Artikel 15 und 16 zu unterstützen.

---

15 Vgl. Art. 5 Abs. 1 Nagoya-Protokoll.
16 In sogenannten *Mutually Agreed Terms (MAT)*.
17 Vgl. Art. 9 Nagoya-Protokoll.

Mit anderen Worten müssen Vertragsparteien wirksam gewährleisten, dass für genetische Ressourcen und darauf bezogenes traditionelles Wissen, die in ihrem Hoheitsgebiet genutzt werden, im Herkunftsland ein *Prior Informed Consent* eingeholt wurde und dass *Mutually Agreed Terms* vereinbart worden sind. Bei Verstößen hiergegen sind Maßnahmen vorzusehen und zur Umsetzung ist eine zuständige Kontrollstelle einzurichten. Durch all dies soll gewährleistet werden, dass im Hoheitsgebiet einer Vertragspartei bloß solche genetische Ressourcen genutzt werden, die im Herkunftsland legal erlangt worden sind. Die Herkunftsländer sollen so dabei unterstützt werden, ihre Regelungen zum Vorteilsausgleich durchzusetzen.

All dies wird in der EU und in Deutschland durch ein umfangreiches Paket an Regelwerken umgesetzt, die seit 2010 erarbeitet und umgesetzt worden sind.

3. Die Umsetzung des Nagoya-Protokolls in der EU: Verordnung (EU) Nr. 511/2014

Die materiellen Verpflichtungen zum Bereich Nutzerkontrolle des Nagoya-Protokolls werden in der EU einheitlich und umfassend durch die Verordnung (EU) Nr. 511/2014 umgesetzt. Regelungen betreffend den Zugang zu genetischen Ressourcen und den Vorteilsausgleich verbleiben hingegen in der Hoheit der Mitgliedstaaten.

Kernstück der Verordnung ist ihr Artikel 4. Dieser legt Nutzern von genetischen Ressourcen eine Sorgfaltspflicht („Due Diligence") auf, wenn sie Forschung und Entwicklung an genetischen Ressourcen im Anwendungsbereich der Verordnung betreiben. Der Inhalt dieser Sorgfaltspflicht wird in Artikel 4 Abs. 3 der Verordnung spezifiziert. Hiernach müssen Nutzer von genetischen Ressourcen ABS-relevante Informationen von vorgehenden Nutzern anfordern, sie aufbewahren und an spätere Nutzer weitergeben.[18]

---

18   Dies umfasst beispielsweise das Herkunftsland der genetischen Ressource, assoziierte Rechte des Herkunftslandes, Zugangsgenehmigungen und Zeitpunkt und Ort des Zugangs.

Hinter dieser Regelung steckt die Erkenntnis, dass das Vorhandensein von ABS-relevanten Informationen Voraussetzung für die Einhaltung von Vereinbarungen mit dem Herkunftsland ist. Sie müssen daher in der gesamten Wertschöpfungskette vorliegen. Genetische Ressourcen werden hierdurch rückverfolgbar zu ihrem jeweiligen Herkunftsland („*track and trace*"). Transparent wird nicht nur, woher die jeweilige genetische Ressource stammt, sondern auch, ob das Herkunftsland ABS-Verpflichtungen hieran knüpft. Diese Rückverfolgbarkeit ist eine Mindestvoraussetzung, damit das vom Nagoya-Protokoll geschaffene weltweite ABS System funktionieren kann.

Ergänzend zu dieser rein formellen Verpflichtung sieht die Verordnung in ihrem Artikel 4 Abs. 5 auch eine materielle Verpflichtung vor: hiernach müssen Nutzer Forschung und Entwicklung an der genetischen Ressource beenden, wenn unzureichende Informationen vorliegen oder Unsicherheiten in Bezug auf die Rechtmäßigkeit von Zugang und Nutzung bestehen.

Eine weitere Umsetzung der Verordnung ist in Durchführungsrechtsakten erfolgt.[19]

Die Europäische Kommission plant zudem die Veröffentlichung einer Reihe von Guidance Dokumenten. Bereits veröffentlicht wurde ein sogenanntes Horizontales Guidance Dokument, welches allgemeine Hinweise zu Auslegung und Anwendung der Verordnung (EU) Nr. 511/2014 enthält. In Erarbeitung befinden sich zudem sogenannte sektorale Guidance Dokumente, die jeweils sektorspezifische Hinweise für die am stärksten betroffenen Nutzersektoren enthalten sollen. Dies sind die pharmazeutische Industrie, die Nahrungsmittelindustrie, die kosmetische Industrie, die Biotechnologiebranche, die Tier- und Pflanzenzucht und die Grundlagenforschung einschließlich des Bereichs der Ex-situ Sammlungen von genetischen Ressourcen.[20]

---

19 Verordnung (EU) Nr. 1866/2015.
20 Alle relevanten Regelwerke, einschließlich der Guidance Dokumente sind verfügbar auf der Internetseite des Bundesamtes für Naturschutz: http://abs.bfn.de.

4. Umsetzung und Vollzug in Deutschland

Wie oben beschrieben, setzt die Verordnung (EU) Nr. 511/2014 alle relevanten materiell-rechtlichen Verpflichtungen des Nagoya-Protokolls umfassend und einheitlich in der EU um. Die Rolle der Mitgliedsstaaten beschränkt sich daher darauf, den Vollzug der Verordnung zu gewährleisten. Die Herausforderung dabei besteht vor allem darin, dass die Regelungsgegenstände des Nagoya-Protokolls, insbesondere die „genetische Ressource" und das „traditionelle Wissen" Konzepte sind, die dem deutschen und europäischen Recht bislang unbekannt waren. Mithin gibt es auch keine bestehenden Verwaltungsstrukturen, die den Vollzug der Verordnung im Rahmen bestehender Aufgaben oder Strukturen übernehmen könnten. Vielmehr erfordert die Umsetzung des Nagoya-Protokolls den Aufbau einer neuen und eigenen Verwaltung.

In Deutschland wird all dies durch das Gesetz zur Umsetzung der Verpflichtungen nach dem Nagoya-Protokoll und zur Durchführung der Verordnung (EU) Nr. 511/2014 geleistet.[21] Das Gesetz wurde am 25.11.2015 beschlossen und ist am 01.07.2016 in Kraft getreten. Es enthält, in enger Anknüpfung an die EU-Verordnung, insbesondere Zuständigkeitsregelungen, Eingriffsermächtigungen, Ordnungswidrigkeitstatbestände und Verordnungsermächtigung.

Ergänzend zur EU-Verordnung wurde zudem eine Erweiterung des bestehenden § 34a Patentgesetz beschlossen, der die Weitergabe von Informationen bei der Anmeldung von Patenten regelt, die möglicherweise auf der Nutzung von biologischem Material basieren, das unter dem Nagoya-Protokoll relevant ist.

Der Vollzug der Verordnung wird von vier Bundesoberbehörden geleistet, die bereits in der Vergangenheit mit ABS-Angelegenheiten betraut waren. Hiernach ist die in Deutschland zentral zuständige Stelle für Angelegenheiten des Nagoya-Protokolls das Bundesamt für Naturschutz (BfN).[22] Das BfN hatte den internationalen Verhandlungsprozess unter der CBD seit vielen Jahren intensiv begleitet und fungiert nun als Kontrollstelle und zentral zuständige

---

21 BGBl. I Nr. 47, S. 2092 ff.
22 Vgl. § 6 Abs. 1 des deutschen Vollzugsgesetzes.

Behörde für ganz Deutschland.[23] Dabei wird es unterstützt von der Bundesanstalt für Landwirtschaft und Ernährung (BLE). Die BLE hat in der Vergangenheit intensiv zu genetischen Ressourcen im Bereich von Ernährung und Landwirtschaft gearbeitet und unterhält hierfür das Informations- und Koordinationszentrum für biologische Vielfalt (IBV) und das Informationssystem Genetische Ressourcen (GENRES).[24] Die BLE unterstützt das BfN als Kooperations- und Einvernehmensbehörde, immer wenn der Vollzug sich auf genetische Ressourcen für Ernährung und Landwirtschaft bezieht. In gleicher Weise wird das Robert-Koch-Institut (RKI) in den Vollzug eingebunden. Das RKI hat sich seit geraumer Zeit mit dem Thema Humanpathogene als genetische Ressourcen befasst. Relevant sind hierbei insbesondere solche Konstellationen, bei denen es um den Zugang zu Humanpathogenen in Drittstaaten geht, etwa zur Entwicklung von Impfstoffen. Ebenso wie die BLE fungiert das RKI als Kooperations- und Einvernehmensbehörde. Die Modalitäten der Zusammenarbeit regelt das BfN durch Verwaltungsvereinbarung mit der BLE und dem RKI.[25]

Ebenfalls in den Vollzug eingebunden wird das Deutsche Patent- und Markenamt (DPMA). Das DPMA hat bereits in der Vergangenheit auf der Grundlage des bestehenden § 34a Patentgesetz Informationen über die Herkunft von biologischem Material erhoben, das bei Patentanmeldungen relevant wird. Durch den neueingefügten § 34a Abs. 2 Patentgesetz wird das DPMA nun verpflichtet, diese Informationen an das BfN weiterzuleiten. Das BfN erhält auf diese Weise potenziell relevante Informationen aus möglicherweise einschlägigen Patentanmeldungen und kann prüfen, ob eine weitere Veranlassung erforderlich ist.

Innerhalb des BfN wurde unterdessen ein neues Fachgebiet eingerichtet, das die neu übertragenen Aufgaben wahrnimmt. Gegenwärtig leistet dieses vor allem die konzeptionelle Vorarbeit, die erforderlich für die Durchführung der Kontrollen ist. Hierzu gehört beispielsweise eine umfangreiche Nutzerstudie, die den Kreis

---

23 Informationen und Veröffentlichungen sind auf der Internetseite des BfN unter http://abs.bfn.de abrufbar.
24 Informationen zur Arbeit der BLE in diesem Bereich sind verfügbar auf der Internetseite der BLE unter http://www.ble.de/DE/04_Programme/02_BiologischeVielfalt/BiologischeVielfalt_node.html.
25 Vgl. zur Rolle von BLE und RKI § 6 Abs. 2 und 3 des deutschen Vollzugsgesetzes.

möglicher Nutzer von genetischen Ressourcen in Deutschland beschreibt. Auf dieser Grundlage sind sodann risikobasierte Vollzugspläne zu erstellen, wie sie von Artikel 9 der EU-Verordnung verlangt werden. Mögliche Informationsquellen für die Kontrollen des BfN sind Nutzererklärungen nach Artikel 7 der EU-Verordnung, Marktbeobachtungen, Branchenverzeichnisse, Patentanmeldungen und die Kommunikation mit zuständigen Behörden in anderen Ländern, insb. EU-Mitgliedstaaten und Herkunftsländer von genetischen Ressourcen. Auf dieser Grundlage können sodann die eigentlichen Nutzerkontrollen durchgeführt werden.

Das Vollzugsgesetzt bietet hierzu insbesondere die Möglichkeit, Auskünfte von potentiellen Nutzern von genetischen Ressourcen zu verlangen.[26] Zudem sind schärfere Kontrollmaßnahmen, bis hin zu Vor-Ort-Kontrollen, Nutzungsuntersagungen und Beschlagnahme von biologischem Material möglich.[27] Gegenstand von Kontrollen dürfte dabei regelmäßig nicht in erster Linie die einzelne genetische Ressource sein, sondern vielmehr das Sorgfaltspflichtensystem, welches Nutzer von genetische Ressourcen nach Artikel 4 der EU-Verordnung betreiben müssen. Bei den Ordnungswidrigkeitstatbeständen ist die Möglichkeit der Gewinnabschöpfung nach § 17 Abs. 4 Ordnungswidrigkeitengesetz zu berücksichtigen. Auf dieser Grundlage kann das BfN bei Verstößen gegen die EU-Verordnung bzw. das deutsche Vollzugsgesetz Geldbußen in grundsätzlich unbegrenzter Höhe verhängen.

Zudem umfassen die Aufgaben des BfN bewusstseinsschärfende Maßnahmen und die Beratung von Nutzern, nicht nur bei der Befolgung der EU-Verordnung, sondern auch beim Zugang zu genetischen Ressourcen in Drittstaaten.[28]

Strukturell ähnlich aufgebaut wie die Verordnung (EU) Nr. 511/2014 ist die sogenannte EU-Holzhandelsverordnung,[29] die in zahlreichen Aspekten Fragen des Verwaltungsvollzugs als Vorbild dienen kann.

Spätestens ab hier wird auch eine Befassung der nach allgemeinen Regeln zuständigen deutschen Amts- und Verwaltungsgerich-

---

26 § 1 Abs. 2 des deutschen Vollzugsgesetzt.
27 §§ 1 Abs. 3, 2 Abs. 1 und 2 des deutschen Vollzugsgesetzt.
28 Vgl. nur Art. 13 der Verordnung (EU) Nr. 511/2014.
29 Verordnung (EU) Nr. 985/2011.

te möglich. Spätestens dann ist der gesamte Themenkomplex ABS, der über Jahrzehnte ganz überwiegend in den internationalen Gremien der Vereinten Nationen diskutiert wurde, in der deutschen Rechtspflege angekommen.

5. Ausblick

Durch die Umsetzung des Nagoya-Protokolls in der EU und in Deutschland ist in den vergangen Jahren ein eigener Rechtskomplex entstanden. Dieser hat durch die zahlreichen miteinander zusammenhängenden Regelwerke auf internationaler, europäischer und deutscher Ebene unterdessen eine beachtliche Differenziertheit erreicht.

Unter der CBD gibt es einen fortdauernden internationalen Prozess, wonach sich die Vertragsparteien zum Nagoya-Protokoll alle zwei Jahre zu einer eigenen Vertragsstaatenkonferenz treffen. Das Nagoya-Protokoll bildet zudem einen eigenen Compliance Mechanismus, der mit der Auslegung der zu Grunde liegenden völkerrechtlichen Grundlagen betraut ist. Dessen Entscheidungen, sowie die Beschlüsse der Vertragsstaatenkonferenz dürften auch zukünftig für eine anhaltende Dynamik sorgen, zumal internationale Beschlüsse und Entscheidungen – vermittelt durch die europäische und deutsche Umsetzung des Protokolls – auch unmittelbare Relevanz für die Rechtsanwendung in Deutschland haben können.

Hierdurch entsteht die Notwendigkeit zu fortdauernder Koordinierung, Rechtsanwendung und Begriffsauslegung im Zusammenspiel zwischen der völkerrechtlichen, europäischen und nationalen Ebene und ihren jeweiligen Akteuren.

Bisherige Veröffentlichungen der Gesellschaft für Umweltrecht e.V.

Gründungstagung 1976:
(veröffentlicht in der Dokumentation zur Tagung 1977)
Sellner: Das Umweltrecht in der deutschen Anwaltschaft
Strauch: Das Umweltrecht an den deutschen Hochschulen

1. Jahrestagung 1977:
Ernst: Zur staatlichen Verantwortung für umweltbelastende Entscheidungen
Ule: Erheblichkeit, Schädlichkeit und Unzumutbarkeit im Bundesimmissionsschutzgesetz
Bothe: Grenzüberschreitende Immissionen; Haftung und Rechtsschutz

2. Jahrestagung 1978:
Baur: Umweltschutz und Bürgerliches Recht
Soell: Wirtschaftliche Vertretbarkeit von Umweltschutzmaßnahmen
Grabitz: Fragen der Transformation von EG-Umweltrecht in nationales Recht

3. Jahrestagung 1979:
Bartelsperger: Die Straße im Recht des Umweltschutzes
Maihofer: Umweltschutz durch Strafrecht

Salzwedel: Auswirkungen der EG-Richtlinien mit wasserrechtlichem Bezug auf den Vollzug des deutschen Wasserrechts

Sondertagung 1980:
Technik als Rechtsquelle

Feldhaus: Stand der Technik – Normen und Wirklichkeit

Lukes: Funktion und Verwendung unbestimmter Rechtsbegriffe im technischen Sicherheitsrecht, insbesondere im Umweltschutzrecht

Utermann: Stand der Technik im Patentrecht

4. Jahrestagung 1980:

v. Lersner: Abfall als Wirtschaftsgut – Zur rechtlichen Problematik des Abfallbegriffs

Gündling: Abfallbeseitigung auf See

Engelhardt: Naturschutz und Planung

Rehbinder: Das neue Chemikaliengesetz – Nationale und gemeinschaftsrechtliche Probleme

5. Jahrestagung 1981:

Salzwedel: Probleme einer inneren Harmonisierung des deutschen Umweltrechts – Überschneidung zwischen gewerbe-, bewirtschaftungs- und planungsrechtlichen Komponenten

Czychowski: Aktuelle Rechtsfragen des Grundwasserschutzes

Schottelius/Bröcker: Umweltrechtliche Produktnormen und internationaler Handelsverkehr – Wechselwirkungen und Spannungen, dargestellt am Beispiel Chemie

v. Holleben/v. Hülsen/Klingenberg: Umweltnormen als nicht tarifäre Handelshindernisse

v. Drewitz/Scheuer: Wirkungen umweltrechtlicher Produktnormen auf den internationalen Handelsverkehr am Beispiel der Automobil- und chemischen Industrie – Internationale handelspolitische Regeln

Sondertagung 1982:
Rechtsfragen grenzüberschreitender Umweltbelastungen

Völkerrechtliche Schranken grenzüberschreitender Umweltbelastungen:

Dupuy: Limites matérielles des pollutions tolérées
Zehetner: Verfahrenspflichten bei Zulassung umweltbelastender Anlagen

Grenzüberschreitende Umweltbelastungen aus der Sicht der Praxis:

Marti: Sicht des Betreibers
Lepage-Jessua: Sicht der belasteten Bürger und Gemeinden
Rebentisch: Sicht der Verwaltung

Grenzüberschreitende Umweltbelastungen – Probleme des Verwaltungsrechts:
(Grenzüberschreitende Beteiligung im Verwaltungsverfahren/ Grenzüberschreitende Klagebefugnisse im verwaltungsgerichtlichen Verfahren)

Rees: Bundesrepublik Deutschland
Woehrling: Frankreich
Schmid: Schweiz

Grenzüberschreitende Umweltbelastungen – Probleme des Zivilrechts:
(Zivilrechtliche Schadenersatz- und Unterlassungsklagen – Gerichtliche Zuständigkeit und Verfahrensfragen)

Kohler: Recht der Europäischen Gemeinschaften
Bischoff: Frankreich
Bucher: Schweiz

(Zivilrechtliche Schadenersatz- und Unterlassungsklagen – Anwendbares Recht)

Lummert: Bundesrepublik Deutschland
Huet: Frankreich
Bucher: Schweiz

Verfahren der Konsultation und Zusammenarbeit:

Ercmann: Das Europäische Rahmenübereinkommen über die grenzüberschreitende Zusammenarbeit zwischen Gebietskörperschaften

Heil/Meyer: Die „Commission tripartite"

Wagner/Dague: Umweltschutz in der Saar-Lor-Lux-Zusammenarbeit

Scheuer: Europäische Gemeinschaft

Beyerlin: Umweltschutz und lokale grenzüberschreitende Zusammenarbeit – rechtliche Grundlagen

6. Jahrestagung 1982:

Sendler: Wer gefährdet wen? Eigentum und Bestandsschutz den Umweltschutz – oder umgekehrt?

Ronellenfitsch: Aktuelle Probleme des Rechtsschutzes bei der Planung von Flughäfen

Lummert: Brauchen wir die Umweltverträglichkeitsprüfung?

7. Jahrestagung 1983:

Rudolphi/Czychowski/Hansmann: Primat des Strafrechts im Umweltschutz?

Offterdinger: Umweltschutz durchPrivatrecht

Bohne/Westheide/Rohde/Autexierf: „Informales" Staatshandeln als Instrument des Umweltschutzes – Alternativen zu Rechtsnormen, Vertrag, Verwaltungsakt und anderen rechtlich geregelten Handlungsformen?

8. Jahrestagung 1984:

Kloepfer: Rechtsschutz im Umweltschutz

Storm: Bodenschutzrecht

Holtmeier: Rechtsprobleme des grenzüberschreitenden Transports gefährlicher Abfälle

9. Jahrestagung 1985:

Ossenbühl: Vorsorge als Rechtsprinzip im Gesundheits-, Arbeits- und Umweltschutz

Breuer: Schutz von Betriebs- und Geschäftsgeheimnissen im Umweltrecht

Lang/Kupfer: Luftreinhaltung in Europa – Völkerrechtliche und Gemeinschaftsrechtliche Aspekte

10. Jahrestagung 1986:

Schmidt-Aßmann: Umweltschutz zwischen Staat und Selbstverwaltung

Salzwedel/Gündling: Risiko im Umweltrecht – Zuständigkeiten, Verfahren und Maßstäbe der Bewertung

Zuleeg: Vorbehaltene Kompetenzen der Mitgliedstaaten der Europäischen Gemeinschaft auf dem Gebiet des Umweltschutzes

Sondertagung 1986:
Die neuen Smog-Verordnungen

Hansmann: Die Entstehungsgeschichte der neuen Smog-Verordnungen und Erfahrungen aus der bisherigen Vollzugspraxis

Jarass: Maßnahmen zur Smog-Bekämpfung – Verwaltungsrechtliche Probleme

Ehmann: Leistungsstörungen infolge Smogalarms im Zivil- und Arbeitsrecht

Jacobs: Zur Amtshaftung der Länder bei rechtswidrigem Smog-Alarm: sonstige Entschädigungsansprüche

11. Jahrestagung 1987:

Hoppe: Die Umweltverträglichkeitsprüfung im Planfeststellungs- und Anlagengenehmigungsverfahren – Zur Anwendung der Artikel 3 und 8 der EG-Richtlinie im deutschen Recht

Ruchay: Zum Vorsorgekonzept im Gewässerschutz – Wasserrechtliche Begrenzung der Stofffrachten aus kommunalen, industriellen und landwirtschaftlichen Verursachungsbereichen

Sautter: Zielorientierter Vollzug der Wassergesetze – Wasserbehördliche Kontrolle der Abwassereinleitungen sowie Vorkehrungen gegen Betriebsstörungen und Unfälle

12. Jahrestagung 1988:

Rehbinder: Fortentwicklung des Umwelthaftungsrechts in der Bundesrepublik Deutschland

Rest: Fortentwicklung des Umwelthaftungsrechts in der Bundesrepublik Deutschland, völkerrechtlicher Aspekt

Kutscheidt: Rechtsprobleme bei der Bewertung von Geräuschimmissionen

13. Jahrestagung 1989:

Pernice/Schröder/Berendes/Rehbinder: Auswirkungen des Europäischen Binnenmarkts 1992 auf das Umweltrecht

Breuer: Anlagensicherheit und Störfälle – Vergleichende Risikobewertung im Atom- und Immissionsschutzrecht

14. Jahrestagung 1990:

Wahl: Risikobewertung der Exekutive und richterliche Kontrolldichte – Auswirkungen auf das Verwaltungs- und das gerichtliche Verfahren

Pietzcker: Zur Entwicklung des öffentlich-rechtlichen Entschädigungsrechts: insbes. am Beispiel der Entschädigung von Beschränkungen der landwirtschaftlichen Produktion

15. Jahrestagung 1991:

Birn: Rechtliche Instrumente zur Steuerung der Abfall- und Reststoffströme

Erichsen: Das Recht auf freien Zugang zu Informationen über die Umwelt – Gemeinschaftsrechtliche Vorgaben und nationales Recht

16. Jahrestagung 1992:

Franßen: Krebsrisiko und Luftverunreinigung – Risikoermittlung und rechtliche Bewertung

Everling: Durchführung und Umsetzung des Europäischen Gemeinschaftsrechts im Bereich des Umweltschutzes unter Berücksichtigung der Rechtsprechung des EuGH

17. Jahrestagung 1993:

Feldhaus: Umweltschutz durch Betriebsorganisation und Auditing

Brown: Eco Management & Audit and Industrial Pollution Control: a UK Perspective

Carlsen: Biotopschutz im deutschen und europäischen Recht

Gündling: Biotopschutz im internationalen Recht

18. Jahrestagung 1994:

Steinberg: Zulassung von Industrieanlagen im deutschen und europäischen Recht – Stand und Perspektiven unter Berücksichtigung der Umweltverträglichkeitsprüfung und der künftigen IVU-Richtlinie

Berkemann/Krohn: Flächenwirksamer Umweltschutz und Eigentum

19. Jahrestagung 1995:

Murswiek: Staatsziel Umweltschutz (Art. 20a GG) – Bedeutung für Rechtsetzung und Rechtsanwendung

Koch: Vereinfachung des materiellen Umwelrechts – Möglichkeiten und Risiken

Sondertagung 1996:
Kreislaufwirtschafts- und Abfallgesetz – was ändert sich?

Kunig: Der neue Abfallbegriff und seine Auswirkungen

Petersen: Grundsätze und Grundpflichten des Kreislaufwirtschafts- und Abfallgesetzes

Rebentisch: Verhältnis zwischen Immissionsschutzrecht und Abfallrecht

Schink: Öffentliche und private Entsorgung

Wolf: Kartellrechtliche Probleme der Entsorgungswirtschaft

Versteyl: Die Verpackungsverordnung – Erfahrungen und Fortentwicklung

Beckmann: Privatwirtschaftlich organisierte Entsorgung am Beispiel von Altautos und Elektrogeräten

20. Jahrestagung 1996:

Rehbinder: Festlegung von Umweltzielen

Schwab: Die Umweltverträglichkeitsprüfung in der behördlichen Praxis

Hien: Die Umweltverträglichkeitsprüfung in der gerichtlichen Praxis

21. Jahrestagung 1997:

Di Fabio/Haigh: Integratives Umweltrecht – Bestand, Ziele, Möglichkeiten

Schmidt: Neuregelung des Verhältnisses zwischen Baurecht und Naturschutz

Louis: Neuregelung des Verhältnisses zwischen Baurecht und Naturschutz unter Berücksichtigung der Neuregelung des BauROG

22. Jahrestagung 1998:

Scheuing: Instrumente zur Durchführung des Europäischen Umweltrechts

Woehrling: Rechtsschutz im Umweltrecht in Frankreich

Hollo: Rechtsschutz im Umweltrecht der skandinavischen Staaten unter besonderer Berücksichtigung des finnischen Umweltrechts

Winter/Schoch: Individualrechtsschutz im deutschen Umweltrecht unter dem Einfluss des Gemeinschaftsrechts

Jannasch: Einwirkungen des Gemeinschaftsrechts auf den vorläufigen Rechtsschutz

Epiney: Gemeinschaftsrecht und Verbandsklage

Sondertagung 1999:
Die Vorhabenzulassung nach der UVP-Änderungs- und der IVU-Richtlinie

Wasielewski: Stand der Umsetzung der UVP-Änderungs- und der IVU-Richtlinie

Staupe: Anwendung der UVP-Änderungsrichtlinie nach Ablauf der Umsetzungsfrist

Wahl: Materiell-integrative Anforderungen an die Vorhabenzulassung – Anwendung und Umsetzung der IVU-Richtlinie

Schmidt-Preuß: Integrative Anforderungen an das Verfahren der Vorhabenzulassung – Anwendung und Umsetzung der IVU-Richtlinie

Kutscheidt: Konsequenzen für ein Umweltgesetzbuch

23. Jahrestagung 1999:

Hilf: Freiheit des Welthandels contra Umweltschutz?

Röben: Welthandel und Umweltschutz – Aktuelle Probleme und Diskussionsstand

Koch: Probleme des Lärmschutzes

24. Jahrestagung 2000:

Lübbe-Wolff: Instrumente des Umweltrechts – Leistungsfähigkeit und Leistungsgrenzen

Schendel: Selbstverpflichtungen der Industrie als Steuerungsinstrument im Umweltschutz

Gellermann: Das FFH-Regime und die sich daraus ergebenden Umsetzungsverpflichtungen

Halama: Die FFH-Richtlinie – unmittelbare Auswirkungen auf das Planungsrecht

25. Jahrestagung 2001:

Schellnhuber: Nachhaltige Entwicklung – Umweltpolitische Prioritäten aus naturwissenschaftlicher Sicht

Michaelis: Nachhalige Entwicklung aus ökonomischer Sicht

Rehbinder: Das deutsche Umweltrecht auf dem Weg zur Nachhaltigkeit

Kloepfer: Die europäische Herausforderung – Spannungslagen zwischen deutschem und europäischem Umweltrecht

Trittin: Perspektiven der Umweltpolitik – Wir müssen die Globalisierung der Wirtschaft mit internationalem Umweltrecht flankieren

Töpfer: Umwelt im 21. Jahrhundert – Herausforderung für die Industrieländer

26. Jahrestagung 2002:

Jarass: Luftqualitätsrichtlinien der EU und die Novelle des Immissionsschutzrechts

Hansmann: Die neue TA Luft

Knopp: Umsetzung der Wasserrichtlinie – Neue Verwaltungsstrukturen und Planungsinstrumente im Gewässerschutzrecht

Sondertagung 2003 (GfU-Band 32):
Aktuelle Entwicklungen des europäischen und deutschen Abfallrechts

Petersen: Neue Strukturen im Abfallrecht – Folgerungen aus der EuGH Judikatur

Reese: Die Gewerbeabfallverordnung

Versteyl: Aktuelle Entwicklungen des europäischen und deutschen Abfallrechts

Hendler: Die Verpackungsverordnung als Instrument indirekter Steuerung

Theben: Abfallverbrennungsrichtlinie und 17. BImSchV

Krämer: Überlegungen zu Ressourceneffizienz und Recycling

27. Jahrestagung 2003 (GfU-Band 33):

von Danwitz: Aarhus-Konvention – Umweltinformation, Öffentlichkeitsbeteiligung, Zugang zu den Gerichten

Ramsauer: Umweltprobleme in der Flughafenplanung – Verfahrensrechtliche Fragen

Storost: Umweltprobleme bei der Zulassung von Flughäfen – Materielle Schutzstandards (Immissions- und Naturschutz)

Sondertagung 2004 (GfU-Band 34):
Rechtsprobleme des CO_2-Emissionshandels

Zapfel: Die Umsetzung der Emissionshandels-Richtlinie (2003/87/EG) – Rechtsprobleme des CO_2-Emissionshandels

Schafhausen: Die Normierung des CO_2-Emissionshandels in Deutschland (TEHG und ZuG 2007)

Steinkemper: Emissionshandel und Anlagengenehmigung nach dem BImSchG

Rebentisch: Chancen und Risiken des Emissionshandelssystems aus der Perspektive der betroffenen Anlagenbetreiber

Burgi: Grundprobleme des deutschen Emissionshandelssystems: Zuteilungskonzept und Rechtsschutz

Koenig/Pfromm: Europarechtliche Aspekte des Emissionshandelsrechts – Die EG-beihilfenrechtliche Perspektive

28. Jahrestagung 2004 (GfU-Band 35):

Böhm: Risikoregulierung und Risikokommunikation als interdisziplinäres Problem

Rupprich: Wann wird ein Krebsrisiko als Gefahr bewertet?

von Holleben: Risikoregulierung und Risikokommunikation Chemikalienrecht (REACH)

Schink: Umweltprüfung für Pläne und Programme – Gemeinschaftsrechtliche Vorgaben und Fachplanung

Uechtritz: Umweltprüfung für Pläne und Programme – Raumordnung und Bauleitplanung

Sondertagung 2005 (GfU-Band 36):
Umweltschutz im Energierecht

Rodi: Neuere Entwicklung im umweltrelevanten Energierecht

Büdenbender: Umweltschutz in der Novelle des Energiewirtschaftsgesetzes

Leprich: Potenziale und Ausbauhindernisse bei der Nutzung erneuerbarer Energien in Strom- und Wärmemarkt

Klinski: Rechtliche Ansätze zur Förderung erneuerbarer Energien im Wärmemarkt

Hennicke/Thomas: Chancen für den Klimaschutz durch verbesserte Energieeffizienz

Pielow: Rechtliche Ansätze für verbesserte Energieeffizienz beim Endverbraucher

29. Jahrestagung 2005 (GfU-Band 37):

Scherzberg: Der private Gutachter im Umweltschutz – Bestandsaufnahme und Entwicklung im deutschen und europäischen Recht

Falkenberg: Luftreinhalteplanung in NRW und Beispiele für PM10 und NO_2

Sparwasser: Luftqualitätsplanung zur Einhaltung der EU-Grenzwerte – Vollzugsdefizite und ihre Rechtsfolgen

Warning: Instrumente im transnationalen Umweltschutz am Beispiel der internationalen Chemikalienregulierung

Bovet: Handelbare Flächenausweisungsrechte als Instrument zur Reduzierung des Flächenverbrauchs

30. Jahrestagung 2006 (GfU-Band 38):

Schulze-Fielitz: Umweltschutz im Föderalismus – Europa, Bund und Länder

Ziekow: Neue Entwicklung des Rechtsschutzes im Umweltrecht, insbesondere das Umwelt-Rechtsbehelfsgesetz

Ewer: Ausgewählte Rechtsanwendungsfragen des Entwurfs für ein Umwelt-Rechtsbehelfsgesetzes

Bosecke: Schutz der marinen Biodiversität im Lichte von Defiziten des Fischereimanagements und Fehlinterpretationen der EG-Kompetenzen

Dilling: Transnational Private Governance – Produktverantwortung für Stoffrisiken in der arbeitsteiligen Wertschöpfungskette

31. Jahrestagung 2007 (GfU-Band 39)

Sellner: Auf dem Weg zum Umweltgesetzbuch
Lütkes: Artenschutz in Genehmigung und Planfeststellung
Philipp: Artenschutz in Genehmigung und Planfeststellung
Albrecht: Umweltqualitätsziele im Gewässerschutzrecht
Müller: Klimawandel als Herausforderung der Rechtsordnung

32. Jahrestagung 2008 (GfU-Band 40)

Schneider: Umweltschutz im Vergaberecht
Petersen: Die neue Abfallrahmenrichtlinie – Auswirkungen auf das Kreislaufwirtschafts- und Abfallgesetz
Reese: Konzeptionelle Herausforderungen und Lösungsbeiträge der novellierten EG-Abfallrahmenrichtlinie
Lottermoser: Umweltschutz im Vergaberecht
Beckmann: Entwicklungen im Kreislaufwirtschaftsrecht
Debus: Funktionen der Öffentlichkeitsbeteiligung am Beispiel des Erörterungstermins
Coder: Umweltforschung im Konflikt mit Umweltrecht: Bestandsaufnahme und Bewertung am Beispiel der Geothermie

33. Jahrestagung 2009 (GfU-Band 41)

Ruffert: Verantwortung und Haftung für Umweltschäden
Paetow: Lärmschutz in der aktuellen höchstrichterlichen Rechtsprechung
Engel: Aktuelle Rechtsfragen der Lärmaktionsplanung
Ewer: Verantwortung und Haftung für Umweltschäden
Koch: Aktuelle Fragen des Lärmschutzes

Kern: Umweltrisiken von Arzneimitteln und deren rechtliche Regulierung

Kramer: Rechtsaspekte der Kabelanbindung von Offshore-Windenergieanlagen

34. Jahrestagung 2010 (GfU-Band 42)

Koch: Klimaschutzrecht – Ziele, Instrumente und Strukturen eines neuen Rechtsgebiets

Orth: Umweltschutz in der Raumplanung – Praxisbericht aus der Perspektive des Planers

Rojahn: Umweltschutz in der raumordnerischen Standortplanung von Infrastrukturvorhaben

Schlacke: Klimaschutzrecht (Diskussionszusammenfassung)

Mayen: Umweltschutz in Raumordnung und Landesplanung (Diskussionszusammenfassung)

Ingerowski: Die REACh-Verordnung: Wirksames Mittel für einen verbesserten Schutz von Umwelt und Gesundheit vor chemischen Risiken?

Mohr: Die Bewertung von Geruch im Immissionsschutzrecht

35. Jahrestagung 2011 (GfU-Band 43)

Köck: Störfallrecht

Appel: Staat und Bürger im Umweltverwaltungsverfahren

Renn: Partizipation bei öffentlichen Planungen – Möglichkeiten, Grenzen, Reformbedarf

Böhm: Störfallrecht (Diskussionszusammenfassung)

Guckelberger: Staat und Bürger im Umweltverwaltungsverfahren (Diskussionszusammenfassung)

Schmeichel: Nachhaltigkeitskriterien der Erneuerbare-Energien-Richtlinie unter besonderer Berücksichtigung von Importen aus Drittländern

Brockhoff: Naturschutzrechtliche Eingriffsregelung in bergrechtlichen Zulassungsverfahren

36. Jahrestagung 2012 (GfU-Band 44)

Voßkuhle: Umweltschutz und Grundgesetz

Jarass: Das neue Recht der Industrieanlagen – Zur Umsetzung der Industrieemissions-Richtlinie

Friedrich: Immissionsschutzrechtlicher Vollzug und Überwachung nach der Umsetzung der Richtlinie über Industriemissionen

Seibert: „Umsetzung der IE-Richtlinie" (Diskussionszusammenfassung)

Klingele: Umweltqualitätsplanung – Zur Integration der gemeinschaftsrechtlichen Luftreinhalte- und Wasserbewirtschaftungsplanung in das nationale Umweltrecht –

Rolfsen: Öffentliche Hochwasservorsorge vor dem Hintergrund von tatsächlichen und rechtlichen Grundvorgaben – Erscheinungsformen einer rasanten Rechtsentwicklung –

37. Jahrestagung 2014 (GfU-Band 45)

Kokott und Sobotta: Rechtsschutz im Umweltrecht – Weichenstellungen in der Rechtsprechung des Gerichtshofs der Europäischen Union

Gärditz: Verwaltungsgerichtlicher Rechtsschutz im Umweltrecht

Epiney und Reitemeyer: Verwaltungsgerichtlicher Rechtsschutz im Umweltrecht – Vorgaben der Aarhus-Konvention und des EU-Rechts und Rechtsvergleich –

Faßbender: Aktuelle Entwicklungen der wasserwirtschaftlichen Fachplanung

Raschke: Aktuelle Entwicklungen der wasserwirtschaftlichen Fachplanungen – Anspruch und Realität

Nolte: Verwaltungsgerichtlicher Rechtsschutz im Umweltrecht

Schink: Aktuelle Entwicklungen der wasserwirtschaftlichen Fachplanung

Müller: Der Rechtsrahmen für die Elektromobilität

von Bredow: Energieeffizienz und erneuerbare Energien am Beispiel Biomasse/Biogas

38. Jahrestagung 2015 (GfU-Band 46)

Wegener: Umweltinformationsfreiheit

Kment: Bundesfachplanung von Trassenkorridoren für Höchstspannungsleitungen – Grundlegende Regelungselemente des NABEG

Schlacke: Bundesfachplanung für Höchstspannungsleitungen: Der Schutz von Natur und Landschaft in der SUP und der fachplanerischen Abwägung

Matz: Die Bundesfachplanung aus der Perspektive der BNetzA. Praktische Herausforderungen aus rechtlicher Perspektive

Philipp: Umweltinformationsrechte (Diskussionszusammenfassung)

Durner: Bundesfachplanung von Trassenkorridoren für Höchstspannungsleitungen

Peters: Die Bürgerbeteiligung nach dem Energiewirtschafts- und Netzausbaubeschleunigungsgesetz – Paradigmenwechsel für die Öffentlichkeitsbeteiligung im Verwaltungsverfahren?

Erb: Untersuchungsumfang und Ermittlungstiefe in Umweltprüfungen

39. Jahrestagung 2015 (GfU-Band 47)

Lau: Ausgewählte praxisrelevante Rechtsprobleme des Habitatschutzes

Verbücheln: FFH-Gebiete in der Verwaltungspraxis, insbesondere Sicherung, Management und Monitoring

Kirschbaum: Technische Verfahren und Umweltprobleme des Fracking

Frenz: Rechtsfragen des Fracking

Schlacke: Aktuelle Fragen des FFH-Rechts (Diskussionszusammenfassung)

Böhm: Fracking (Diskussionszusammenfassung)

Gröhn: Flächenhafter Bodenschutz – Steuerungsmöglichkeiten zur Erreichung neuer Nachhaltigkeit

Kröger: Das EEG 2014 im Lichte der Europäisierung des Rechts der Erneuerbaren Energien

40. Jahrestagung 2016 (GfU-Band 48)

Hendricks: Grußwort auf der 40. wissenschaftlichen Fachtagung der Gesellschaft für Umweltrecht

Schink: Vier Jahrzehnte Immissionsschutzrecht

Reidt: Die Änderungsgenehmigung nach § 16 BImSchG

Bick/Wulfert: Der Artenschutz in der Vorhabenzulassung aus rechtlicher und naturschutzfachlicher Sicht

Krohn: Diskussionszusammenfassung: Immissionsschutzrecht

Nebelsieck: Diskussionszusammenfassung: Artenschutzrecht in der Vorhabenzulassung

Rennert: Übersicht über die Rechtsprechung des Bundesverwaltungsgerichts zum Umweltrecht

Ecker: GfU-Forum

Pleiner: Überplanung von Infrastruktur am Beispiel energiewirtschaftlicher Streckenplanungen

Ebben: Das Nagoya-Protokoll und seine Umsetzung in der EU und in Deutschland

Dokumentationen bis 2006 sind vergriffen. Die Veröffentlichungen ab 2006 können beim Erich Schmidt Verlag (Genthiner Str. 30 G, 10785 Berlin, *www.ESV.info*) oder im Buchhandel bezogen werden.

Programm

GfU
Gesellschaft für Umweltrecht e. V.
Berlin

Programm

Donnerstag, 10.11.2016
GfU Forum

19.30 Uhr   Begrüßung
Vors. Richterin am Verwaltungsgericht
Michaela Ecker
Stellv. Vorsitzende der GfU, Freiburg

Überplanung von Infrastruktur am Beispiel energiewirtschaftlicher Streckenplanungen
Dr. *Tom Pleiner*,
Berlin

Das Nagoya-Protokoll und seine Umsetzung in der EU und Deutschland – Hintergründe und mögliche Folgen für die Rechtspraxis
Thomas Ebben, LL.M.
Bundesministerium für Umwelt, Naturschutz, Bau und Reaktorsicherheit, Bonn

Moderation:
Vors. Richterin am Verwaltungsgericht
Michaela Ecker,
Freiburg

21.15 Uhr   Sektempfang im BVerwG
bis
22.00 Uhr

Freitag, 11.11.2016
40. Umweltrechtliche Fachtagung

10.00 Uhr   Begrüßung
Prof. Dr. *Wolfgang Ewer*
Vorsitzender der GfU,
Kiel

10.30 Uhr   Thema A: **Immissionsschutzrecht**

Vortrag 1: **Vier Jahrzehnte Immissionsschutzrecht**
Rechtsanwalt Dr. *Alexander Schink*,
Bonn

11.30 Uhr   Kaffeepause

11.45 Uhr	Vortrag 2: **Ausgewählte Themenstellungen zur Änderungsgenehmigung** Rechtsanwalt Prof. Dr. *Olaf Reidt*, Berlin
12.45 Uhr	Mittagsimbiss im Bundesverwaltungsgericht
13.45 Uhr	**Grußwort der Bundesministerin für Umwelt, Naturschutz, Bau und Reaktorsicherheit** *Barbara Hendricks*, Berlin
14.30 Uhr	Thema A: **Artenschutzrecht in der Vorhabenzulassung** Richterin BVerwG Dr. *Ulrike Bick*, Leipzig Dr. *Katrin Wulfert*, Bochum
15.30	**Kaffepause**
16.00 Uhr	**Diskussion in den Arbeitskreisen** **Arbeitskreis A: Immissionsschutzrecht** Moderation: Ministerialrätin Dr. *Susan Krohn*, Bundesministerium für Umwelt, Naturschutz, Bau und Reaktorsicherheit, Berlin **Arbeitskreis B: Artenschutzrecht in der Vorhabenzulassung** Moderation: Rechtsanwalt *Rüdiger Nebelsieck*, LL.M. Hamburg
18.00 Uhr	Ende der Arbeitskreise Vorbereitungstreffen GfU-Forum 2017 (offen für alle Interessierten)
19.30 Uhr bis 22.30 Uhr	Empfang in Neuen Rathaus Grußwort: Oberbürgermeister *Burkhard Jung*, Leipzig

Samstag, 12.11.2016

9.30 Uhr	Rechtsprechungsübersicht des Präsidenten des Bundesverwaltungsgerichts Prof. Dr. Dr. h.c. *Klaus Rennert*, Leipzig
10.15 Uhr	**Fortsetzung der Diskussion in den Arbeitskreisen A und B**
11.15 Uhr	Kaffeepause
11.15 Uhr	**Plenum** Berichte der Moderatoren
12.00 Uhr	**Mitgliederversammlung** (nach besonderer Einladung)